U0684521

用心做教育

——一位化学教师的从教感悟

朱化凤 著

九 州 出 版 社
JIUZHOUPRESS

图书在版编目（CIP）数据

用心做教育 / 朱化凤著 . –– 北京 : 九州出版社，
2023.1

ISBN 978–7–5225–1407–9

Ⅰ . ①用… Ⅱ . ①朱… Ⅲ . ①教育 – 随笔 – 中国 – 文
集 Ⅳ . ① G52–53

中国版本图书馆 CIP 数据核字 (2022) 第 216540 号

用心做教育

作　　者　朱化凤　著

责任编辑　王丽丽

出版发行　九州出版社

地　　址　北京市西城区阜外大街甲 35 号（100037）

发行电话　（010）68992190/3/5/6

网　　址　www.jiuzhoupress.com

印　　刷　四川科德彩色数码科技有限公司

开　　本　170 毫米 × 240 毫米　16 开

印　　张　15.75

字　　数　236 千字

版　　次　2023 年 1 月第 1 版

印　　次　2023 年 1 月第 1 次印刷

书　　号　ISBN 978–7–5225–1407–9

定　　价　89.00 元

★ 版权所有　侵权必究 ★

牵一只蜗牛去散步

"老师，在您的细心教诲下，我们升入了理想的学校，无论学生走到哪里，都不会忘记您的谆谆教导、期望与鼓励……教师节到了，学生祝您节日快乐，健康幸福，桃李芬芳。"

"老师，节日快乐，谢谢您，没有您多年的教诲，我考不上理想的大学！"

"老师，节日快乐！别太累了，照顾好自己的身体，也祝愿您天天开心。"

"今天是教师节，祝您的花园里鲜花灿烂，果园里硕果累累，愿您脸上堆满灿烂的笑容，使爱您的每一个人都能看到您的笑脸，教师节快乐！"

"你把窗子打开，我的祝福会随着风飘进来。你把窗帘拉开，我的祝福会随着月光洒进来。你把手机打开，我的祝福会随着铃声响起来，祝老师教师节开心、平安、幸福。"

"您刚刚担任我们的化学课老师，也许您并不记得我们每一个人，但我们始终都希望您可以快乐地给我们上课，快乐地生活。我们在您眼中虽然基础并不好，但我们一定会努力学习，不会让您讲课时的仔细、认真又严厉的状态白费，最后祝您节日快乐。——初三（4）班全体同学"

……

看着身在各地的学生们纷纷发来问候短信，作为教师的我仿佛成了世界上最富有、最幸福的人。

我所在的农村学校，学生基础差，授课难度大，教学中的很多无奈和无助是常人难以想象的。好多内容难度大，老师变着法子讲上好几遍，仍然有好多学生不理解。标准降低再降低，仍然有不少学生跟不上。教学中师生共鸣更是少有发生，但有很多学生仍在顽强地学习，其勤奋程度让老师不能停止前进的脚步，不能放松对教学的要求。

这让我想起了个寓言故事。某天，上帝安排一个人，让他牵着一只蜗牛去散步，蜗牛慢吞吞的脚步让他烦死了，他催它，唬它，责备它，蜗牛用抱歉的眼光看着他，仿佛说："人家已经尽力了嘛！"他拉它，扯它，甚至想踢它，蜗牛受了伤，它流着汗，喘着气，往前爬……

他因此心生埋怨，一路上数落着蜗牛，但后来他闻到了花香，听到了虫鸣鸟叫，看见了满天的星斗。他才发现，不是上帝让他牵着一只蜗牛散步，而是上帝叫一只蜗牛牵他去散步。

我听说能登上金字塔的生物只有两种：一种是雄鹰，一种是蜗牛。为何鹰可以？因为它天资奇佳，搏击长空；为何蜗牛可以？因为它自知资质平庸，所以坚持一步一脚印，永不放弃。

教育就像牵着一只蜗牛在散步。和学生一起走过他的青春岁月，虽然也有被气疯和失去耐心的时候，然而，学生却在不知不觉中向我们展示了生命中最初最美好的一面。学生的眼光是率真的，视角是独特的，教师不妨放慢脚步，把自己主观的想法放在一边，陪着学生静静体味成长的滋味，倾听学生内心的声音，给自己留一点时间，从没完没了的生活琐事里探出头，仰望一下蔚蓝的天空，这其中成就的，何止是学生。

教学廿六载，研讨几多秋，耿耿园丁意，拳拳育人心。我深知，教育是事业，事业的意义在于育人；教育是科学，科学的价值在于求真；教育是艺术，艺术的生命在于创新。

当一名教师，平淡如水，如水平淡，可我喜欢这种平淡，喜欢自己在平凡的岗位上，干着平凡的事业，培养出不平凡的学生，这便是我生活的信条了。

我迷恋教育，是生活的呼唤，是教育的魅力。我坚信，只要以爱的心境，执着、敬业的精神，平凡的人生就能闪烁出童话般的光芒。

现在，把我在教育教学之中的所思、所想、所做整理出来，与大家共勉。

目录
contents

第一辑　爱心育人

第二辑　专心教学

第三辑　潜心教研

第四辑 静心反思

第一辑　爱心育人

　　苏联教育家赞可夫认为：当教师必不可少的，甚至几乎是最主要的品质就是热爱学生。热爱学生，务必了解学生，尊重学生，时刻把学生放在心上，体察学生的内心世界，关注他们在领悟生活等方面的健康发展，同情学生的痛苦与不幸，与学生建立和谐友爱的师生关系。

行走在编织爱的旅程中

素质教育要求我们要面向全体学生，加强与学生的交流，关爱每一位学生，信任每一位学生，让每一位学生都能在老师的关爱和信任中健康成长，使其思想道德、文化科学、劳动技能、身体心理素质得到全面和谐的发展，个性特长得到充分的培育。因此，作为任课教师应该充分认识到自己承担的历史重任，及时发现学生身上的优缺点、长短处，尤其是一些所谓的学困生，更需要教师付出加倍的关爱，了解他们的兴趣爱好，并适当地引导，激发他们的潜能，努力让他们朝一个好的方向发展。

每个学生都有向上的潜能

在日常教学中，部分老师往往比较关注那些成绩较好的学生，而对于平时调皮捣蛋，成绩又不好的学生，往往将他们打入另册。任何一所学校、一个班级，在众多的学生当中，总有一些所谓的后进生，这些学生往往平时表现不好、成绩又不理想，他们易破罐破摔。其实，每个学生都有他可取之处，有一句话我觉得很有道理，"每个学生都有向上的潜能"，所以作为教师，我们必须要努力发掘学生这种潜能，多看到学生身上的闪光点，做好正确的引导。学生这样一个个鲜活的个体，他们不仅是教育的对象，更是教育的资源，既是资源，就该好好开发利用。

我教过一位学生，学习成绩不太好，也从不把老师的劝导、教诲放在心上，成为让很多任课老师头疼的对象。有一次，学校组织化学竞赛，由于我刚接过这个班，对学生的基础不甚了解，所以报名时我采取自愿的原则，然后在报名的学生中再选择几个参加兴趣小组，定期开展活动。我满以为学生报名后会有挑选的余地，谁知报名的学生不多，我就只好暂时将主动报名的几位学生列入兴趣小组，其中就有这位学生。后来在办公室和同事聊天时，无意间说到兴趣小组，也就很自然地提及了这位学生，谁知有位老师顿时大发感慨，说这样的学生你怎么可以让他参加兴趣小组，这不是浪费老师的时间和精力吗？说实在的，我当时看到这位学生报名时，也有些疑惑，但转而一想，既然主动参加兴趣小组，愿意参加并不是坏事，那么应该要鼓励，何况人不够，不如给个机会。所以听了同事的话，我并不多言，只是心下想，也不要太小看了这位学生，虽然他成绩不理想，但经过一段时间的接触，我发现他对化学学科还是有些兴趣的，有时上课也会积极地回答问题，说不定他是一匹黑马呢。于是无论在兴趣小组活动开展期间，还是平时上课过程中，我总会多留意他一些，尝试着鼓励他，因为我相信"如果一个学生活在激励之中，他会学会自信"。慢慢地，我发现他能礼貌地对待我，但对其他老师依然如故，我知道人与人的交往是以真诚为基础的，师生间也是如此。兴趣小组活动开展一段时间后，学校要进行初赛，然后从中再选出较好的一部分学生进行复赛。结果出来后，他竟然以比较高的分数入选。我在班上也适时地表扬了他。后来有一次他的家人来看他，还特地找到我，说是他那次得知成绩后，就打电话告诉了家里，并说自己很喜欢化学学科，同时也想学好其他科目，而在这之前，他打电话或回家时从不愿意提及学习上的事……

面对这些，我感到很欣慰，但在欣慰之余，也不觉扪心自问，如果那一次不是因为人数刚好不够，我是否还会考虑他呢？然而这位学生的事让我明白，再差的学生也不可能是一无是处的，关键是老师要有耐心和爱心，更要有一双善于发现的眼睛，要理解并关爱每一位学生。当学生在情感上与老师相融时，他对学习的兴趣与热情也会倍增。苏霍姆林斯基就曾说过："在每个孩子心中最隐秘的一角，都有一根独特的琴弦，拨动它就会发出特有的音响……"而教之道，贵在启发潜能。教育心理学研究也已证明，正确的评价，适当的表扬和鼓励，可以激发学生的上进心、自尊心。要让学生在学习上"主动"起来，就必须以正面鼓励为主，充分相信每位学生的潜能，鼓舞每一位学生主动参与学习。尤其是一些问题学生，更需要老师用个人的魅力征服学生，用自己的热情和爱心去感染学生，让这些学生也能生活在明媚的阳光中。

信任是最好的教育

信任会给学生腾飞的空间。信任会让学生感受到尊重、平等、自由，也会认清自己的定位与角色，明确自己的担当，加快成长的脚步。最最重要的是，这种信任经过时间沉淀会转化为学生对老师的信任，这种信任的默契一旦形成就会让老师工作事半功倍，特别是在作业上，落实起来比较有效率。如果学生感受到老师对其的信任，就会自觉地按照老师的意图努力去做，以达成老师的预期目标。

信任是解决无法走进学生内心世界的良方。现在的学生接受信息的渠道多种多样，他们思维活跃，崇尚个性，用一成不变的规则来要求他们不仅没有实效，可能还会适得其反，只有真正了解他们内心的真实想法才会找到适合他们的教育方式，而信任是了解他们真实想法的有力武器，不然起不到教育的作用，学生们还会阳奉阴违，教育的意义浮于表面。

信任是师生间沟通的桥梁。例如，有些学生为什么会说谎？因为学生对某件事情的预期有自己的评价，他认为某一次的说谎会减少批评或者能比较轻松地达成自己的目的，比如请假，如果说自己身体不舒服就比较容易得到老师的批准，如果说和同学出去玩可能就不会被批准，这是由于和老师在请假这个事情上的不信任造成的。如果有足够的信任，相信学生会如实地告知老师实情，老师会批准的。当学生得到了老师的帮助和宽容时，他还会撒谎吗？也许，这个时候学生想说的就是："老师，对不起，我撒谎了，真实情况是怎样怎样，希望老师批准，我以后一定注意。"

为学生们挺起可靠的肩膀，是建立信任的最佳方式，我们不需要对学生们长篇大论地谈我们多么负责任，而是要让他们自己把信任放在我们的肩上。不管是教导学生还是子女，首先要时时从学生的角度看事情，其次，老师要更加注重身教，学生们以你为榜样，你要他们做到的事情，自己首要先要做到。你要你的学生和气待人、认真勤勉，那么你最好就是他们所认识的人之中最和气待人、最认真勤勉的一个。

此时无声胜有声

上课铃响时，许多教师会静静地站在教室门口等待学生快速安静下来。不过，当学生在教师容忍的范围内还没有安静下来时，不同的教师可能有不同的做法：大声吼叫有之，愤怒生气有之，停课整顿有之，放任自流有之，静静地观察每一个人，目光不要严厉但要犀利，灵活有神，目的是让自己的心绪平静。因为教师的平静有助于学生快速地安静，而学生自然也能够从教师的行为中感受到教育的意图。

事实证明，这确实是一种行之有效的使学生快速安静下来的法宝。试想一下，教师都已经站在教室门口了，并且用眼睛紧紧地盯着你，其实就是在对你说：孩子，上课了，快点安静下来吧！这时教师的眼睛所透漏的无声的语言，远比大声的吼叫更能触动学生的心，引导学生快速地安静。难怪很多学生都说："老师的眼睛会说话。"要做到这一点，说难不难，能够少说几句话，少吼两嗓子，不是有益于自己的嗓子和身体健康吗？可是就是有一些教师做不到这一点，尤其那些性子急躁又缺少爱心的教师。

就拿我自己来说吧，我一直告诫自己要关爱学生，要以自己的人格魅力影响学生。可是近三十年的教学生涯中，我身上同样存在对学生吼叫的现象，尤其是自己心情不好的时候，我会将自己的坏脾气转嫁到学生身上，学生无疑成了我的出气筒，无辜的，毫无反抗之力地接受我的"暴风骤雨"。虽然事后，我会后悔自责，可是保不住哪一天又会故伎重演。说白了其实还是修养不够，爱心不够，需要学习的东西还有很多很多，需要修炼的东西实在还有很多很多。

老师的工作是很有挑战性的工作，每一位学生就是一个世界，要想成为每一位学生的朋友，要想得到每一位学生的信任，需要付出很多的心血。只要我们真诚地捧着一颗"爱心"，不以成绩取人，相信每一位学生，善待每一位学生，关爱每一位学生，就一定能拨动隐藏在学生内心深处的那根特有的琴弦，让它弹奏出和谐悦耳的琴音。同时，也要求我们不断加强自身的理论修养，在实践中不断完善自己，提高自己，逐步形成一套系统科学的工作方法，为教育教学创造更有利的条件。在教书育人的道路上，对知识，我愿是大海；做教师，我愿是春风。

爱是教育的灵魂

　　"爱是教育的灵魂，爱是教育的基石，爱是教育的出发点和归宿。"这是自己从教近三十年的内心体验与感悟，自己也时刻以此激励自己，并且也曾把它作为教学心得送给怀揣着教育梦想的年轻的教师们。

　　近代教育家夏丏尊说过，教育不能没有爱，没有爱的教育如同池塘里没有水一样，不能称其为池塘；没有情感，没有爱，也就没有教育。当然，爱自己的孩子是本能，爱别人的孩子是神圣。教师，需要有一种神圣的职业精神，因为这种职业的要求，最能体现太阳底下最光辉的职业特性。自然，这种职业精神的核心与精髓就是爱！

　　大家可能不会忘记魏巍的《我的老师》一文中回忆自己老师的这样一个细节——"她从来不打骂我们。仅仅有一次，她的教鞭好像要落下来，我用石板一迎，教鞭轻轻地敲在石板边上，大伙笑了，她也笑了。我用儿童的狡猾的眼光察觉，她爱我们，并没有存心要打的意思。孩子们是多么善于观察这一点啊。"正是因为孩子们知道老师爱他们，所以"喜欢她"，"亲近她"，甚至"连她握铅笔的姿势都急于模仿"。这正是爱的力量。

　　做教育工作的，职责就是教书育人。而要教育好学生，首先要热爱学生。只有热爱学生，才能正确对待、宽容学生所犯下的错误，才能耐心地去雕琢每一位学生，才能从各个方面去关心学生。学生感受到老师的爱，就会对老师产生信任和尊敬。在此基础上教师合理的引导与要求，就能让学生心悦诚服地接受，切切实实地执行。教师对学生的爱并非仅仅停留在单纯感情上，更不能是一种偏私的爱，而是将对学生的感情灌注和对学生提出严格合理的要求相统一。

"爱满天下"，是陶行知先生一生教育的格言。陶行知先生不仅热爱儿童、热爱青少年，而且热爱教育、热爱科学、热爱真理。凡是读过陶行知先生教育著作、了解陶行知先生生平的人，都会深深体会到"爱"是陶先生一生献身教育事业的不竭动力，也是他崇高人格的表现。爱学生是教师人格的灵魂。爱心是教育教学活动的基础，没有爱心便没有教育教学活动。

"捧着一颗心来，不带半根草去"这是陶行知先生最为教师熟知的一句名言。这其中折射着陶先生对于教育的执着与热爱，折射着一份献身教育事业的赤诚。每一个教育工作者都应以此为自己的座右铭。陶行知先生说："大家愿把整个的心捧出来献给小孩子才能实现真正的改造。"他要求教育者"创造出值得自己崇拜的真善美的活人"。是啊，热爱教育，首先要爱学生，要对孩子有爱心，没有爱就没有教育。是的，一切以学生为重，一切为了学生出发，以爱学生为第一要务。作为一名教师，我们应敞开爱的大门，接纳每一个孩子，宽容每个孩子。我们要用爱消除师生间的隔阂，用爱融化孩子心灵上的坚冰，用我们的手牵着他们的手，带着他们一路踏上人生的坦途。爱学生就要有一颗宽容心，宽容心便是母爱心。作为教师只有抓住教育的规律，用宽容、爱心和微笑去面对每一个学生，才会营造出和谐的师生关系，才会发现周围将是一道道永不褪色的靓丽的风景。

我读雷夫·艾斯奎斯的《第56号教室的奇迹》，不仅仅是感动，更多的是震撼。在56号教室这块小天地里，雷夫老师创造了轰动全美的教育奇迹。他所带的五年级学生在美国标准考试（AST）中成绩一直位居前5%~10%的位置，更令人不可思议的是，第56号教室的孩子们自愿每天早晨6点半到校，一直待到下午五六点才回家。即便在节假日，孩子们也来到学校，跟随雷夫老师一起阅读、做算术、表演莎士比亚戏剧、一起去旅行。这种奇迹的创造靠的是智慧，靠的是耐心，靠的更是爱心！教育的秘诀是真爱，这份爱心不只是言语的承诺，更需要有对他人的那份责任心和承诺之后的身体力行！

著名教育家朱永新教授说："一个教师不在于他教了多少年书，而在于他用心教了多少年书。"用心的前提是什么，无非就是"爱"，爱这一职业，爱自己的岗位，爱每一位学生。没有了"爱"，就不能从教师这个职业中获得乐趣。

在和朋友们交谈时，我经常说这样一句话：现在学校缺的不是有才华的教师，缺的是真正敬业的教师。不怕教师没能力，就怕教师不用心。

列夫·托尔斯泰说过："如果教师只热爱自己的专业，那他可能会成为一个教书的教师；如果教师既爱专业，又爱学生，那他将是一个完美的教师。"

信然！善待每一位学生。

美国心理学家詹姆斯说过："人心最深刻的原则就是希望得到别人的赏识。"我们成年人尚且希望别人欣赏自己，赞美自己，认同自己，更何况是学生呢？如今新课程提倡尊重学生个性的发展，我们教师要坚信每一个学生都有自己的用武之处，都是可塑之才。苏霍姆林斯基说过："世界上没有才能的人是没有的，问题就在于教育者要去发现每一位学生的禀赋、兴趣、爱好和特长，为他们的表现和发展提供充分的条件和正确的引导。"教师的赏识和关爱就是孩子前进途中的兴奋剂、加油站。

苏联教育家赞科夫说："漂亮的孩子人人爱，爱难看的孩子才是真正的爱。"同样赏识和喜爱优秀生是每个教师轻而易举能做到的，对这些学生大部分老师都是倍加呵护。但是，优等生毕竟是少数，更多的学生则属于"中等生"或"学困生"的范畴，而对于那些所谓的"学困生"怎么办呢？有的老师是不管不问，把这样的学生调到教室后面的角落里成了"三不管"人员。时间一长，他们就会抱着破罐子破摔的态度，干脆一不做二不休，大错不犯，小错不断。大家都知道，由于每个学生所处的生活环境不同，他们的学习存在着差异，有的学生智力开发得比较早，有的学生开发得比较晚。历史上就有很多这样的事例：爱迪生的老师曾说他"不是一个聪明的孩子，根本不值得一教"；爱因斯坦四岁才会说话，七岁才会写字，被有些人认为是弱智儿童；丘吉尔上小学时的成绩全班倒数第一时。这些所谓的"学困生"们，长大后竟成了我们尊敬的大科学家、大政治家。所以陶行知先生谆谆教导我们："你的教鞭下可能有瓦特，你的眼睛里可能有牛顿，你的讥笑声中可能有爱迪生……"试想，一个经常被老师挖苦、讽刺的学生，他会喜欢你吗？他很可能恨你，和你产生抵抗对立的情绪呢！所以我们要善待每一位学生，把更多的爱倾注到他们身上，把他们从被遗忘的角落里调动起来，用我们赏识、鼓励的语言去滋润他们那容易受伤的心灵，多给他们一些机会，帮助他们树立起学习的信心。这样你就会发现每一位学生都是那么可爱。

"学生"顾名思义，就是需要学习，各方面有待于进一步提高的人，具有可塑性，因而不存在不合格的问题。

"教师"是传道、授业、解惑的人。只有不合格的老师，是说教师应努力工作，不断提高自身素质，严格要求自己。教育不好学生应从自身找原因。

课堂是师生共同的舞台，是舒展灵性的空间，教师既应是某学科的专家、知识的传播者，更应是塑造灵魂的工程师；教师是一个有深度、复杂的角色，教师对学生的适时表扬和鼓励，能保护学生的自尊心、激发学生的自信心，使他们更有兴趣学好本学科。

老师的一句安慰，会让他们魂牵梦系！

老师的一句鼓励，会让他刻骨铭心！

老师的一句赞扬，会让他们终身难忘！

爱，是需要付出的，付出终有回报，我的学生以他们良好的成绩回报我。他们也非常喜欢我，每次下课，总喜欢跑到我的房间里，围着我问这问那。他们常常对我说："老师，我们最爱上你的课！""老师，我们整天都盼着你上课！""老师，您是幽默大师！"

听到这发自肺腑的话语，你能不感动吗？当时我就觉得自己是世界上最幸福的人！

现在，我真正明白了：理解学生，我们将收获理解；尊重学生，我们将收获尊重；爱学生，我们将收获爱。我真正明白了：老师需要的不仅仅是才华横溢，不仅仅是潇洒大方、美丽动人！更需要拥有一颗博大执着无私的爱心！

老师的爱如丝雨：滋润每个学生干渴的心田，给他们以成长之水。

老师的爱如和风：拂去每个学生成长的苦恼，给他们以自信之风。

老师的爱如阳光：照亮每个学生前行的道路，给他们以奋斗之光！

不要埋怨学生的顽劣，他们也许是明天的"爱迪生"！

不要鄙夷学生的愚钝，他们也许是明天的"爱因斯坦"！

不要指责学生的木讷，他们也许是明天的"德摩斯梯尼"！

不要悲叹教师的平凡，我们的平凡铸就了许多"伟大"！

来点"模糊"又何妨

但凡上过高中，都会对集合有印象。老师每每讲到集合内容，总是在不厌其烦地强调它的三性：确定性、无序性、互异性。对确定性而言，一个集合确定以后，集合中的元素是确定的。或者说，集合确定以后，对任一元素来讲，它要么属于这个集合，要么不属于这个集合，二者必具其一。

现实生活中并不都是像集合的确定性一样非此即彼。比如很多、真大、宽阔、漂亮。虽不能界定很多是多少，说不清真大到底有多大，无法丈量宽阔的尺度，也没有统一的标准去衡量漂亮与否。但人们却有一种心照不宣的、彼此能接受的心理标准，虽然模糊，却能使每个人都心知肚明，甚至在一些模糊评判标准上达成共识。也就是因为这种模糊的存在，才使人们和谐相处其乐融融。

社会和社会现象如此，课堂教学和班级管理也离不开模糊的成分。对任课教师来说，有时的模糊并非是糊涂，却是大智若愚的教育智慧。对班主任而言，班级管理中的模糊，其实是自己管理才能的体现。

有的老师教育学生时喜欢下断语，十分看重教育的清晰性，认为只有给学生一个明确的答案，学生记住，才算达到了教育的目的。其实，对于生活中的许多实际问题，与其简单地评判对与错，不如用"模糊"方法引导学生思考，让学生自行解决，这样反而会收到意想不到的效果。因此，老师或班主任在工作中恰如其分地运用"模糊"艺术，不仅可以避免使自己陷入繁杂琐碎的事务堆中，而且可以在宽松和谐的氛围中，更好地发挥学生的积极性和创造性。对于这种"模糊"艺术，不少老师或班主任做了大量的探索和实践，著者总结归纳其经验和做法有以下几个方面。

一、在征求学生建议时"模糊"

某校开展环保评比活动，要求每个班级建一个"绿色墙角"。有位班主任是这样做的：他先在班会上向学生宣布学校的要求，然后装出一副江郎才尽的模样，耸了耸肩说："唉！我知道同学们很想在这次全校环保评比活动中取得好名次，可我对建这个'绿色墙角'是'外行'，不知道怎样做才能拿第一……"老师话音未落，全班学生已开始热烈讨论起来，你一言我一语，纷纷献计献策，最终得出一个最佳方案。从表面上看，这位班主任说自己是"外行"，好像自己对建"绿色墙角"十分担忧，其实他的真正用意是给学生创造发挥才能的机会，让他们在活动中锻炼才干，培养其主体意识和创造意识。同时，学生主动参与这样的活动，也有利于促进良好班集体的形成。

二、在学生偶尔犯错误时"模糊"

古人云："责人要含蓄，忌太尽；要委婉，忌太直；要疑似，忌太真。"学生一旦有过错，最怕老师点名批评，尤其是对偶尔犯错误的学生，老师更不能不分青红皂白、上纲上线地数落起来没完。老师可以有意识地装装"模糊"，让学生自己去反省、去思考。这样既不伤害学生的自尊心，又有利于启发他们进行自我教育，激励他们自觉改正错误。有位学生，一贯遵守学校规章制度，从不迟到早退，可是，一天早上却迟到了。按照惯例，应在全班点名批评，但班主任却没有这样做。学生们议论纷纷，说班主任偏心眼。第二天放学后，那个迟到的学生主动来到办公室，很内疚地说："老师，您忘记点名批评我了。"班主任装着什么也不知道的样子说："哦，是吗？我忘了。因为在老师的记忆中，你是从不迟到的。"这位班主任假装自己忘了，让其他学生去议论，促进犯错误学生自我教育、自我改正，达到了此时无声胜有声的教育效果。这位班主任的模糊装得巧。这样做引发的"自责"，往往能变成学生改正错误、奋发向上的动力，从而产生对班集体的责任感。

三、在处理师生人际关系时"模糊"

班主任不仅要与任课教师建立良好的人际关系，更要与学生建立民主和谐的师生关系。在师生交往中，班主任也可以运用"模糊"艺术。一位颇有经验的班主任在谈及自己管理班级的成功"诀窍"时说："做班主任，有时需要睁一只眼，闭一只眼。"这就是一种"模糊艺术"。比如说，班主任在与学生交往中，对于学生的一些无伤大雅的个人癖好、生活琐事，不妨"闭一只眼"，淡化教师身份。同时，班主任要具有"心理移位"的能力，站在学生的角度去感知、体验和思索。这样更有利于拉近师生关系，使学生备感教师可近、可亲、可敬，"亲其师而信其道"。

四、在解答学生问题时"模糊"

学生思维活跃，喜欢争辩，有时会为一个小小的问题争得面红耳赤，常常要找老师评说。遇到这种情况，老师不妨"模糊"一下，用弹性大、外延宽泛的模糊语言提示学生，如"你对这个问题的看法是什么？根据是什么？""你的思维不错，请再考虑一下，有没有别的捷径可走？"把学生引至"心欲通而未得，口欲言而不能"之境，再予以适当的点拨，使学生豁然开朗，以创新精神吸取知识、运用知识、发现知识。因此，在给学生解答问题时，老师不要急于下结论，重要的是引导学生的求知欲和探索精神。

五、在处理偶发敏感事件时"模糊"

老师有时会碰到意想不到的突发事件，处理不当会导致不良后果。有这样一个故事：一位教生物的乡村女教师，领到了一台盼望已久的显微镜，她把显微镜放在教室的角柜里。一天，学生们发现显微镜不见了，便跑去问老师怎么回事，老师说不知道。于是班长组成了一个"侦察小组"，经过"侦察"，他们觉得彼佳最可疑，于是星期天午后去彼佳家侦察。刚进门，他们便看到彼佳正在聚精会神地用那台显微镜看什么，人赃俱获。他们不由分说就把彼佳和显微镜一起带去找老师。一进老师家的门，就吵嚷着说是彼佳偷了显微镜。女教师见这架势吃了一惊。女教师了解到发生了什么事后，她冷静一下，像是忽然想起来什么似的说："哎呀，这显微镜是我借给彼佳的，我怎么忘记了！"彼佳愣愣地说不出话来。教师表扬了这几个小侦察员，又嘱咐他们以后不要这样鲁莽地对待同学。这是一位苏联教育家在回忆他童年的老师时所写的一件事。这个教育家就是彼佳。他说："由于教师以模糊方法处理这件事，使他没有陷入抬不起头的窘境，也使他更加痛恨自己的失误。"正是"模糊"艺术起到"帆扬五分船便安，水注五分器便稳"的教育效果。

六、在给学困生奖励时"模糊"

大多数老师习惯于奖励学习成绩优秀的学生，这是必要的；但是对学困生奖励得少、惩罚得多，则会使学困生越来越落后。盖杰和伯令纳在《教育心理学》中指出："有时，教师忘记了他们对于学生的评论是多么重要。我们看到一些老师从不对学生说一句好话，这种行为是不可原谅的！"因此，老师对学困生的缺点不要明察秋毫，时时刻刻念念不忘，而是要模糊一点；同时，要改变过去"一叶障目，不见泰山"的思维定式，在每一时刻、每个地方、每件事情上清楚地看到后进生的进步和闪光点，哪怕只有点滴的进步，也要予以奖励。奖励着眼于发展，着眼于未来，可以激励学困生的上进心和自信心，促使他们实现由"帮助成功"到"尝试成功"乃至"自主成功"的转变。

无声之处皆教育

　　教师面对的是生理、心理都在发育的学生群体，在这个群体中，认识有差别，素质有高低。为转变学生的思想，常见教师或苦口婆心地劝导，或大发雷霆地训斥，结果雷声大，雨点小，教师说得多，学生做得少。以致有的教师发出无可奈何的感叹：现在的学生不好管、管不好。时代在变，学生的思想意识也在变，学生比过去难管理是不争的事实。基于这种现状，采用什么方法才能做好学生的思想工作，这值得广大教师深思。我在教育实践中体会到适当地运用"无声教育"，往往能更好地促进教育目标的顺利达成，同时也有助于保护学生的自尊心，最终达到"无声胜有声"的效果。

一、无声的鞭策

　　众所周知，教室是师生成长的主要生活空间，师生的心理活动与行为变化与教室文化有着密切的联系。教室文化是师生成长发展的"教育磁场"。教室文化形成的感染力是其他教育手段所无法企及的，它能悄然地告诉学生哪些是应该做的，哪些是应该坚持的品质，目标在哪里？良好的竞争意识、集体主义观念的形成，这些对学生的个性发展起到了很好的作用。我在教室文化布置上，注重从小处入手，从各个方位入手，让学生接受无声的熏陶。如：在教室的墙面上，醒目地写着班风和学风。"新学期，你我一起努力！""祝福你，新学期，进步多多，收获多多！""百尺竿头，更进一步！"再看下面的署名：有的是"爱你们的老师"，有的则写"你们的朋友"，还有的写"与你一起成长的人"……学生们对于这些寄语，真的非常喜欢，在这充满了激励的浓郁氛围中，每个师生怎能不追求进步呢？人们常说：高品位的教室精神文化，是以人为本的学生管理规范化的补充和提升。这话真的一点也不假，丰富多彩的教室文化，不仅可以使学生在获取知识的同时接受无声的人文教育，同时，也在浓厚高雅的文化氛围中享受潜在的美的熏陶。

二、暗示的力量

青年学生，世界观还不成熟，对真善美、假丑恶的判断能力不强。这一时期，要对其思想进行改造，必须发挥教师"做"的渗透作用。这里的"做"，是教师有意识地使学生的心理受到触动，其暗示的色彩很浓。客体学生因受到教师行为特征的影响而产生理性的思维，从而把主体教师的外在形象内化为自己的行为品质。在这一活动过程中，教师是学生行为的参照物，这个参照物要求学生参照教师的"做"反思自己的行为，重新设计自己。教师随手捡起地面的一片废纸或整理一下服饰，细微的动作在向学生传递一个信息，它委婉含蓄地提醒学生：你该怎样做。学生是有感知能力的，教师简单的形体语言能促使学生改变自己的认知和行为。权，然后知轻重；衡，然后知不足。教师是活的教科书，学生仔细品读，其丰富的内涵对学生有着极强的启示作用。教师无小节，处处是楷模，教师的行为是一面镜子，学生能从这面镜子中照见自我，找出自己的不足，通过自我批评的方式进行自我教育，调节自己，完善自己。暗示，使学生明白了一个道理，实现了从他律到自律的教育过程。教师的"做"是无声的，但无声的行为暗示胜过千言万语。

三、沉默是金子

沉默是一种无声的语言，它借助眼神、表情、动作来对他人的行为加以肯定或否定，运用在教育中有其独特功效。如果老师能恰到好处地运用，对学生传递出丰富的难以言表的信息，形成互为默契的教育境界，就能起到"此时无声胜有声"的教育作用。

现代人际交往心理学研究表明：在双方交谈过程中，如果甲方适时沉默不语，让乙方演独角戏，乙方从甲方得不到任何信息，就会被甲方的沉默所慑服，从而顺从甲方的意志。老师一旦发现学生犯有比较严重的错误而又尚未弄清楚情况时，为了使学生不隐瞒过错，也可以适当运用上述原理，让学生在教师的沉默中感到震惊与压力，自觉地把问题讲清楚。然后教师对症下药，因势利导。例如，一名学生在上化学课时闹恶作剧，把一个小螃蟹放到一女生的口袋里。那个女生吓得大叫，严重影响了课堂纪律。为了解其思想动机，我找他谈话，他非常紧张，已经意识到自己行为的错误。我以平静的语气让他把整个经过说一说，在其欲说明又顾虑重重时，我作沉默状以形成其不得不言的心理状态。在一番激烈的思想斗争后，该生感觉到老师的沉默中包含着对自己的原谅，应该承认错误，于是，他断断续续地说出了事情的经过。就这样，在其自我反省之后，我再循循善诱、晓之以理，效果十分明显，这便是无声的教育艺术所具有的独特魅力。

老师在与学生交谈时，适当地使用短暂的沉默，可以使自己有理清思路、选择措辞和观察孩子反应的机会。特别是学生之间发生纠纷时，教师在解决过程中可以适当使用沉默进行"冷处理"，以和缓气氛，使孩子冷静与理智些，诚恳地接受教育，例如，在班级足球赛中，双方队员因夺球动作过猛而导致一位学生脚受了伤，受伤的同学因为自己不能再比赛，失去了为自己队得分的机会，很是生气，冲动之下迁怒于致伤者，于是，一场你来我往的"战斗"发生了，最终两败俱伤。当他们未平静下来时，他们会认定自己的做法没有什么错，错的只是对方。如果这时一味地说教会显得空洞乏力，倒不如从理解学生心境出发，先让彼此冷静一段时间，然后再开始谈话。谈话过程中借助短暂沉默来持续谈话，使学生在谈话中平静下来，并意识到先前的冲动很不应该，这样教育的效果就显而易见了。

四、心灵的窗户

俗话说："眼睛是心灵的窗户。"师生之间的交流是心与心的交流，心的交流需要眼睛，默默地注视较之居高临下的说教和严厉的训斥更能突现教师自身神秘而令人敬畏的力量，产生的影响十分巨大。例如，老师发现学生在课堂上有讲话、做小动作等违纪行为会感到非常气愤，许多教师会忍不住大声呵斥。这种不考虑学生身心特点的做法会伤及他们的自尊，影响其学习情绪，大多数学生在受批评后会心里忐忑不安，再也无法集中注意力听讲，教育的结果自然适得其反。在这种情况下，我不妨凝目注视学生，持沉默态度，用无声的目光提醒他做错了，学生则会在教师和蔼而稳重、慈祥而威严的目光下大感惭愧，迅速收敛其不良行为。利用眼神既可以规范学生的不良行为，又可以缩短师生间的心理距离，便于心灵的沟通，更好地开展教育。

老师在批评学生时，最容易犯的毛病是当众把学生说得一无是处，这种批评往往导致学生的抵触和反感，而借助眼神对学生进行间接批评也可同样达到预期目的。苏联教育家苏霍姆林斯基在《认识自己、教育自己》中谈道："柯里亚坐到课桌前准备，正当他把两手伸到袖筒里，要取出答案时，他的目光突然与老师相遇了，老师急忙把目光移开了，他从主考人桌边站起，沉默地走向窗前，柯里亚呆住了。等到他上前应考时，那位老师离开了教室，直到他答完，老师才回到教室里来。从那以后，柯里亚再也没有作过弊。遇到同学中有人偷偷提示他时，他便总是想起老师的目光。"这个事例说明，教师适当地使用眼神比直接批评更能震慑孩子的心灵。生活中很多孩子都具有诚实、善良等美好品质，当他们偶尔犯下错误时，我们要在了解其原因的前提下采用恰当的方法进行教育，用饱满的眼神教育的方式引导孩子向完美的一面发展，不会因为心灵受挫而失去进取的动力。

其实在我看来，教育是一门沟通的艺术。教育中的沟通很多时候是心灵与心灵之间的沟通，师生间的那份默契无需表白但彼此已心领神会，就像"钥匙最了解锁的心"一样，教育的智慧和艺术就在于耐心地找到这把开锁的金钥匙，做个有心、知心的老师。

五、批语心贴心

批语，是老师和学生之间最常见的联络工具。当前，素质教育的春风吹遍了大江南北，老师们越来越重视学生主体作用的发挥，无论是课堂还是课外，激励、参与、创造、成功构成了教学改革的主旋律。但是，天天和学生见面的批语，却被忽视了。实际上，"小"批语也可以作出"大"文章。

首先，给批语注入一颗慈爱的"心"。老师改一本作业，就像在和一个学生交谈。课上，再公平的老师，也无法让每一个学生都有一次站起来的机会；课下，当你还在搜寻那双怯懦的眼睛时，身旁早已围满了思维活跃、滔滔不绝的同学……只有作业是最平等的，也略有些偏心。它总是让你在那些错题面前停驻目光，皱起眉头。这时候，你的爱心叫包容。你要更细心地审视每一道题，写下："今天听讲真认真，不过还有一点小小的不足，放学后我在办公室等你好吗？"哪怕是题全错了，你也要写下："字像人一样漂亮。"因为你在传递一个信息——你关心着这颗小小的心灵。

其次，要赋予批语一个幽默的性格。学生写他做的饭菜如何好吃，你不妨夸张地来一句"馋得我口水流下三千尺"。学生忘点小数点了，不妨批上："你被评为最受欢迎顾客，因为只需 4.2 元买的钢笔你竟然花了 42 元。"学生写出了一篇好文章，不妨写下："别说老师了，我想就连鲁迅小时候也写不出这么好的文章。"这样的批语，怎能不使学生一遍又一遍地读啊，看啊，在会心的微笑中受到启迪，在成功的陶醉中鼓起希冀……

最后，要为批语准备各种语言外衣，使其常换常新。优美的字体，简洁的图画，风趣的语言，带着真，带着情，带着趣，深深走进学生心里，他会爱你，学你，像你，做你。

学生的作业所反映出的内容是多方面的，如：学生掌握知识的情况、学习的态度、学习的方法、学习的能力、习惯等意志品质，直至学生的个性特征等均会通过作业表现出来，一个有责任感的教师，绝不该忽视这小小作业本，而应重视作业批改这个教学环节，重视作业的批注，付出爱心和责任心，利用作业这个小小阵地去了解、指导、培养学生，成为学生学习的激发者、促进者、各种能力和积极性的培养者。

无论我们从课上还是作业、试卷上发现问题都可以借助这个平台来解决。比如有的学生成绩一直不太理想，但很用功，我在试卷上写道"我一直关注着你，我期待着"。老师虽在课上没有提问他，但老师依旧很关心他，就应该让他知道。比如有一个学生有一段时间情绪低落，上课也集中不起精神来，我在他的作业上写道"需要帮助吗？你的每位老师都是你的朋友，我们都希望你快乐"。给学生下"批语"，要及时，语气要和婉，不宜斥责，而应以鼓励表扬为主，切忌挖苦讽刺，而且要因人而异，用得好，会有很好的效果。

一条批语看似平常却寓意深刻，一个细节显出一位老师的良苦用心，一本作业连着你我，让师生心贴心，一个好的批语，将助学生成功，教师的批语定会在学生成功中闪烁其辉煌。

我们面对学生，不能回避，更不能放弃，而应以积极的态度去感化他们、改变他们。也许其间会有波折和反复，但我坚信：只要我们用真心、爱心和耐心，用不张扬的方式不露声色地抚慰学生的心灵，终究会赢得学生对我们的尊重和信任，从而做到"润心细无声，无声胜有声"。

付出老师的爱，挖掘学生的美

随着时代的发展，以应试教育为指挥棒的传统教育模式已经越来越不能适应社会的发展了。现在我们更多谈论的是素质教育，虽然应试教育这个指挥棒并没有完全丧失其作用，但素质教育再也不是刚被提出时的空洞口号了。在实际的教育教学过程中，从教学目标的制定到课程设置，再到教育形式、教学手段，素质教育都发挥了其影响力。而我认为素质教育也应更好地运用到德育工作中。那么，如何在德育工作中贯彻素质教育呢？教育以人为本，所以我觉得情感教育是一条重要途径。

青少年时期是个体发育、发展的最宝贵、最富特色的时期，然而这个时期同时又是人生的"危险期"。随着独立意识和自我意识的增强，学生迫切希望摆脱成年人的监护，他们感到或担忧外界无视自己的独立存在。同时他们又需要成年人的爱与关心。所以，恰到好处的爱与关心对于这个时期的中学生在人格、心理等方面的发展十分重要。一个班主任，只有让学生感到并且接受老师的爱与关心，他才能带领学生建设一个团结向上的班集体。以下是我在担任班主任工作时的一点体会。

一、彼此交流

中学生是渴望理解与交流的。对于一个班主任来说，他可以借助师生之间的交流来传递老师的爱与关心。但要注意的是，交流应该建立在理解的基础之上。在实际的教育工作中，我进行了初步尝试，效果颇佳。举两个例子来说明。

事例一：李同学性格自负并且逆反心理很强，但是成绩很差，经常犯错误。

一次，物理老师让他放学后留下来补课，他却因为肚子饿先去吃饭了，饭后他去找物理老师，物理老师已经走了。第二天，物理老师找他进行教育批评，他却不服气，与物理老师发生了争执。了解情况后，我并没有立即将他叫到办公室训斥一番，而是等到放学后，我等在他回宿舍必经的那条路上。看到他，我走过去，就好像是偶然遇到一样。我和他边走边聊，从目前的世界杯赛事到家常，再到学习情况。可能还是因为昨天的事，他一开始并不怎么说话。渐渐地发现我并没有恶意，话终于多了起来。我见时机成熟了，便切入正题，问他昨天究竟是怎么一回事。他一五一十将情况告诉了我。还特别强调他是去过物理老师办公室的，但只是晚了一点。我告诉他我相信他是去过的，而且表示理解。接着我又问他当时是几点钟，他有点迷惑，不解地说六点左右，我告诉他物理老师的家离学校有半个多小时的路程，就算帮他补习半个小时的课，那么物理老师也得七点钟才能到家吃上晚饭。我又问他，物理老师为什么这么做呢？他沉默了，但我看得出来这小子已经有点想法了。败兵不可穷追，我告诉他我并不要这个问题的答案，心里明白就行，然后拍拍他的肩膀让他去吃饭。第二天，物理老师对我说他收到了一张纸条，上面是这样写的：对不起，老师。

这件事情过后，该同学各方面的表现确实比先前有了较大的进步。其实，处于青春期的学生逆反心理较强，尤其是男同学。他们做事情较少考虑后果，容易冲动，事情过后他们也会认识到自己的错误，但由于自尊心强，不肯轻易认错。作为一个班主任，应该用适当的方式方法来教育他们，让他们从教育中认识到自己的错误，体会到老师对他们的爱与关心。有时也要给他们一个台阶下，那么，他们就能真正地从错误中吸取教训。

还有许多同学性格比较内向，他们不愿意与老师面对面地交流，而是习惯于将他们的想法、困惑写在学生的成长记录上。我把学生的成长记录叫做"笔谈"。学生的成长记录就可以看作一种"笔谈"。"笔谈"确实也是一种不容忽视的了解学生、传递老师关爱的教育方式。

事例二：周同学先天残疾，从小受歧视，性格孤僻，不信任他人。一开始，我发现她在班级中少言寡语，对班级活动不关心，就常找她谈话，询问她的家庭、学习情况，鼓励她不要自卑，投入到集体中去。可每次总是我说得多，她讲得少。几次下来，似乎效果不好。就在我感到困惑的时候，她在成长记录中写道："老师，我知道你关心我。可你每次找我谈话的时候，我总是很紧张，我希望我们能够通过成长记录来交流。"从此以后，我更认真地阅读学生的成长记录，并且给出详细的批语和回复。通过成长记录，我确实更多地了解了学生的心理世界。尤其是周同学，她通过成长记录告诉我，从小到大所有的人都看不起她，她也不相信其他人，更不需要其他人的关心。我也在批语中告诉她：并不是所有的人都歧视她，她应该自信，她也不是为其他人活着的，她应该用自己的成绩来回击那些歧视她的人。知道了她的情况，我也让几个女同学经常关心、帮助周同学。一次周同学由于贫血晕倒在课堂上，好几个同学因为照顾她、陪着她等她父亲来接她而没能吃上晚饭。事后，我就在她成长记录的批语中写道："一个人病倒了，却有好几个同学陪伴在她的周围。生活在这样一个集体，是多么幸福的一件事啊！"以后我通过成长记录告诉她，许多人都希望能帮助她，不要把自己封闭在自己的天地里，放飞自己，让爱流通，生活就会快乐！不知不觉，周同学渐渐地开朗起来，话多了，笑容多了，班级活动中她的身影也多了。

通过适当的交流，让学生体会到老师的关心与爱，是引导学生身心健康发展的关键。作为班主任，更应该在班集体建设中付出自己的关心与爱，让学生实实在在地体会到，感受到。用爱感化所有的学生，所有的学生就会在班集体的建设中奉献出他们的那份爱。

二、相互合作

随着教育要求的改变，班主任工作的要求与作用也发生了改变。班主任不是班级的"老板"，学生也不是班主任的"工人"。如何处理班主任与学生之间的关系，是班集体的建设中一个需要好好解决的问题。我认为作为一个班主任，应该在相互合作中体现出平等，体现出爱与关心。

作为一个班主任，班级的日常管理总是一个老大难的问题。就拿班级的劳动卫生来说，经常会有部分同学出工不出力，干活马马虎虎。于是我制订班规，试图用"惩罚"的手段来解决这个问题。开始我觉得问题似乎解决了，可渐渐地情况又不行了，甚至有时还不如从前。我找来几个学生，询问他们为什么劳动任务总是完成不好。尽管说法各异，但最关键的一点还是劳动的时候同学们相互依赖，缺少合作。后来，我与班委商量，终于想出一个办法：把班级的各项劳动任务尽可能公平地分配给每一个人，作为班主任的我也有一份。劳动任务平均分配，每个人包干负责，谁出了问题找谁，想偷懒的同学再也不能偷懒了。一到劳动的时候，我和班委先干起活来，看到老师也加入到集体劳动当中，其他同学也跟着干起来，所有的学生都会自觉地完成自己的任务，整个劳动又快又好的完成了，以前的卫生死角由于有了专人负责，再也不会出问题了。我们班的劳动难题就这样被解决了。

确实，对于一个班主任来说，在班集体的日常管理中，身先士卒显得非常重要。班集体的事情不仅仅是学生的事情，也应该是老师的事情。老师和学生都是班集体的成员，都应该为班级出力，为班级争光。通过师生之间平等的合作，让学生感受到自己在班集体中的重要性，培养学生的集体主义荣誉感，这也是班集体建设中重要的环节。

三、共同提高

一个班级只有有了明确的奋斗目标，才能不断进取。所以，老师总是给学生提出一个又一个目标，让学生不断进步。但是，一个班级的进步除了学生的进步还应该包括老师的进步。作为老师，在班集体的建设中感受学生进步的同时，也应该多多向学生学习，提高自己。

一次举行全年级拔河比赛，由于有一点事情我没有去，而是让体育委员组织同学参加比赛。赛后，同学们纷纷跑到办公室告诉我：我们班得了第三名。看着那一张张洒满汗水的笑脸，我特别开心：这就是我的学生，一群积极向上团结互助的学生。以前，一些同学对班级活动总是漠不关心，但这一次全班同学都积极参加进来，比赛的拼尽全力，加油的喊声震天。正是有了这种凝聚力，才取得了这样的好成绩。事后，他们也说了一点他们的遗憾——我没有去给他们加油。本来我想解释一下，告诉他们我有事才没去。可是我心里确实有点惭愧，一直教育学生要热爱集体，积极为班集体争光。学生做到了，可是到头来我这个老师又是怎么做的呢？老师是一个不平凡的职业，他的一言一行直接影响着他的学生，要教育好学生，老师自己就必须做好。但更多的时候，老师应当看到学生的长处，找到自己的不足。老师也是一个平凡的人，师不必贤于弟子，弟子不必不如师。能虚心向学生学习，这才是一个好老师。老师自身素质的提高，也会促进学生不断进步，只有这样的老师才能真正教会学生怎样做人。

班集体建设是充满人性与挑战的，值得所有班主任去思考，去探索。让学生能感受老师心底的爱，让老师用心去感受学生的美，让情感在师生之间传递，师生共同提高，共同进步，班集体一定能建设成为一个团结向上的班集体！

春风化丝雨，润物细无声

　　教师的素质有宽容、鼓励、和蔼……教育的方式有理解、亲和、严肃……教育的观念有"没有教不好的学生""谁也阻挡不了年轻的脚步"……多年来我一直在思考、探究"教书育人"之种种策略，虽有迷惘，有惶惑，但仍有点感悟想付诸于笔端，祈望能在理论上有进一步的认识。

一、距离产生威和信

　　文艺美学上有"距离产生美"（"间离效果"）这样一个重要的理论体系，对于教育学，我们不妨套用一下，在与学生关系的处理中也要讲究距离，并且要使这"距离"产生出美来！这"距离"当然是指师生间的注意分寸的远近、关系的亲疏，也就是在学生中树立教师应有的威信，"美"就是指最佳的育人效果。

　　对于年轻教师来说，树立自己在班级中的威信尤其困难，因为跟学生相差不大的年龄，跟他们一样有好动、好奇的心理，充满工作激情但又没有足够工作经验资历，因此，适度的"距离"对摆正教师和学生的关系至关重要。一味地不苟言笑、拉着脸"道貌岸然式"和没大没小地与学生"打成一片式"绝不是"适度"的距离，也没有摆正这至关重要的关系。我认为，在学生面前不能有丝毫的做作、矫情，不能将心墙高筑，但同时又得把自己做大学生时的稚气，年轻人特有的冲动、盲目一一地加以克制甚至要掩饰，毕竟是为人师表，无"威"，"信"就无从谈起，可以说，这一点的把握对树立威信尤为重要。

　　另外，关于班主任与整个班级管理的距离也有一个"度"。常见的年轻班主任成天"泡"在班级里：每次大扫除亲自把关，每期黑板报都参与，艺术节、运动会更是"奋不顾身"，他们的责任心可见一斑，但各项成绩却不见得斐然，也有些班主任可以说是"神龙见首不见尾"，但班风特别好，学业成绩也总在最前列。这就是班主任管理工作中的"有我之境"和"无我之境"了。所谓"无我之境"，就是要班主任放手让学生自己管理自己，独立自主，自己追求知识，对开展各类文体活动，维持班级的常规秩序，比如"两操一活动"、开班委会、做卫生工作、开展青年志愿者活动等，让学生真正感受到"海阔凭鱼跃，天高任鸟飞"的氛围，使学生的自制能力得到锻炼、提高（初中应是培养自制能力的最重要的阶段）。"有我之境"则是指班主任的必要性、原则性地指导学习和集体工作，一味地让学生自我管理难免会让"放手"变成"松手"，成了"放任自流"，班级将是一盘散沙。所以说，这二者的关系就如一些班主任话说多了没人理会，有些班主任说得少，但说得掷地有声，"老师轻轻地说，学生重重地听"，这便达到了最佳教育效果。

因此，适当地、有技巧地掌握上述两种"距离"的长短、远近，就能轻松地搞好教学带好班级，避免了许多教师费力不讨好的情形。

二、不要急于弹掉身上的泥土

我们都有过这样的经历：下雨天身上不小心溅上泥水，立刻揉搓不但很难去掉，而且越揉越糟糕，但当泥水干了的时候，轻轻一弹就好了，很简单。

我在一本书上读了一篇寓言故事，名字叫《两棵树》：一个农夫，种了两棵树，第一棵树憋着劲往上长，在夏天就成熟了，而另一棵树它慢慢地吸取营养，贮存起来，在秋天成熟了。可是两棵树结的果实有鲜明的对比，第一棵树结的果实又酸又涩；而第二棵树结的果实又大又甜。为什么会造成这样的结果呢？我想：是因为第一棵树急于求成吧！违背了自然规律，只会适得其反。

俗话说：欲速则不达。是啊，经过细细品味，我明白了一个道理：做事不能急于求成，教育学生也应如此。

学生间有了矛盾或纠纷，"官司"告了过来，教师又怎能够坐视不理？多数教师通常的做法是：将争吵、打闹的双方叫到一起，先了解事发的缘由及经过，然后依据校纪、班规作出评判，对过错方一通批评教育，最后设法让争执双方来个握手言欢……

学生间的那些"鸡毛蒜皮"的小"官司"，对经验丰富的教师而言，采取上述方式，再加上教师的威严，一般能很快平息事端。我感觉这一套也不一定总能奏效。

记得一次开学初，我们班曾经发生过这样一件事情，两个学生因为一个座位而闹得剑拔弩张，几乎要大打出手。幸亏班干部及时告知，当我赶到班级时，看见小 A 正一脸怒气地坐在小 B 的座位上，问及原因时，小 B 振振有词地说："小A 不经过我的同意，就私自坐了我的座位，连一声起码的招呼也不打。"小 A 却一脸委屈地说："不就是坐了一下他的座位吗，至于如此大发雷霆吗。"原来，小 A 下课时，看见小 B 的座位上没有人，便坐在上面和同学聊天，小 B 回来时，他谈兴正浓，没有及时让开。小 B 便火冒三丈，冲上去想要强行将他拉开，小 A 觉得自己很没有面子，也不肯让步。于是，就造成了"一个座位引发的纠纷"。

了解了事情的原委后，虽然心中已经有了对事件的基本判断。但是我觉得当时不能过快地轻易下结论，因为矛盾双方正处于激动状态，处于激动状态的人一般都头脑发热，冲动中的他们是不会信服于老师的调解，甚至会产生偏激逆反情绪，如果当众与我顶撞起来，局面岂不是更难控制？何况矛盾的本质就是气量和面子问题，特别是面子问题，如果在班级中当众处理，输理的一方岂不是觉得更没面子，甚至会恼羞成怒。因此，当务之急便是让他们冷静下来，于是在现场我没有做出处理，只是让两人到我办公室里来一下。

在办公室里，我先让他们冷静几分钟，然后再让两人依次说说自己的理由。此时两人都觉得自己很有道理，各执一词，互不相让。再加上有了充分发表自己意见的机会，两人便如同竹筒倒豆子一般争先批评对方的不是，强调自己行为的迫不得已，再互相反驳对方的理由。直到他们说完了，完全安静下来，能够听进我的意见了，我才开始调解，听了我的分析，两人都冷静了下来，也表示心服口服，在相互道歉之后，一场风波平息了。

三、静看庭前花开花落

花不是不想开，而是时机未到啊！时机已到，它自然会开放的。我们面对的学生不就是这样的吗？有的孩子接受能力强，领悟速度快；而有的孩子接受能力弱，领悟速度慢。可是，在现实生活中，我们却总是希望每个学生都像第一名那样聪明，只要老师一点拨他们就能心领神会，还会举一反三。如果有的学生做不到这一点，我们就很难接受这一点，甚至因此愤愤不平，大动肝火，千方百计让孩子快速地向第一靠拢，于是，整天生活在抱怨中、抑郁中和硝烟弥漫中。

教师应努力培养自己的花苞心态，相信那些接受知识慢的孩子，就是那枝还没开放的花苞，它不是不开，而是在积蓄能量，是在等待时机，他一旦开放就会让你大吃一惊。古语说：甘罗早，子牙迟。因此，作为浇灌和培育花苞的园丁——教师，就要抱定花苞心态，相信那些接受能力弱的孩子就是"姜子牙"，就是那个"花苞"，他们是未来，是希望，这样一想，你还会整天心情抑郁吗？

天下至柔莫过于水，水能随遇而安，水能以弱胜强，自己流动，并能推动他物流动，水亦有滋润万物之恩德。作为教师当有流水心态，用自己的发展带动学生的发展，要像水那样，遇到阻碍要找寻前进的方向，在知识的世界遨游，在真理的世界探求，心怀感激之心，心怀敬畏之意，回馈社会，回馈教师的职业理想。要保持一颗朴实的平常心，冷静看待别人头上的光环，客观评价自己的工作，在工作中的勤勤恳恳，在事业上的兢兢业业，终会换来硕果累累，桃李满园。

孩子，老师想对你说

转眼已经从教二十七个春秋了，二十七载一线从教经历让我深切感受到了教师工作上的艰辛繁杂、情感上的无私无悔，可是教与学中太多的无奈、酸楚和苦涩却时时鞭笞着我、刺痛着我为师的良知和责任感。记得我上学的时候，曾写过一篇题为《老师，我想对您说》的作文，对老师要说说心里话，诉诉当学生的苦。

现在，共同的期盼，一样的执着，学子的一举手，一投足，一个微笑，一声问候，都是那样的亲切与温暖，过去的坎坷，我和学子风雨同舟，未来的崎岖，我和学子携手并肩，学子成长路上的每一点进步，都使我激动不已，学子前行路上的每一个困难，都让我牵肠挂肚，为了学子的明天更加美好，孩子，老师想对你说……

孩子，老师想对你说：
难得的习惯

案头一直放着一本破损的杂志，没有封面，不知名字，之所以长时间不曾藏起，既不是因为她不够精致，也不是因为她少有保值意义。只是对她有一份特殊的情感，是对该期杂志的卷首语《侍弄生命》（转载《莫愁》，作者：马德）一文久久不能忘怀的缘由。

文中叙述了从小在城里长大的夫妇俩，除了满脑子学问，其他什么农活都不会干。更要命的是，他们的一对儿女还不到五岁。就是这样的一户人家，因为那个年代的原因，被迫从城里流落到乡下一个荒凉的小山村。朋友们带着担心去送他们，而他们的脸上却看不出痛苦与绝望，少有的平静让朋友们一脸茫然。

若干年过去了，城里的朋友去看他。"轻轻地走到屋里，朋友们都惊呆了：只见他们一家人围坐在一张破旧的八仙桌旁，桌上，是新沏好的茶水，一缕淡淡的清香飘散在空气中，丈夫、妻子、儿子、女儿，每人手里捧着一本书，在这样一个初夏的午后，正静静地埋头读着。"

朋友们都知道，原先在城里的时候，男人就有这样一个习惯：每天午后，跟妻子一道沏一壶好茶，然后在茶香的氤氲中，品茗读书。没想到这么多年过去了，在这么荒凉的乡下，他们竟然还保持着这样一个高贵的习惯，几年的艰苦生活，竟没有压垮他们。

据说，这一家人在小村庄里一直这样精神昂扬地生活了近二十年。落实政策后，男人又回到了城里，成了一所著名大学的教授，而他们一双在贫穷中长大的儿女，大学毕业后，一个留学德国，一个留学意大利。

每每读到这里，总有一种莫名的感动。做一件事从喜欢到爱好是需要过程的，从爱好到付诸行动是需要决心的，从坚持不断的行动到成为一种习惯是需要毅力的，将这样的习惯在锲而不舍的精神中坚持下来这就是她的难得之处。

孩子，老师想对你说：

鼓舞的力量，坚持的奇迹

儒勒·凡尔纳是法国现代科学幻想小说的鼻祖，他的第一部小说《气球上的五星期》连投入十五家出版社都被退了回来。凡尔纳一气之下，要将稿子烧掉，幸亏他那贤惠的妻子把它从炉火中抢了出来，鼓励他不要放弃，帮助凡尔纳寻找资料，最后这部经过凡尔纳努力修改的小说被投到第十六家出版社时，稿子终于被接受了。正是因为妻子的鼓励和帮助，凡尔纳才有了以后的伟大成就。一份鼓励，一份奇迹。像这样的事例不胜枚举。美国一位女教师曾任一个差班的班主任，班上的同学令她头痛无比。后来，她想了一个办法让同学们互相写出同桌的优点。没想到期末考试时，班上的成绩突飞猛进，连校长也来取经。女教师兴奋地说道："两个字——鼓励。"

其实，那些心中一直认为自己是学困生的人只是受到的鼓励比别人少了一点，当同桌写出自己许多的优点时，他们各自都受到了鼓励，自信心增强，在考试中自能取得好成绩。鼓励，成就了精彩！

因此，鼓励的作用是不可磨灭的。儒勒·凡尔纳和学困生都是在对自己失去信心后受到鼓励，没有放弃才取得了成功。

既然鼓励这么重要，那么鼓励到底是什么呢？其实鼓励的含义很简单，当你处于困境时，朋友的一个会心的微笑，一句温暖的话语，一份甜美的小吃，其实都是鼓励。相信你此时一定会充满斗志地迎接挑战，而不是做缩头乌龟。

其实，鼓励还有着更深层的含义。

英国皮亚丹博物馆收藏了两幅画——一幅是人体骨骼图，一幅是人体循环图。这是当年一名小学生麦克劳德的作品。这个小孩出于好奇心，他老想看看狗的内脏是怎样的。最后，他杀了一条狗，但这只狗恰好是校长的宠物。校长知道后，决定给他惩罚——画两幅画，就是该博物馆收藏的两幅画。

后来，麦克劳德成了一位有名的解剖学家，这得益于校长对他好奇心的保护以及引导。这样的惩罚，其实就是一种深沉的鼓励。假如没有校长的鼓励，恐怕历史上就少了一位出色的解剖学家。

鼓励，一个平凡而又伟大的词语。如果说自信成就成功，那么我认为自信源于鼓励；如果说信念造就成功，那么我认为信念需要鼓励；如果说奋斗通向成功，那么我认为奋斗依赖鼓励……

孩子，老师想对你说：

学学蜜蜂又何妨

学习不是一件轻松的事情，需要教和学双方付出艰辛的劳动，想创造优异的成绩，非二者齐心协力不可。即便认识到位，学习过程中还会出现许多不尽如人意之处。

比如，想要有一个好的成绩，除需要坚强的毅力持之以恒外，还需要讲究方式方法，而这里的方式方法又是什么呢？这是学生家长们经常问到的问题，在这里不妨学习一下蜜蜂酿蜜。

蜜蜂酿蜜需要远距离飞行，要把采集的花粉酿成蜂蜜是一件非常繁杂、辛劳的苦差。蜜蜂把采来的花朵甜汁吐到一个空的蜂房中，到了晚上，再把甜汁吸到自己的蜜胃里进行调制，然后再吐出来，再吞进去，如此轮番吞吞吐吐，要进行

100~240次,最后才酿成香甜的蜂蜜。人们喝到的是蜜蜂周而复始中单调劳动后的成果。

这就提出一个问题,若仅有蜜蜂忙忙碌碌,甚至不得片刻清闲就能酿出蜜来吗?答案是否定的。蜜蜂的可贵之处就在于将采集的花粉,经内化变成了人们喜欢的蜂蜜。

学习与蜜蜂酿蜜好似风马牛不相及,表面看起来根本就扯不上关系,仔细想想还是有相同之处。比如都需要刻苦、需要坚忍不拔、需要锲而不舍,需要反反复复,需要在单调的氛围中持之以恒,这都需要本能的精神支撑。

话说回来,若不能将蜜蜂酿蜜的内化环节学到手,不能从中有所感悟有所收获,就算是做到早起晚睡,片刻不停地去学习,也很难取得好的学习成绩。

学生家长不是经常有这样的疑问吗?孩子平常的学习还可以,课上能跟上老师的进度,也能听懂老师所讲的知识,课下能读懂书上的内容,也能明白其中的道理。可是孩子反映,做起作业来还是无所适从,既找不到解题思路不知从何处下手,更不知道出现这种局面的根源在哪里。

有经验的老师会一眼看出问题所在。学生上课能跟上老师的进度,听懂老师所讲的内容,并不代表学生学会了。因为你听懂的是老师已有的知识,要把老师所传授的知识变成自己的东西,这就要像蜜蜂酿蜜一样,需要一个内化的过程。若缺少这一环节,说听懂了学会了都是自欺欺人。同样道理,课下从能把书看懂,到把书上的知识彻底掌握,这也需要同样的过程。看懂还需理解,理解还需反复,反复中才能提升,若仅仅是把编者的意图看懂后,就下断言说自己学会了,说明你离学习的高境界还有很长一段路要走。

蜜蜂是在酿蜜,更是在酿造生活。学习是在充实自己,更是在体验充实自己的过程,单从这一点上说,学学蜜蜂又何妨!

孩子,老师想对你说:
墨菲定律的启示

墨菲定律是一种心理学效应,1949年,一位名叫爱德华·墨菲的空军上尉工程师,对他的某位运气不太好的同事随口开了句玩笑:如果一件事有可能被做坏,让他去做就一定会更坏。

一句本无恶意的玩笑话最初并没有什么太深的含义，只是说出了坏运气带给人的无奈。或许是这世界不走运的人太多，或许是人们总会犯这样那样错误的缘故，这句话被迅速扩散，最后竟然演绎成：如果坏事情有可能发生，不管这种可能性有多小，它总会发生，并引起最大可能的损失。

墨菲定律告诉我们：事情往往会向你所想到的不好的方向发展，只要有这个可能性。一件事只要有可能出错，就一定会出错，越害怕某件事发生，它就越有可能发生，纠结于两个选择时，没有被选的那个总是对的。

现实生活中的墨菲定律更多，刚学会骑自行车，总想在大家面前表现一下自己的"高超"车技，以证实自己确实学会了骑自行车，于是，在众人的喝彩声中上路了。这时心里一定会想，我一定要好好骑车，骑出水平，骑出自信，我要成功，要将自己美好的一面展现在大家面前。行进中突然发现路中央有一根水泥桩子，心里已有几分发怵，即使是这样还是在不停地告诫自己，一定要避开水泥桩子，结果呢，人没有伤着，自行车已是重伤在身。之所以出现这种局面，原因就是在不停地告诫自己不要撞上水泥桩子的同时，大脑里已经有撞上水泥桩子的影像，就是这种影像根植于大脑，使行动向自己不希望出现的方向发展，这一事例进一步证实了墨菲定律。

学生平常的成绩可能相当优秀，关键考试没有出现期望的奇迹，其原因之一，就是"墨菲定律"在作怪。可能就是这次考试太重要了，不允许有半点失误，愿上苍保佑我成功，抱着这样的心态上考场，失败也在情理之中了。

每年中考都会出现这样的局面，从考场出来，有的学生笑容满面，有的学生愁眉苦脸，更有甚者有个别学生已经失声痛哭。

分析后发现，部分愁眉苦脸的同学，都是平常成绩不错的，自己认为经过多年的拼搏，理所当然考出好成绩，好像好成绩非他莫属，好成绩才能对得起他。带着这样的心态上场，发挥不出自己期望的水准也是很自然的事情。而那些笑容满面的同学，有部分是平时成绩不怎么突出的，带着平和的心态，尽自己最大努力做好每一道题目，只要考场上不留下什么遗憾即可。恰恰就是这样的平常心，才有了人们常说的超水平发挥。由此可见，抱一颗平常心，坦然面对即将发生的事情，该吃的吃，该喝的喝，该睡的睡，即使不怎么期望的事情也会发生。

孩子，老师想对你说：

充满爱心，学会礼貌！

1978 年，七十五位诺贝尔奖获得者在巴黎聚会。人们对于诺贝尔奖获得者非常崇敬，有个记者问其中一位："在您的一生里，您认为最重要的东西是在哪所大学、哪所实验室里学到的呢？"这位白发苍苍的诺贝尔奖获得者平静地回答："是在幼儿园。"记者感到非常惊奇，又问道："为什么是在幼儿园呢？您认为您在幼儿园里学到了什么呢？"诺贝尔奖获得者微笑着回答："在幼儿园里，我学会了很多很多。比如，把自己的东西分一半给小伙伴们；不是自己的东西不要拿；东西要放整齐；饭前要洗手；午饭后要休息；做了错事要表示歉意；学习要多思考；要仔细观察大自然。我认为，我学到的全部东西就是这些。"所有在场的人对这位诺贝尔奖获得者的回答报以热烈的掌声。事实上，大多数科学家都认为，他们终生所学到的最主要的东西，就是幼儿园老师教给他们的良好习惯。一个班有四十多名同学，在他们身上存在着不同的差异。有的是学习上有困难，对于这样的学生来说，他们需要的是老师的一份爱心。可见，爱心是阳光，能融化冰雪；爱心是雨露，能滋润万物；爱心是桥梁，能使师生间的心灵沟通。教师的爱能换取学生的心，使他们产生学习的动机，激发学习的兴趣，愿意认真地学，从而提高成绩。你们认为是我说的这样吗？

孩子，老师想对你说：

低头可敬！

本不相干的两个词语放在一起，让人会坠云里雾里摸不着头脑。而现实生活中，但凡提到低头二字，不是给人留下惆怅无限，就是留下一种不舒服的感觉，很难上升到低头可敬的层次。君不见"低头思故乡"给人留下多少遐想，殷殷亲情在低头沉思中难以释怀。实可恨低头献媚者骨气的荡然无存，却体谅不停哈腰背后的万般无奈。可敬的是如麦穗般成熟后的低头，饱满中透出虚怀若谷的情怀。

细细想想，一粒小麦种子从播种开始，在阳光、空气、水和辛勤劳作者的精心呵护下，经过送爽秋日的孕育，和漫长冬日的坚持，在明媚春光中渐渐长成。人的成长历程如小麦种子一样，初出茅庐时需要别人指点，不断成长中需要不断借鉴，辛勤付出中需要诸多铺垫。

慢慢地，有人骄傲起来，好像自己已经功成名就，自觉不自觉中将自己束之高阁，渐渐脱离了自己成长的沃土，架子大了脾气见长，可学问却在不停地萎缩之中，就如活水失去源头般，枯萎是迟早的事情。

更多的人是在谦虚中前行，在执着中丰富，在学习中提升，在谨慎中修行。就算自己小有成就，仍然如麦穗般饱满低头，这大概就是人们常说的涵养。试想，低头难道不可敬吗？

孩子，老师想对你说：

自信让生命闪光

一个故事能感动一群人，能改变一个人的人生轨迹，不是吗，请阅读下面的故事，也许你、我、她可以从中受到启发。

有一个生活在孤儿院的男孩，常常伤心地问院长："像我这样没人要的孩子，活着究竟有什么意思呢？"院长总是笑而不答。有一天，院长交给男孩一块石头，说："明天早上，你拿这块石头到市场上去卖，但不是真卖。记住，无论别人出多少钱，绝对不能卖。"第二天，男孩蹲在市场角落，意外的有很多人向他买那块石头，而且价钱愈出愈高。回到孤儿院，男孩兴奋地向院长报告，院长笑笑，要他明天拿到黄金市场上去卖。在黄金市场，竟有人出比昨天高十倍的价钱要买那块石头。最后，院长叫男孩把石头拿到宝石市场上去展示。结果，石头的价格较昨天又涨了十倍，但由于男孩怎么都不卖，竟被传为稀世珍宝。男孩兴冲冲地捧着石头回到孤儿院，将这一切告诉院长。院长望着男孩，徐徐说道："生命的价值就像这块石头一样，在不同的环境下就会有不同的意义。一块不起眼的石头，由于你的珍惜而提升了它的价值，被说成稀世珍宝。你不就像这石头一样吗？只要自己看重自己，自我珍惜，生命就有价值，生命就有意义。"

"给孩子最好的教育，就是给孩子最好的人生"，芬兰前总理阿赫的话，是教师的信条与追求。

学生就是在不断犯错误中成长

在平常的教育教学中，总看到一些教师对犯错误的学生怒不可遏，气愤异常，静心想想，食人间烟火的凡夫俗子中，有谁是一贯正确的？我曾看到过这样一则材料：在一美国教育学博士家里，孩子正在错误百出地做游戏，父母坦然地做壁上观，问他们为什么不指点一下孩子？他们说："不能啊！犯错误也没啥，他们的悟性都要从错误中得来。这么快就告诉他们，生活还有什么乐趣？"在人生旅途中，有谁是一帆风顺的？不都是在无数的磕磕碰碰、跌跌撞撞中成长起来的吗？成年人尚且会常犯错误，何况是未成年的孩子呢！学生犯错误虽不同吃饭睡觉一样正常，但也不值得大惊小怪。

教育就是培养习惯。著名教育家陶行知说过：你的教鞭下有瓦特，你的冷眼里有牛顿，你的讥笑中有爱迪生。我们教师当树立"人人皆可为尧舜"的育人思想，深入领会"错误往往是正确的先导""若不让错误出生，便不会有真理降世"所蕴含的道理，面对犯错误的学生，应做到更宽容、更理性。

学生犯错误是一面镜子，它能反射出学生的思想品质、道德素质、学习习惯、生活态度，同时，也能折射出教师的思想理念、教育艺术、人格魅力、心理素质。所以说，学生犯错误只是一个表面的、显性的外在，一个展示"可开发资源"的平台。其深层次的内涵则是：学生有哪些习惯还要进一步培养？有哪些潜力还要挖掘？教师有哪些思想工作还没到位？有哪些教育方法亟须改进？可见，学生犯错误的现象中蕴藏着可以使人格更完美、使才华更出众、使智慧更超群的良好契机！学生犯错误原本就是一个造就人才、英才的"大金矿"！

既然学生犯错误给我们提供了宝贵的教育契机和巨大的教育资源，既然一个人的一生都是在"犯错—改错"中度过的，既然一个人的成熟都是在"不断犯错—

不断改错"中练就的，那么我们就可以认为：学生就是在不断犯错误中成长，但它是一个螺旋式上升的过程。

那么，学生犯了错误，我们教师该怎么办呢？我们要"用爱唤爱，以心换心"，在措施上想点子，在策略上动脑子，把如何帮助学生有效纠错当成一门科学去研究，当成一门艺术去琢磨，那么该如何对待孩子们的这些错误呢？

一、多给予因"宣泄"而犯错误的学生一点温暖

在日常工作中，我们会发现有个别学生他们不是是非不分，而是明知故犯。分析这些孩子的方方面面，你会发现这些孩子在家里得不到温暖。不是父母离异，就是家庭管教过严，要不就是产生逆反心理，与家长、老师对着干，他们甚至没有知心朋友。他们犯错误的目的是引起老师、家长的关注。作为班主任老师只是简单地使用批评、惩罚的方式是解决不了问题的。面对他们孤独的心理，我们应该用语言、行动温暖他们，和他们交朋友，让他们敞开心扉倾诉自己的内心世界。其实他们非常渴望得到温暖，得到周围人的关心。我们改变不了他们的生活环境，但我们可以消除他们心理上的障碍。经常慷慨地用我们的手抚摸这些孩子的头，并不是伟大的壮举，但却让孩子感受到了老师的宽容和温暖。在班级里，多表扬他们，多给他们一些展示自己的机会，鼓励他们和同学们交朋友。

二、对犯错误的孩子要进行适当的批评、教育

学生年龄小，自控能力差，有些错误是常见的。比如：踢一下、打一下同学，往地上随手扔纸屑等。学生放纸飞机、扇卡片，我认为只要他们在安全的地方玩是可以的，因为在玩的过程中，学生无形中会学到很多知识，我们应该鼓励学生玩，不能因为怕影响环境而抹杀了学生的天性。如果我们只是用简单的学校大会上点名批评是根本解决不了问题，相反会造成学生心理上的负担。我们应该从学生的行为习惯入手，发现问题要进行耐心的教育，指出错误造成的危害。更不能因为学生一点点错误就火冒三丈。有一天一个同学骂了人，一个老师这样批评他：下次你再骂人，我就让你在全校大会上站到前面去，将你骂人的话在全校同学的面前说一遍，看你丢不丢人。这种简单、粗暴的教育方式，真能使学生认识到自己的错误吗？仔细观察你会发现这个学生在什么场合骂人。习惯的养成教育不是一天、两天就可以完成的，也不是一个、两个老师就可以教育出来的。它需要日

积月累，从一点一滴做起；它需要老师、家长、学校的共同努力。

苏联教育家苏·霍姆林斯基说：对待孩子要像对待荷叶上的露珠一样去小心呵护。荷叶上的露珠晶莹透亮，非常可爱，但它却非常脆弱，稍不小心露珠就会滚落、破碎，不复存在。我们无法杜绝学生不犯错误，但我们可以使他们少犯错误。我们也无法改变学生的家庭环境和社会环境，但我们可以正视孩子们的错误，给他们以温暖，纠正他们扭曲的心灵。法国哲学家萨特说过：存在的就是合理的。每一次出现的错误都有它存在的某一个时间，某一个地点，甚至是某一个人。我们不要怕学生犯错误，如果错误没有给人生留下遗憾，留下悔恨，更多的时候某些看起来的错误铸就了生命中的光辉，难道这种错误不是一种美丽吗？

孔子说，人非圣贤，孰能无过。

列宁也说，任何改正都是进步。

人，也许就是这样长大的。

告诉学生：学好初中化学并不难

在化学教学中，发现许多同学有怵头、恐惧、厌烦学化学的心理。由于怵头、恐惧、厌烦这种心理的存在，又形成不爱学、不想学甚至对化学逆反的恶性循环。如果这样持续下去，直接影响今后的学习。要想学好初中化学其实并不难，不妨尝试着从以下方面努力。

一、走出误区

有些同学认为自己的化学基础没有打好，有些同学认为化学抽象性较强，学起来枯燥乏味没有意思；有些同学认为化学很难，自己没有学习化学的头脑；有些同学认为学习化学只是为了考试，今后如果不搞化学专业，那么化学几乎是没用；还有些同学持应付的态度学习，认为化学对付着能够及格就行等，这些认识上的误区都会直接影响学生们学习化学。

心理学理论告诉我们，认识产生行动，行动决定结果。认识上的偏差就会产生行动上的错位，行动上的错位必然不会产生理想的学习效果。在这里，重点帮助同学们澄清关于化学学习的问题。

化学学科系统性很强，知识之间是有联系的，这一点同学们比较看中，因此认为基础没打好怕影响高中的学习。其实，化学知识还有相对的独立性，这一点同学们领悟可能不深。不要因为一章知识没有学好就对其他章节失去信心，而应该在学习新的一章知识的同时弥补其他知识的缺陷。明确了这些，建议同学们把初中化学的学习当作新的学科来学，对未接触过的新知识要打好基础，不明白的问题不过夜，及时弄懂弄通；对已经学过的知识的延伸学习中，要多思考自己在知识的衔接中有哪些断层？多问几个是什么？为什么？从心理上对化学的抵触是学习化学的天敌，因此要走出误区，提高学习化学的认识，正确认识化学学习的重要性，以积极的心态去面对化学的学习。

二、培养兴趣

爱因斯坦说过："兴趣是最好的老师。"的确，我们对于自己感兴趣的学科，学起来轻松自如，心情舒畅，成绩也满意。同样对于感兴趣的事情，会有无限的热情和巨大的干劲，会想尽一切办法、克服一切困难去做它。日本教育家木村久一有句名言："天才就是强烈的兴趣和顽强的入迷。"可见培养兴趣是何等的重要。

我们可以回想一下自己对哪些学科感兴趣？对哪些学科不感兴趣？分析形成的原因是什么？是否会有这样的感受，对感兴趣的学科，从心里就愿意学，哪怕是下同样的功夫，成绩也是较好的，从而就对这一学科更爱学。正印证了孔子所说的："知之者不如好之者，好之者不如乐之者。"

兴趣的指向不是与生俱来的，是在需要的基础上产生和发展起来的，兴趣还需要我们去培养。大家熟悉的国内外著名的科学家，他们能够取得卓越的成就，并不是他们能力超常，智慧超群，而是他们对某项研究感兴趣，在研究中体会到无穷的乐趣，进而成为研究的志趣。由兴趣—乐趣—志趣的演变，不难看出是由喜好开始，体验到快乐，形成志向和兴趣的统一，然而是兴趣把他们引上了科学成功之路。

对化学学科产生兴趣同样靠我们有意识地培养。在学习化学时要克服只为考试而学化学的功利思想，从化学的功效和作用、化学对人的发展和生活需要的高度认识学习的重要性和必要性，从自己感兴趣的章节入手，多做这方面的题目，在解题的过程中体会化学的思维方法，体会化学中蕴涵的美，体会化学学习的快乐，来带动其他章节的学习，从而培养对学化学的兴趣。

三、掌握方法

学生和教师若不试图从化学的形式和单纯的演算中跳出来，以掌握化学的本质，那么挫折和迷惑将变得更为严重。可见，学习化学不能盲目地在题海中遨游，更不能就题论题，尤其是初中阶段的化学学习，应当注重掌握化学思想方法，在教学中老师把培养学生的化学思想方法作为教学的目标，那么同学们在学习中也要特别重视思想方法的学习和理解。明确技巧是解决问题所需要的特殊手段，方法是解决一类问题而采用的共同手段，而解决问题的最深层的根源就是思想。方法是技巧的积累，思想是方法的升华。

解题技巧的锻炼靠我们在解题过程中的用心琢磨、深入思考和总结概括，不断地探索解题的规律。著名的教育家乔治·波利亚通过对解题过程中最富有特征性的典型智力活动的分析归纳，提炼出分析和解决问题的一般规律和方法，即弄清问题、拟定解题计划、实现解题计划、回顾等四个阶段。在教学中老师强调的把好审题关、计算关和化学表达关等，要求我们对概念、公式等一些知识要记忆准确，掌握牢固，并会运用这些知识来进行计算、证明及逻辑推理等，这些都是对化学技巧和解题规律的概括与总结，有待于我们在学习中用心体会。只要把握学习化学的规律，掌握学习化学的方法，锻炼化学的思维，遇到任何题目都会迎刃而解。

四、克服困难

化学是一门系统性、逻辑性、抽象性较强学科，化学题目浩如烟海，尤其是初中化学题都有一定的难度，这就要求同学们有克服困难和战胜困难的心理准备，要培养克服困难的勇气和信心。

在学习化学的过程中，要有意识地培养自己坚强的意志品质。"坚韧"是解除一切困难的钥匙，它可以使人们成就一切事。世界上没有别的东西可以比得上或替代坚韧的意志。爱因斯坦说过："苦和甜来自外界，坚强则来自内心，来自一个人的自我努力。"困难不是我们的仇敌，而是我们的恩人，困难到来，可以锻炼我们克服困难的种种能力。其实，大自然往往给人一份困难时，同时也给人添加一分智力。唯有失败和困难才能使一个人变得坚强。正像一位著名的科学家曾说，当他遭遇到一个似乎不可超越的难题时，他知道，自己快要有新的发现了。

有一条我们应该相信，初中的化学题它是能够求解的，它不会像哥德巴赫猜想那样难住我们。一道题多种解法，会让我们综合运用所学的知识，尝试各种解题思路，设计最佳的解题方案，使我们的创造力得到尽情的发挥，体会科学家的探索过程，感受到成功带来的喜悦。《学会生存》中指出："未来的文盲不再是不识字的人，而是没有学会怎样学习的人。"[1]终身学习，提高学习的能力已成为当今世界流行的口号。我们应该重新认识为什么学习化学？怎样学习化学？要吸收化学知识中蕴含的化学思想，体会这些化学思想给我们的启迪。通过学习化学，培养我们科学的态度和科学的习惯，锻炼我们目的的明确性、思维的条理性、行为的准确性。

孔子的弟子倦于学，告仲尼曰："愿有所息。"仲尼曰："生无所息。"借此劝勉初中的学子们化学对于人类社会的发展是功不可没的，对于人的素质和自我修养的形成是很重要的。

---

[1] 巫惠林，孙宁海. 学会生存：自我防护与救助 [M]. 杭州：浙江科学技术出版社，2006：79.

让学生尽快走出"描红"天地

——化学教学的一点反思与对策

描红，是儿童练学书法初级阶段的方法。通行的方法是用一张薄纸蒙在上面，亦笔亦趋，待得知其大概后，便让他们临摹了，如果想在书法上有点名堂的话，习书者还必须脱离字帖，这样才能逐渐创造出自己的风格来。倘若老于描红，或一味地仿临他人字体，则必"死于前人字下"。这其实讲的就是书法界"入帖"与"出帖"的问题。

由学习书法中的"描红""出入"之法，著者不禁反思起我们目前初中化学教学中的一些问题来。学生到学校来，诚然是需要接受若干现成的知识，学会老师传授的解题方法，但若止于此，则是远远不够的。在化学教学中如何使学生尽快走出"描红"天地，这就必须要求教师能在教会知识的同时，刻意培养他们举一反三的能耐，主动探索未知的精神和学会创造、有所发现的本领。遗憾的是，我们有些化学教育者并未能充分认识到这一点，他们总是自觉或不自觉地把学生当作知识的容器，当作自己的"翻录磁带"，让学生老在"描红"，学生回答问题如果不和自己的备课笔记一致的，则一概不予肯定；考卷上有主观题时虽有独见，但不合"标准答案"，也照样扣分不误……试想，在这样的教育下，学生的学习怎么会有主动性与创造性？他们亦步亦趋、师云亦云地读书、解题，其思维的积极性与求异性怎能不被扼杀呢？

"教育是知识创新、传播和应用的主要基地，也是培育创新精神和创新人才的摇篮"，教育大纲也特别强调："培养学生的创新意识和实践能力要成为化学教学的一个重要目的和一条基本原则"，同时指出"在教学中要激发学生学习化学的好奇心，不断追求新知，要启发学生能够发现问题和提出问题，善于独立思考，要学会分析问题和创造性地解决问题，使化学教学成为再创造、再发现的教学"。这就需要我们化学教师要转变教学观念，改革课堂教学模式，用先进的教学手段，培养学生的学习兴趣和观察问题、分析问题以及解决问题的能力，帮助学生尽快走出"描红"的天地，给学生活动的空间，为学生营造研究性学习的环境。

通过学习与反思，著者对目前的化学教学提出如下对策，以帮助学生走出"描红"的误区。

对策一：

更新教育观念，树立以学生为主体的思想

第一，从单一化走向综合化。传统的课堂教学基本上是一种模式，老师讲，学生听。而在当今社会飞速发展的时代，那种"仓储式"的人才已很难适应时代的要求。为此，课堂教学要不断扩展自身的功能，努力使知识的传播、信息的辐射跟家庭教育、社区教育有机地融合在一起。

第二，从"指挥者"走向"引导者"。众所周知，随着知识经济时代的来临，学生的知识更多的是从各种媒体中获得的，因而，作为一个教师，在课堂上要更多地引导学生如何去选择信息，把信息变为知识，使学生能在课后乃至今后一段时间里纲举目张，触类旁通，从而能够适应未来世界的需要。

第三，从以教师为中心走向以学生为主体。传统的教学活动最大的弊端是：教师就是课堂的主宰者，这严重束缚了学生的思维，要迎接知识经济的挑战，一定要最大限度地让课堂"活"起来，让学生"动"起来。著者曾在自己的课堂教学中，规定"上课答问、提问时不必举手，答案可以突破老师现成的结论"，受到学生的热烈欢迎。有时课堂就像一个"大茶馆"，学生学的主动性大大激发了教者教的积极性，课堂教学也更加有活力、有生机。

对策二：

优化课型建设，使课堂教学成为"多维营养"的源泉

实践表明，实施素质教育，培养创新意识，优化课型建设是重要的基础。从课型建设入手，才能使课堂教学成为"多维营养"的源泉。常见的有利于创新精神培养的课型主要有以下几种。

一、主体型：课堂教学的改革，必须突出以学生为本，使学生在学习知识、技能的过程中，不断加快发展自身的主体性。

二、目标型：要重视教学目标对培养学生创造精神的导向功能，其中，既要有认知目标，更要有能力、创造精神地培养目标。而初中阶段正是培养想象力、创造力，开展创新性学习的最佳时机。化学教学目标的定位，要着眼于调动学生主动参与的积极性，培养学生勤学好问的探索精神，教给学生自主获得知识的本领。

三、交互型：在教学过程中坚持以教师为主导、学生为主体的"双主"原则，强调师生合作，教学合一。营造积极向上的精神状态和生动活泼的学习气氛。

四、情感型：知识的学习过程，是接受的过程，更是创新的过程，而情感是维系这一过程、贯穿这一过程始终的纽带。课堂教学不仅具有丰富的知识渗透内容，而且也具有丰富的情感教育功能。通过学生的内化和吸收，教学内容中所蕴含的情感，就能转化为学生自身的情感体验。教学过程成为这一体验的过程，就是学生创新意识形成的过程，升华为创造能力的培养。

对策三：

改革评价导向，在课堂教学中营造科学创新的氛围

评价是教改的杠杆。随着新的课堂教学任务的提出、新的课堂教学模式的出现、新的课堂教学特点的展示，势必要求重新审视我们的教学评价。要充分利用教学评价的指挥功能，并通过教学评价的改革，在课堂教学中营造一种创新的氛围，新的评价体制要体现以下几个原则。

一、从"教学生学"到"教学生会学"，突出教学效果评价的指向性。要通过这种评价，使教师明白："教学生学"是维持性的教学，只是一味地面向过去，而"教学生会学"则是创造性的教学，他面向未来，旨在引导学生迎接未来的知识挑战。

二、从"单一性"到"多元化"，突出教学方式评价的权重性。要通过这种评价，促使教师敏锐地运用现代教学技术丰富化学课堂教学的形式。要在教学方式的评价中设立教学方式有创新或勇于实践先进教学方法等条目，并加大这方面的正向权重。反之，对采用题海战术，教学方式陈旧的教师，则趋向于负向权重，以激发教师的积极性。

三、从"笼统""模糊"到"量化""标准化"，突出教学活动评价的规范性。一个化学教师的教学活动，是否能在天天新、课课新的努力中营造创新氛围，要通过"量化指标"来体现，要通过"标准化"的运作来展示。如一堂化学课是否完成了任务，至少要有以下几个目标：40分钟的教学时间里，能否有40％的时间去让学生"动"；学生"动"的面是否能在90％左右；80％以上的学生是否能掌握80％以上的新授内容。另外充满创新氛围的课堂，还应是"民主型"和"合作型"的。

21世纪是关注核心素养的世纪，是更加强调学生思维能力培养的时代。迎接知识时代的挑战，实践化学课堂教学素质化，是创造性人才培养的需要，也是课堂融入教育改革大潮的需要。创新是一个民族进步的灵魂，是一个国家兴旺发达的不竭动力。立足课堂进行"课堂革命"，带领学生走出"描红天地"，积极培养富有创造能力和创新精神的人才，这是知识经济时代对我们每一个教师发出的呼唤，更是我们化学教师神圣的职责和使命，我们必须为之而努力奋斗。

用满满的爱灌溉丰盈的生命

——新课程理念下学生教育的几点思路

新课程标准体现了以人为本，以学生发展为本的先进教育理念，随着新课程标准的全面实施，教育改革的逐步深入，需要有一套新型的、适合现代学生教育管理的思路和理念来支撑和保障。因此，创新学生管理思路就显得十分重要和迫切，在学生管理中如何把管理理念转化为管理行为，无疑是一个值得探讨的课题。

思路之一：

站在欣赏的角度看待学生的行为

教师要以欣赏的眼光看待每一个学生的成长，要看到他们身上的闪光点。俗话说："树上没有两片相同的树叶。"同样也没有两个相同的学生，就是双胞胎，在性格智力等各个方面也存在差异，每个学生都来自于不同的家庭，他们接受着不同的家庭教育，表现出不同的发展水平。这就要求老师要耐心、细心和用心观察每一个学生，了解它们各自不相同的禀赋品性，对其实施因材施教，使他们的潜能在各自的起点上得到充分的发展，老师应以独特的视角，用发现"美"的目光去捕捉、欣赏学生身上的闪光点，给予积极有效地引导。

几年来，著者经常审视自己的言行举止，反思自己的教育教学工作。从中我深刻感悟到：在学生认识事物、探索世界的过程中，也许会出现这样那样的不被承认接受的小错误和一些不满意的答案，如果我们以宽广的胸襟容纳、欣赏和支持他们，这使他们在获得尊重、信任的情感的同时，进一步加深他们探索世界的兴趣，增强自信心；同时对于学生来说，在探索中体验成功与失败的不同感受，并让他们有机会尝试失败、培养其克服困难的坚韧性。这对于进一步提高他们的探索能力同样是十分有益的。另一方面对于教师而言，我们宽容的态度、理解的语言和欣赏的微笑，远远比我们严肃的批评教育更有效，它能使学生在感受教育尊重和信任的同时，努力地反思和自省，在"自我教育"的过程中逐步完善提高自己。

思路之二：

在学生管理中应多疏少堵，还学生自由发展的空间

顾名思义，"疏"是引导，疏导；"堵"是堵塞、制止、禁止，就学生管理而言，疏的内容要多得多，疏是怀着一种期待，是给以足够的自由；是凭着一种宽容的心态采取合情合理的措施；是成功前的激励、挫败后的鼓励；是在家长面前的赞许；是对学生集体的信任……更具体地说，尊重学生的爱好、兴趣，理解学生的符合时代特点的选择，允许学生合理的个性表现，承认学生一定的私人空间，给学生一些发泄和表现的机会，让学生有一些活动的场所、松弛的时间，这些都是疏的内涵。

"堵"和"疏"是一组矛盾词，一个统一体。有堵必有疏，不能单一堵，不可单一疏，堵后必须疏，疏前必须堵，堵为有条件的堵，疏为有讲究的疏，堵为达疏之目的，疏乃求堵之效果。大禹治水，疏通河道，导水至海，这是"疏"的典型。但他亦必是坚固了那河之两岸大堤，堵了大堤上可能漏水的各处泉眼，择定了疏导河流的方向。否则，四处导之，则必定四处皆为汪洋，天下尽为泽国。著名的都江堰水利工程为什么历经两千多年而经久不衰，而且发挥着愈来愈大的效益，究其原因是注重"深淘滩，低作堰""乘势利导、因时制宜""遇湾截角，逢正抽心"等治水方略，也就是疏堵结合，多疏少堵的原则。今天的班级管理，也有这么一个道理在其中。制定出了禁令之后，定得有相应的奖励措施。告之"这不可""那不可"后，一定得告知"哪些可""如何可"。

学生有属于他们自己的一生，是教师不能相陪的，师生一场，只能看作一把借来的琴弦，能弹多久，便弹多久，但借来的岁月毕竟是有其归还期限的，学生

终究要走向社会，独立去面对人生，终究要独立解决问题，那种人盯人，人防人，围追堵截的学生管理模式已经跟不上时代发展的步伐，必须坚决地抛弃，还学生一个展翅翱翔的蓝天，一个自由发展的空间。

思路之三：

鼓励的奇迹

有一个故事，讲的是一群青蛙在森林中穿行，其中两只不小心掉入很深的坑中，两只青蛙拼命地往外跳，想摆脱死亡的威胁，可拼尽全力也不能跳出坑外，这时处于坑沿上的同伴看在眼里急在心里，大家心中都明白，这两只同伴死定了，于是有人站出来说："别跳了，再跳也是白费力气，等死算了。"部分人跟着附和。其中一只青蛙听从了大家的建议，在力气耗尽之后倒地死去。另一只青蛙却顽强的坚持着自己的求生信念，特别是当她看到坑沿上的同伴都在陪伴自己，更增加了其求生的欲望，短暂休息后的一次尝试，终于摆脱了死亡的威胁，整个青蛙群沸腾了，大家对同伴的执着、坚韧赞不绝口，像欢迎英雄归来一样给予崇高的敬礼。

当有人问起，究竟是什么力量促使你一直不停地跳跃，这只青蛙笑而不答，到这时大家才发现，这只青蛙是聋子，后来得知就是这只聋子青蛙，看到坑沿上同伴的嘴不停地抖动，一直以为同伴在给自己加油，这给自己带来了无穷的力量，在一次又一次地尝试之后，终于使自己摆脱了死亡的威胁，她一直心存感激。

这就是鼓舞的力量，鼓励的奇迹。身为教师要想使学生发生奇迹，请多给予赏识、鼓励，这是教育学生成功的诀窍。

思路之四：

培养学生的耐性

耐心是一切聪明才智的基础。——柏拉图

耐心和恒心总会得到报酬的。——爱因斯坦

不会做小事的人，也做不出大事来。——罗蒙诺索夫

无论何人，若是失去耐心，就是失去灵魂。——培根

《读者》2010 年第 8 期上刊登了一篇文章《我们的耐心怎么了》，说现在很多人干什么事情都是一个字"急"，不等红灯闯红灯、不去排队乱插队、不去卧薪尝胆、业精于勤、厚积薄发，却想一步登天、一夜暴富、一夜成名。有句俗话说："心急吃不了热豆腐。"这正说明耐心是成功的关键因素之一。在心理学上，耐心属于意志品质的一个方面，即耐力。它与意志品质的其他方面，如主动性、自制力、心理承受能力等有一定的关系。

齐白石是中国近代画坛的一代宗师。齐老先生不仅擅长书画，还对篆刻有极高的造诣，但他也并非天生具备这门艺术，他也经过了非常刻苦的磨炼和不懈的努力，才把篆刻艺术练就到出神入化的境界。年轻时候的齐白石就特别喜爱篆刻，但他总是对自己的篆刻技术不满意。他向一位老篆刻艺人虚心求教，老篆刻家对他说："你去挑一担础石回家，要刻了磨，磨了刻，等到这一担石头变成了泥浆，那时你的印就刻好了。"于是，齐白石就按照老篆刻师的意思做了。他挑了一担础石来，一边刻，一边磨，一边拿古代篆刻艺术品来对着琢磨，就这样一直夜以继日的刻着。刻了磨平，磨平了再刻。手上不知起了多少个血泡，日复一日，年复一年，础石越来越少，而地上淤积的泥浆却越来越厚。最后，一担础石终于统统都被"化石为泥"了。这坚硬的础石不仅磨砺了齐白石的意志，而且使他的篆刻艺术也在磨炼中不断长进，他刻的印雄健、洗练，独树一帜。渐渐地，他的篆刻艺术达到了炉火纯青的境界。

一位自考毕业的女孩去应聘一家外贸公司经理秘书。但是，公司却给她安排了一个行政部文员的职位。女孩想了一下，觉得自己只要耐心做好文员的工作，一样很好。于是，她就答应了。女孩的工作是负责接待客人和复印、打印等琐事。同事们总是把一些需要复印和打印的文件一股脑儿堆在女孩的桌子上，然后告诉她哪些需要复印、那些需要打印、每种各需要多少份。女孩总是耐心地记录着各种要求，然后仔细地做。有好几次，女孩的认真检查避免了公司的损失。因此，女孩真的被提拔为经理秘书了。有人问女孩成功的秘籍，女孩是这样对人说的："工作虽然简单，但是只要有超凡的耐心和细心，就会取得成功。"

耐心被认为是一个人心理素质优劣、心理健康与否的衡量标准之一，也是一个人未来成功的关键因素之一。培养学生的耐心不仅对他在学习上有帮助，而且对他今后的人生道路也有很大的影响。人的耐心并不是与生俱来的，而是需要后

天的培养；培养学生的耐性，教师要做好榜样，让学生明白耐心的重要性，耐心执着是成功的秘诀。

思路之五：

教育学生要有一颗坚强而宽广的心

媒体经常刊登一些消息，一些学生因不堪这样那样的压力而做出一些让人难以接受的事情。著者在思考，我们的教育怎么了，学生的忍耐力又出现了什么问题，究其原因，教师把更多的精力时间都放在学生的学习上，学校教育部门也主要以学习成绩来考评教师，使得教师对学生意志品质的培养疏忽放松了，教育要教给学生的，不仅仅是睿智的头脑，还有一颗坚强而宽广的心。不会因为一点挫折风波而沮丧萎靡，不会因为一句小小的言辞而耿耿于怀，不会被身边一个有意无意的眼神拨乱心潮，不会被花花世界的灯红酒绿迷乱双眼。一颗坚强的而宽广的心，可以用最大的包容和镇定来对待发生在自己身上的和身边的一切。

坚强与宽广实质是人的气度，那是经过长时间的磨炼，由内向外体现的，它是事业走向成功的基石，是面对困难永不言败愈挫愈强的意志品质。我们把坚强与宽广教给学生比让学生做会千道万道题目重要得多。

思路之六：

做一个善于思考的教师

某跨国公司在辞退一位员工时，老总与员工有这样一段精彩对话："我有30年的经验。""你只有一年的经验，只是将它重复了30次！"台湾大学有口钟叫"傅钟"，傅钟每天响21下，这源自台大老校长傅斯年的名言："一天只有21小时，剩下的3小时是用来思考的。"傅老的话道出了思考的重要性，由此联想到，我们有些教师教了几十年书，为什么教学方法总是老一套、缺乏新意、实绩平平？究其原因，与他们对自己的教学不善于思考、改进、提高有很大的关系。

巴尔扎克曾指出：一个能思想的人，才是一个力量无边的人。教育是充满生机、充满创造性活动的事业，一个心灵影响另一个心灵的过程是极为复杂的。教学内容丰富多彩，学生个性千差万别，教学环境千变万化，教师要在这复杂多变的海洋里游泳，就得充分发挥创造性。正是这种工作性质，决定了教师必须善于思考，每时每刻开动脑筋，依据学生的认知水平、个性特点，创造性的进行教学，针对不同的学生采取不同的教学策略。教学是学术性的事业，教师的工作是充满创造性的，而不是把知识简单得像搬运工一样从书本中原封不动地传授给学生。所以，教师要勤于学习，善于思考，在工作中研究，在研究中工作，带着研究意识进行教学实践，并且增强实践的目的性，不断总结经验教训，把感性的东西理性化，把零散的东西系统化，把静止的东西动态化，把无形的东西实在化，不断在前人认识的基础上创新和超越，形成自己的教学理念，指导教学实践，使教学进入一个新境界。

对教师来说，只有善于思考，才能在纷繁复杂的教学实践中发现教育的本质规律，探触教育的真谛，才不至于在实践中似盲人摸象；只有善于思考，才会发现实践中的不合理、不科学之处，才会不满足于现状，激起教育的诗情，不断开拓创新；只有不断思考，才会厘清教学的灵魂，形成独有的教育思想，才会把呆板的知识变成点燃思维的火炬，而不是把自己的头脑变成他人思想的赛马场，才不会照本宣科，人云亦云，鹦鹉学舌。总之，只有会思考的教师，才会教出会思考的学生。

第二辑　专心教学

教育永远是以提高人的生命价值为最终目的，活化课堂，还课堂以生命，这既是对教育的正本清源，也是还教育的本来面目。

一个爱岗敬业的教师，不会满足仅仅依靠经验教育人，他会着力教育，发现并按教育规律的要求科学施教，教师不应拘泥于前人；无论是备课上课，还是批改作业、管理班级，都应将自我的教育行为置于科学认识的洞察之中，在教育规律限定的范围内科学地规划组织实施，因材施教。

化学课堂中的有效提问设计

爱因斯坦说过："提出一个问题往往比解决一个问题更重要。"课堂提问是课堂教学组织的一种主要形式，是促使教学目标达成的一种必不可少的教学手段。只有得当的课堂提问才能调动学生的积极性，使学生产生强烈的求知欲望，自觉自愿地投入到化学学习中去，从而更有效地发展学生的思维能力、理解能力和表达能力。要达到这个目的，需要在教学中起主导作用的教师强化"问题意识"。即在一节课中，提问什么，怎样提问，什么时机提问，都要精心安排，将课堂教学设计成一环扣一环的"问题链"，把教学的理念、教师的教学思路与学生的学习认知这三者有机地结合在一起。

提不出问题，或提不出好问题，常常是影响课堂教学质量的一个关键因素。巧妙的课堂提问能开启学生的心智，激发学生的兴趣和探究心理，进而点燃学生智慧的火花，使学生知识与技能、过程与方法、情感态度与价值观等方面得到和谐的发展。那么在化学课堂教学中，什么样的问题是有效的问题？什么样的提问又是有效的课堂提问呢？

一、提问的几种形式

1. 回忆性提问

这是一种简单的、直接的、低级的提问，易在新旧知识之间建立联系，其缺点是容易限制学生的思考，不宜多用。

选择型提问：即回答"是"或"不是"。例如提问："水是由氢元素和氧元素组成的，对吗？"学生回答："对"或学生回答"错"。但是不管哪种回答，显然都是集体回答，这就不利于发现个别学生知识掌握的实际情况，虽然这种提问在一定程度上能调节课堂气氛，但我觉得这仍然是一种"弱智游戏"。那么，诸如此类问题可以从不同的角度去提问，如第一种问法："水是由氢元素和氧元素组成的，对吗？"第二种问法："水是由什么元素组成的？"第三种问法："水是由什么组成的？"这显然是同一个问题的三个不同层次的提问，而尤以第三种提问最具有启发性，它不仅能使学生展开想象，也可检测学生掌握知识的具体情况，而且也易使教师将问题拓展开来，进而引出物质的组成和构成、分子、原子等概念性的描述问题。因此，教师在教学过程中不仅要找到知识的生长点而且要找到知识的延伸点，只有这样才能使提问更具有针对性和实效性。

温故型提问：指要求学生背书上的公式、定理、定义或概念。虽然这是一种基础层次的提问，但对督促学生掌握基础知识和基本技能是必不可少的。如常见物质的颜色，不溶于稀硝酸的白色沉淀，化学反应过程中所伴随的现象，常见元素的化合价，元素符号的书写等。所有这些都要求学生在识记的基础上做出准确判断或回答。

开放型提问：此类提问是让学生凭自己学习后的感受来回答。因此，往往不会因答案的不同而引起争论。如提问：你觉得氢气和氧气的化学性质哪个更易掌握？学生可根据自己的感觉来回答，或说氢气更容易学或说氧气更容易掌握，这完全是学生个人的学习经验题。教师只能从大多数学生的回答中抽象判断出自己的教与学生的学的效果。这种提问是一种临时性的调研测试，也是检测教师本身教学效果的一种有效方法，以便于教师在今后的教学过程中进行有针对性的调整。

2. 理解性提问

一般理解性提问：其实是要求学生能用自己的话把某一个问题描述出来的过程。如提问：配制 100 克溶质质量分数为 10% 的氯化钠溶液，应如何配制？学生可以根据自己在做实验过程中的印象来回答。教师可以这样来提问，如："先算，算什么？再称，怎么称？最后如何配？"按照这个提问思路可以帮助学生快速理解这部分的学习过程，从而使学生更容易理解和掌握，也易使学生回忆旧知识。

深入理解性提问：要求学生对问题深入理解，抓住问题的实质。如提问：盛放浓硫酸与浓盐酸的试剂瓶打开瓶盖后，放在空气中一段时间，溶质的质量分数有何变化？为什么？浓硫酸与烧碱放置在空气中会产生什么变化？有何本质区别？学生只有对浓硫酸与浓盐酸的物理性质和化学性质及对溶质的质量分数有了深入理解的基础上才能对这个问题做出准确回答。

对比理解性提问：要求学生对事实进行对比区别进而达到更深的理解，抓住要点。如提问：为什么制取氢气时用向下排空气法，而制取二氧化碳时用向上排空气法收集？通过对比你能总结出气体的收集方法是由气体的什么性质决定的吗？当学完一氧化碳有关知识后，可提问 H_2、C、CO 都有还原性，那么它们还原氧化铜的装置有何异同？从反应类型上看又有什么区别？从环保角度考虑你认为哪种更理想？

3. 应用性提问

这是高层次的提问，需要学生运用新知识和回忆旧知识来回答，它能激发学生思维，鼓励学生积极参与。如提问：向表面生锈的铁钉中逐滴加入稀盐酸至过量，会看到哪些现象？为什么？又如提问：一氧化碳还原氧化铁之后的尾气应如何处理？如不用气球应如何改进，改进后有什么优点？你还能设计哪些方法处理尾气？在学习完大自然中的二氧化碳一节后，可设计讨论问题：实验室制取气体的一般思路和方法是什么？让学生通过对制取气体的过程进行探究，从而得出科学的结论。一般来说，这种提问需要学生对所学知识有深入的理解，并对所提问题做出积极的反应，从而形成恰当的反馈和评价。

二、提问问题的有效性

设置有趣、新颖、巧妙的问题，是实施有效提问的最关键的一步。教师设置问题进行提问，需要注意以下几点。

1. 有明确的指向性

课堂提问的目的是评价学生、检查学生、体现学生的主体地位，因此，教师要根据课堂教学的需要，设计指向明确的提问。

如：《我们周围的空气》第二节《氧气》中演示蜡烛在氧气中燃烧实验。

实验过后，教师问：同学们，刚才的实验中观察到什么现象？

学生甲：蜡烛在氧气中燃烧更旺，发出白色的火焰。

学生乙：我看到的和甲同学看到的一样。

……

教师连续喊了几个同学，他们都没能把实验现象回答完全。如果教师一开始将问题设计成："同学们，我们刚才做了蜡烛燃烧的实验，请同学们回想一下石蜡在加热时状态有何变化，在空气中燃烧和在氧气中燃烧火焰分别是什么颜色，燃烧后生成的物质有什么特征？"这样的提问，指向性明确，学生会很快领会教师的意图，回答出重要的实验现象，从而避免不必要的折腾。

2. 根据学生实际把握问题的深度

问题设置浅，不能使学生充分掌握学习内容；问题设置深，又会使大部分学生难以解决，丧失学习信心。如在学习《我们周围的空气》第一节中演示空气中氧气体积分数占 1/5 的实验后，直接让学生回答："某同学实验结果小于 1/5 的原因是什么？"这个问题对初学化学的学生来讲难度过高，学生不知道从哪个方面来解决，多数会胡乱猜测，起不到思考的目的。所以对这些问题要把握好其难度，教师不妨做一些处理，如：先让学生分析一下做这个实验有哪些注意点，如果这些注意点没把握好会有什么后果等。学生经过上述问题的思考和分析，就能够做出正确的回答。

3. 问题要有科学性

课堂提问要紧扣教学目标和教材内容，即教师首先应对教材进行分析，明确本节课在整个教材中的地位，明了本节知识点与其他知识点的联系，明晰考纲要求，并以此作为设计问题的依据，使设计的问题既突出章节知识重点，又明确易懂无歧义，能反映知识的发生发展过程。科学的提问，能激发学生探究化学问题的兴趣，激活学生的思维，引导学生在化学王国里遨游；科学的提问，需要教师做有心人，问题要设在重点处、关键处、疑难处，这样就能充分调动学生思维的每一根神经，就能极大地提高化学课堂的教学效率。如在《自然界中的水》中，在学习第三节《水分子的运动》时，教师设置这样一个问题："为什么说电解水可以得到'在化学变化中分子可以再分，而原子不可以再分'这一结论？"对这一问题的讨论，可以在很大程度上帮助学生学习有关分子和原子的知识。

三、化学课堂教学提问的注意问题

1. 精设计，巧提问

所谓"精"，就是精心设计提问，设计的问题要精。太简单的问题，比如纯粹识记性问题，没有思考价值的问题，不能激活学生的思维，它是教学停留在简单灌输的低层次上，久而久之，学生对学科兴趣索然，教学质量必然下降。同样若是问题过难，太抽象。超出了学生的"最近发展区"，脱离学生已有的知识水平，学生已知知识和问题之间悬殊太大，学生望而却步，挫伤学生学习的积极性，对提高教学质量极为不利。

因此，提问既要有深度，又要体现层次性，使学生在不断地"跳一跳摘到果子"的过程中，充分享受到探索的乐趣。为此，教师应加强教学研究、分析教材、吃透教材，为每一节课设计一些高质量，有能力梯度的系列问题，从而真正实现循序渐进。

亚里士多德有句名言："思维是从疑问和惊奇开始的。"而体现重难点，在

"节骨眼处"巧妙设置的问题更能点燃学生思维的火花。教师要善于用富有启发性的问题巧妙地激起学生的兴趣，引发学生的思考。问题既紧扣本节的重点，引导学生把学到的知识加以总结，又拓展了化学本身的内容，给了学生一个发挥想象的空间。

2. 提问后要给学生留有一定的思考时间

在教学过程中，为了能够完成教学计划，在提出问题时，没有留有一定的思考时间给学生，这是很多老师存在的问题。提出的问题是要给学生思考后回答的，但有的老师按捺不住，在问题提出后很短的时间内就以自己的讲解代替学生的思考，忘却了学生的主体性。我们必须把课堂的重心从"自己如何教"转移到"学生如何学上来"，给学生足够的自主思考的时间，多听听学生对问题的回答，在与学生的反馈交流中，检验自己提问的效果。如果学生没有足够的时间思考、讨论，随意而答，教师也就不能从中发现问题设置的效果，问题的有效性也就无法得到落实。

3. 提问要面向全体学生

教师面对的是一个个的"鲜活个体"。课堂上就要灵活把握问的时机。使提问更加科学。讲授中的突出重点提问、化解难点提问、小节中的知识总结提问、整理知识提问，还有为激发兴趣而设置的理论联系实际的提问、应用性提问等。这些提问能及时优化课堂教学的节奏，从而使学生积极主动地思考、学习，取得最优化教学效果。切忌蜻蜓点水、我呼你应、即问即答，要使学生在充分思考后产生顿悟。当然，这仅仅是浅层次的，在课堂教学中，还需要教师提高自己的教学水平，针对课堂教学的实际情况，随机应变地引导，及时调控课堂节奏，真正使学生在老师灵活自如的点拨下"活"起来。

面向全体学生就是要充分体现"学生为主体"的教学思想，调动每个学生思维的积极性，注意问题设计的阶梯性，提问内容的针对性，对于学习有困难的学生应注意提问语言的趣味性和直观性，要逐步提高要求，避免他们产生厌倦心理和畏惧情绪；对于特长学生问题的设计要能体现特长学生的特点，使他们能充分展示自己的个性。让全体学生参与教学过程，让每一位学生都有回答问题的机会，体验参与和成功带来的愉悦。如：在教学测定空气中氧气含量的实验时，我们可设计如下问题：（1）在实验中你观察到哪些现象？（主要针对学困生）（2）水为什么会倒吸？通过实验得到什么结论？（主要针对学困生）（3）你认为对红磷的用量应该有什么要求？对实验装置有什么要求？（主要针对中等生）（4）实验中是否可以用木炭、铁丝来代替红磷？为什么？（主要针对中等生）（5）

某同学在实验中测得氧气的体积小于空气体积的 1/5，你能分析可能的原因吗？（主要针对中上等生）（6）从实验中你还能推知氮气的有关性质吗？（主要针对中上等生）

教师根据教学内容，从学生的实际出发，分层要求，巧妙设疑，提问各层次的学生，方可营造一个全体学生参与的、积极进取的课堂氛围，开发各层次学生的潜在水平，使每位学生都能在原有基础上得到发展。

4. 提问要有启发性

不同的问题、不同的问法都会产生不同的效果。启发性的内容能启迪学生的思维，开发学生的智能。提问时要善于运用多种导语，如"根据……联想……""你能得出什么结论？""有什么事实能证明……""你能举出……的应用实例吗？""你知道其中的奥秘吗？""你从中受到什么启发？"等。如：探究盐酸能使石蕊试液变红的根本原因时，我们可以设计这样一些问题：（1）你能说出盐酸中存在哪些粒子吗？（2）你认为是什么粒子使石蕊试液变红色呢？请猜猜看。（3）是否有可能是水分子作用的结果呢？为什么？（4）为了验证你的猜想，你能设计出实验方案吗？（5）你还能设计出不同的实验方案吗？通过层层启发，引导学生思考、交流，探究盐酸使石蕊试液变红的根本原因。

5. 老师提问转化为学生的问

当然，要使学生得到生动活泼的发展，培养学生良好品格、情操，就要彻底改变教师牵着学生走，学生围着老师转的局面。从教师的问转化为学生的问，让学生自主地发现问题，提出问题，借助已有的生活知识和经验，大胆地向教材、老师质疑，并逐步由"敢问"向"善问"发展，一步步向思维的深层次拓展。教师应鼓励学生提问，让学生成为"问"的主体。学生质疑的能力培养起来了，教学就会"此处无声胜有声"，事半而功倍了。

无论"讲授"多么精彩、有效，教师的讲授都是有限的和零碎的或者说是辅助性的，教师若想有效地激发学生"投入"学习，则需要有效地"提问"并"激发"学生讨论、思考，使教师与学生、学生与学生保持某种"互动"的状态。化学有效教学的基本状态是对话式的、互动式的、学生自主的学习状态。在这种对话式的、互动式的教学中，更重要是维持某种对话式的、互动式的、学生自主、积极的学习状态，它取决于教师的"提问"是否有效。

有效"提问"意味着教师所提出的问题能够引起学生的注意或学习兴趣，且这种注意或学习兴趣让学生更积极地参与到学习过程中，能够使学生展开积极讨论。有效提问是一个很微妙的教学技巧。一个恰到好处的问题，可以提高学生的思维能力和思维积极性，它能够使学生全神贯注进行思考、进入良好的思维情景中。反之，一个不严谨、不科学的问题，则使学生茫然、无所适从，打击学生的思维能力和思维积极性，它会使学生精力分散、进入无绪的遐想中。另一方面问题提出后还要善于引导学生去讨论、思考、探究，给予学生充足的讨论、思考、探究时间，鼓励学生积极回答，即使学生回答错误，也不能打击学生的积极性。更不能是教师包办，自问自答。例如：有一位教师在讲《氧化还原反应》这一节时，课前提问"我们在初中学了哪些反应类型？"学生不能完全理解教师的提问意图，结果物理反应、化学反应、氧化反应、还原反应、化合反应、分解反应等通通都说了，甚至还有说其他反应的。而其意图是要学生回答四种基本反应类型。我在讲《氧化还原反应》时，课前提问："（1）在初中我们学习了氧化反应，氧化反应的定义是——学生回答：物质跟氧（气）发生的反应。（2）还原反应是——学生回答：氧化物里的氧被夺去的反应。（3）然后请学生各写出两个对应反应方程式。"接着根据学生所写方程式 $C+2CuO \stackrel{}{=\!=} 2Cu+CO_2\uparrow$ 和 $CO+CuO \stackrel{}{=\!=} Cu+CO_2$ 引导学生讨论、思考："$C+2CuO \stackrel{}{=\!=} 2Cu+CO_2\uparrow$ 的反应里，氧化铜里的氧被碳夺去生成了单质铜，是还原反应。那么碳单质发生了什么反应？"——学生从生成物 CO_2 容易得出是跟 CuO 里的氧发生反应，物质跟氧发生的反应是氧化反应。再分析 $CO+CuO \stackrel{}{=\!=} Cu+CO_2$ 引出一种物质被氧化时，必然有另一种物质被还原。氧化与还原反应同时发生的。

课堂教学的有效提问是优化课堂教学的必要手段之一，也是教师有效教学的重要组成部分，可以说善于发现问题、掌握提问技巧是教师实施课堂教学必须具备的基本功。一个好的课堂提问能够把学生带入问题情境，使学生在思考中得到启迪、产生联想，使教学中重点、难点在由浅入深、循序渐进的提问中渗透、理解。我们常常听到教师在教学实践过程中感叹学生不会提出问题，其实教师如何设计课堂提问模式对学生有着潜移默化的影响。良好的提问犹如一种有效的"催化剂"，它可加速学生对知识的理解和掌握，单位时间内使教学效率得到最优化，久而久之，学生自然而然就会带着问题来又会带着问题去了。

最后，希望大家在设计一堂课的时候能够思考这样几个问题。

（1）为什么要提问；（2）提问什么问题；（3）什么时候提问；（4）怎样提问；（5）提问什么学生。

想好了这几个问题，我想你的这堂课一定会很精彩！

总之，课堂上提问的目的是让学生思考问题，深化对所学知识的理解，培养学生分析问题和解决问题的能力。教师在教学中要尊重思维的客观规律，善于创设情境，运用好提问技巧，从而达到较好的教学效果。

如何在化学教学中培养学生的兴趣

柏拉图说过："兴趣是最好的老师。"爱因斯坦说得好："对一切来说，只有喜爱才是最好的教师。"托尔斯泰曾经说过："成功的教学，所需的不是强制，而是激发学生学习的兴趣。"学生在学习活动中，对自己感兴趣的现象、原理、规律等，总是主动、积极地去认识、探究。因此，在教学中，应设法激趣，以诱发学生的探究动机。

作为一名化学教师，处处从教学需要出发，深掘教材知识精髓，探索学习兴趣爆发点、激发学生学习兴趣，不但能打破死气沉沉的课堂气氛，而且能激活学生创造性思维，充分调动学生学习的趣味性、积极性和自觉性。学生天然具有一种趋美的冲动，即对美的样式具有敏感性和选择性。当他们面对具有很强魅力的学习对象时，会产生强烈的学习动机，从而孜孜不倦地去渴求去欣赏去品味。纵观古今中外，多少有成就的名人都是把他们感兴趣的事当作生命的需要，而执著追求。所以，要让学生学好化学，必须要会激发他们的学习兴趣。那么怎样让学生对化学产生兴趣呢？

首先，让学生变被动为主动。在中学阶段，各科绝大部分都搞题海战术，而忽视学生的动手能力。因而，在化学教学过程中，要尽量创造条件让学生动手，观察得出正确结论，领悟知识。从而激发学生学习化学的兴趣。其次，要让学生感到成功的喜悦。

一、联系实际，激发兴趣

化学是自然科学的重要组成部分，它来源于生活，应用于生活。无处不在的自然现象，蕴涵着许多物质及其变化的丰富素材。引导学生认识和探究身边的化学物质、了解化学的奥秘是化学启蒙教育的重要内容，利用化学知识解释现实生活中的某些问题和解释分析自然界中的现象是学习化学的主要目标。应当充分利用这一学科优势，从生活的实际出发，激发学生学习化学知识的兴趣，促进学生积极主动的学习，从而把获得化学知识的过程转为理解知识，形成能力的过程。

大部分学生对化学学习存在较大兴趣，认为：化学很神奇，有很多有趣的规律和现象，与实际生活联系紧密，学习起来也不太难。也有少部分学生学习兴趣一般，理由是：找不到正确的学习方法，学习存在较大困难。进入初三，所学知识难度加大，又由于受自身的学法及其他一些因素的影响，如果在学习策略和学习兴趣上不能较快改善，成绩会出现较大分化。

在进行新课程改革中，所用的教材趣味性增强，与生产生活实际紧密联系。教学过程中可设置"交流与讨论""拓展视野""化学史话"等不同的栏目，能更好地激起学生的兴趣。激发学生兴趣、目的在于激发学生学习化学的热情。教书不是要贫嘴，说笑话，也不是抖包袱、掉书袋。一切脱离教材，不切实际的调侃，都会有哗众取宠之嫌。与此相反，只有博览群书，深挖教材，不断研究新课标与考试说明，具备一桶水、一井水的知识功底，带着深厚的爱生激情，披文入情，把握知识要点，体会感情空间，才能理清教材思路，融会贯通，选准知识兴趣爆发点，灌满"一杯水"。

首先，从第一堂化学课始，就要让学生们深刻体会到我们生活在一个化学世界中，世界的万事万物都有其化学构成。空气主要由氮气、氧气、二氧化碳及稀有气体等成分组成，我们需要其中的氧气来维持呼吸；我们的食品主要包括糖类、油脂、蛋白质、水、无机盐、维生素等成分；我们的服饰主要依赖于天然纤维和合成纤维；我们的钢筋混凝土房屋离不开碳酸钙、铁等化学物质；我们乘坐的汽车、轮船等行驶工具离不开汽油燃料，而汽油主要成分为烷烃……学习化学知识可以让学生从丰富的宏观世界逐步进入到神奇的微观世界。其次，应从学生的知识水平出发，用化学理论鲜明生动地解释一些熟悉的事例和日常生活中的化学现象，使学生理解和掌握物质变化的本质，不仅加深了学生对书本理论的认识，更增进了他们对化学这一现代学科的认同感，无疑也有助于点燃他们学习化学知识的激情和信心。例如，在碳酸钙一节的教学，先提出水壶中的水垢是怎样形成的？水垢的主要成分是什么？怎样才能够除去水垢？然后分析如下反应：$CaCO_3 + 2HCl = CaCl_2 + H_2O + CO_2\uparrow$，结合碳酸盐的性质讲授除水垢的原理及检验碳酸根离子的方法。此外，初中化学教学还应该注重联系当前主要生态问题和社会问题，如大气污染、温室效应、酸雨、臭氧层破坏以及三聚氰胺、苏丹红等食品安全问题。通过应用化学知识解释这些现象，让学生们认识到哪些化学物质和化学变化会人类生存和发展造成危害，以及我们如何防范这些危害发生。这样不仅可以逆向激发学生的学习动机，更有助于培养他们的环保意识和社会责任。

二、做好导课，激发兴趣

学习兴趣是学生力求认识世界、渴望获得文化科学知识和不断探索真理而带有情绪色彩的意向。兴趣是推动学习活动的强大动力，是取得成功的重要因素之一。诺贝尔物理奖获得者丁肇中博士说："成为一个杰出科学家最重要的，第一是要对科学有兴趣。"对一个学生来说，考试"第一名并不代表什么，最重要的是要有兴趣"。因此，在课堂教学中，应当努力培养学生学习化学的兴趣，激发学生的求知欲，这是培养学生素质的前提。

俗话说：好的开头等于成功的一半。教师对每堂课的开场白应该认真仔细推敲，要使开场白起到激起学生兴趣，从而为传授新知识扫清心理障碍，就必须根据不同情况、不同的内容设计不同的导言。所以，我们想要上好第一节课，首先要精心设计，认真准备，要设置许多问题"催化"他们去思考，去探索，"加速"他们主动地学习。

三、注重实验，培养兴趣

化学是一门以实验为基础的科学，化学实验中各种生动鲜明的化学现象，能给学生以强烈的感观刺激，增强大脑皮层的兴奋性，能激起强烈的学习兴趣，许多教学实践都可以证明这一点。例如：镁带燃烧、不纯氢气的爆炸等实验现象都能使学生感到化学变化的奇妙。即使平时注意力不集中或较顽皮的学生，都会提神静气，主动关注和参与实验，并因实验成功而感到欢欣鼓舞。

因此，实验在化学教学中具有不可替代的作用，化学教学必须注重实验。凡是用教学内容涉及到的实验，只要条件允许，教师都应亲自演示操作，而且要变一些演示实验为分组实验，尽量让学生亲自动手操作，因为"百闻不如一见，百见不如一练"。此外，还要根据实际需要，设计一些辅助实验，帮助学生理解抽象的理论知识。例如，温度一定时，饱和的食盐水溶液还能溶解其他溶质吗？可以引导学生设计一个往饱和食盐溶液里加硝酸钾粉末的实验进行观察和验证，这比单纯用溶解理论来解释直观和容易得多。又如，在学习 CO_2 能否供给呼吸时，引导学生补充做一个把蝗虫放到充满 CO_2 的瓶子里的实验，实验结果既可理解，又过目难忘。学校还应该定期开放实验室，为实验课中因操作迟缓而未做完成实验的同学或完成但实验效果不佳的同学提供补做的机会，为学习中遇到疑难问题想通过实验途径解决的同学提供研究的平台，也为怀疑自己新的实验方案是否合理的同学提供检验的场所。通过开放实验室，培养学生独立动手、动脑的习惯和能力，充分调动他们的学习积极性和主动性，实现学生从"要我学"到"我要学"学习境界的转变。

从许多化学家成长的历程来看，他们都非常热爱化学实验，而且无不是通过实验取得化学成就的。许多化学老前辈和卓越的化学教师都一致认为，只有化学实验才能反映化学学科的特点，才能引起学生的兴趣。中学生对化学实验是特别感兴趣的，因此必须重视化学实验，并充分利用化学实验激发学生的学习的兴趣。为把实验中激发的暂时兴趣转为稳定兴趣，要注意将验证实验改为发现式实验，引导学生从"看热闹"到"看门道"。教师要认真做好一个演示实验，上好每一次学生实验课，使学生一开始注意养成良好的实验习惯。且经常组织学生做一些分组实验，同时在课堂上还要把一些危险性小、难度不大的演示实验让给学生做，对于学生提出的问题也不急于回答，经过讨论研究后再把正确答案以及实验原理告诉学生，这样既加深了学生对知识的掌握程度，也培养了学生的动手能力。

四、科学授课，增进兴趣

发展学生的科学探究能力，是化学新课程提出的"以提高学生的科学素养为主旨"的精髓。义务教育化学课程标准中指出"科学探究是一种主要的学习方式，也是义务教育阶段化学课程的重要内容"。爱因斯坦也说过："热爱是最好的教师。"这些话都点明了兴趣在学习中的重要性。因此，要提高教学质量，必须高度认识和重视兴趣在学生学化学中的动力作用，千方百计地培养和调动学生的积极性，激发学生对化学课的兴趣，使学生能自觉、持久、主动地学习化学。学生科学探究能力的培养，要求教师要转变教学观念，应当将学生作为学习的主体，充分考虑学生学习的个性差异，给每个学生的学习留有空间，促进学生的个性发展，教师要从课堂教学的主宰者转变为知识的引导者，把被动式的学习转化为学生自主学习、合作学习、探究学习的学习方式。在整个课堂教学过程中，教师应做到：（1）

凡是能由学生提出的问题，就不要由教师提出；凡是学生能够说出的答案，就不要由教师直接给出。（2）教师要服从于学生，允许学生提出不同想法，不要求学生的思维方式与教师相同。（3）进度要服从于效果，当学生进行研究、讨论、思考而占用较多时间时，不要为赶进度而打断学生思路。（4）教师要认真倾听学生提出的每一个问题，共同探讨每个问题。（5）尊重学生的自尊心，尊重学生的人格，尊重学生的个性。课堂教学中只有真正做到以"学生为本"，才能让学生在课堂上有展现自我的机会，获得成就感，从而获得学习化学的激情。

例如，教师在演示"氯化氢气体的喷泉实验"后可提出如下问题以引发讨论：（1）喷泉形成的原理是什么？（2）什么条件下可以形成喷泉？（3）只有易溶于水的气体才能形成喷泉吗？（4）除了氯化氢还有哪些气体可以做喷泉实验？（5）只有水才能作为喷泉的液体吗？（6）若将喷泉实验中的液体改为其他的液体，情况会有什么变化？（7）若烧瓶中无气体，只增大烧杯内液面上的压强，能否形成喷泉？（8）为什么有时候烧瓶中不能喷满液体？（9）火山喷发的原因以及常见的音乐喷泉原理与课本中的实验原理是否相同？（10）喷泉实验有哪些注意事项？

初中化学课程中，化学式、化合价、核外电子排布、溶液的计算、无机物之间的相互转化等内容对于初学者来说往往都是难点，许多学生初中开始学习化学积极性很高，但一接触到这些难点内容，往往由于挫折感使化学学习兴趣大打折扣，进而影响学习成绩。因此，帮助学生突破这些重点、难点，也显得尤为重要。

在教学中要不断总结，不断改进教学方法，优化课堂教学过程，优化课堂练习，充分利用实验及现代化教学手段，充分调动学生积极性，激发、培养学生学习的兴趣，使学生享受学习知识的乐趣，从内心体会到学习的愉快。变强制性教学活动为主动性参与教学活动。只有这样才能真正提高课堂教学质量，减轻学生负担，提高学生的素质及能力。

总之，兴趣教学旨在营造一个和谐、轻松、愉快的学习氛围，充分调动学生的兴趣和积极性，将学生被动式学习转变为主动式学习，从而提高教学效率。教师在教学实践中应积极探索、大胆尝试，同时结合实际、因势利导，运用多种教学方法，激发和培养学生学习化学的兴趣，并努力将其兴趣转化成乐趣、志趣，这是永葆学生求知欲和提高化学教学质量的根本途径。

在化学教学中打造"低碳"课堂

低碳,英文为 low carbon,意指较低(更低)的温室气体(二氧化碳为主)排放。随着世界工业经济的发展、人口的剧增、人类欲望的无限上升和生产生活方式的无节制,世界气候面临越来越严重的问题,二氧化碳排放量愈来愈大,地球臭氧层正遭受前所未有的危机,全球灾难性气候变化屡屡出现,已经严重危害到人类的生存环境和健康安全。即使人类曾经引以为豪的高速增长或膨胀的 GDP 也因为环境污染、气候变化而"大打折扣"。因此,各国曾呼唤"绿色 GDP"的发展模式和统计方式。

今天,化学已发展成为材料科学、生命科学、环境科学和能源科学的重要基础,成为推进现代社会文明和科学技术进步的重要力量,并正在为解决人类面临的一系列危机,如能源危机、环境危机和粮食危机等做出积极的贡献。义务教育阶段的化学课程,可以帮助学生理解化学对社会发展的作用,能从化学的视角去认识科学、技术、社会和生活方面的有关问题,了解化学制品对人类健康的影响,懂得运用化学知识和方法去治理环境污染,合理地开发和利用化学资源。因而,在中学化学教学中渗透进行"节能减排 倡导低碳生活方式"教育,培养学生的科学发展观,增强学生对自然和社会的责任感,养成良好的生活习惯,是我们科学教育的重要组成部分。进行"节能减排 倡导低碳生活方式"教育的方式多种多样,结合中学化学教学的特点,主要可以采用以下几种方式。

一、强化目标意识是打造"低碳"课堂的前提

目标是行动的灵魂,没有明确的教学目标,教学活动就会失去意义,教学流程就会没有方向,教学评价就会失去依据。

有的老师在课堂上非常卖力，一节课滔滔不绝讲下来，学生听得很吃力，但最后到底要掌握什么重点内容，落实什么目标并不清楚，学生收获甚微。所以低碳的课堂，一定要有科学准确的目标，目标制定简洁明了可操作，才能真正起到导航的作用。这就要求教师在教学实施前，对学生原有的认知条件、情感态度以及对课程标准、教材编写意图和学生的需要深入研究之后，制定出教师和学生期待达到的教学目标，在课堂上老师心中始终要有目标意识，才能达到预期的效果。

二、追求个性化教学模式是打造"低碳"课堂的关键

传统教学有很多优点，但也存在一个弊病：以教师为中心，只强调教师的"教"而忽视学生的"学"，全部教学设计理论都是围绕如何"教"而展开，很少涉及学生如何"学"的问题。按这样的理论设计的课堂教学，学生参与教学活动的机会少，大部分时间处于被动接受状态，学生的主动性、积极性很难发挥，更不利于创造型人才的成长，为此我们学校提出了"交往式小组合作学习""2730"课堂教学模式。这就要求我们根据不同教学内容、不同班级的学情等实际需要，灵活整合，更加突出实用、有效的原则，更具有有利于学生接受和便于操作的优点，从而实现课堂由单一到多元的转变，切实提高课堂教学的实效，只有这样，才能使"简约高效"的低碳作风，切实落实在我们的课堂上。

三、关注学生、因材施教是打造"低碳"课堂的生命线

教师不仅要引导学生关注教材内外、课堂内外的知识本身同客观世界状况的对话，还要引导学生注重与教师、其他学生平等的对话，还要实施同自身的对话，探索自我。课堂是动态的、生成的、不断构建的，在构建中师生共同成长。重视关注学生自身学习精神的培养，把教育关系的重心放在孩子而不是知识本身上，因为"只有在孩子成为他自己的教育过程的真正的主动者时，他才能获取知识和能力"。这种学习不仅把学习指向外在的知识，也指向自己的内心，进行自我反思，使学生主动参与学习，调动学生课内、课外学习的积极性、主动性，形成对知识真正的理解，促其自我监控、反思、表达、思维能力得到培养，使师生、生生之间保持有效互动。这时，教学也成为"反思性实践"活动，教师也在课堂中展开"意义与关系的重建"，是同教育内容对话、同儿童多样的认识对话、同自身的对话而展开教学的，因而教育的过程是动态发展的。这种动态地推动学生能

发现问题，并且提出问题，这是他们主动钻研学习的表现，他们提出的问题往往超越了教师的预案，甚至会让你措手不及。遇到这种问题我们应该先对该学生进行鼓励，要鼓励学生大胆质疑，让学生在疑中产生问题，在疑中产生兴趣，才能找到学生的增长点。学生有了兴趣才能学得轻松，学得扎实，才能实现课堂教学的"低耗高效"。

四、注重课后反思是不断提高"低碳"课堂效益的源泉

很多教师在课后无行之有效的教学反思，究其原因，很多老师不知怎么写、写什么，我们知道有效的教学反思可以帮助我们发现不足，查找原因，寻求改进办法，使教学日臻完善。要想写出有效的教学反思，可以从以下几个方面考虑，第一，教学内容方面。（1）确定教学目标的实用性；（2）对目标所采取的教学策略做出判断。第二，教学过程方面。（1）对教学目标的反思：是否达到预期的教学效果；（2）对学生的评价与反思：各类学生是否达到了预定目标；（3）对执行教学计划情况的反思：改变计划的原因和方法是否有效，采用别的活动和方法是否有效；（4）对改进措施的反思：教学计划怎样修改会更有效。第三，教学策略方面。（1）感知环节：教师要意识到教学中存在问题与自己密切相关；（2）理解环节：教师要对自己的教学活动与倡导的理论，行为结果与期望进行比较，明确问题根源；（3）重组环节：教师要重审教学思想，寻求新策略。

总而言之一节课下来，课后反思可写成功之处、写不足之处、写教学机智、写学生创新、写再教设计课等。课后反思不但可以获得许多宝贵经验，用以指导教学，而反思过程本身又能有效的提高教师研究能力。

五、结合教材，渗透"低碳"思想

课堂是教学的主要场所，也是教育最有效阵地，在初中化学教学中结合教材有关内容渗透低碳理念，使学生认识到节能减排与环境保护的重要性和紧迫感，积极倡导并实践"低碳"生活。

中学化学中有许多与"节能减排　倡导低碳生活方式"教育相关的知识。如：鲁教版九年级化学第四单元《我们周围的空气》，其中空气污染及其防治和保护空气的内容，在分析其污染原因、防治办法时，就涉及"节能减排　倡导低碳生活方式"教育的内容。又如：第六单元《燃烧与燃料》，其中二氧化碳和一氧化

碳、二氧化碳对环境的影响等内容，都涉及"节能减排　倡导低碳生活方式"教育的内容。第六单元第二节《化石燃料的利用》，其中使用燃料对环境的影响等内容，更是离不开涉及"节能减排　倡导低碳生活方式"教育的内容。与此相关的内容，还有许多，只要我们在日常教学中，稍微注意，就能渗透进行"节能减排　倡导低碳生活方式"教育，而"此时无声胜有声"，这种潜移默化的作用，甚至起着"无心插柳柳成荫"的作用。

打造低碳、有效的课堂，并不是遥不可及，而"高效率、轻负担"这种二元性的评价标准才是在素质教育中衡量课堂教学真正的科学的标准。打造"低碳课堂，最终实现高效低耗"应该说是我们每一个教育工作者永远的追求。

"沉默"

——化学课堂教学的一种机智

随着新课程改革的不断推行，教学方式正渐渐地发生转变。师生间那种简单的给予和被动接受的关系被逐渐地淘汰，对话、交流、讨论随之成了化学课堂教学的"新宠儿"。但部分化学教师为了追求活跃的课堂气氛，为了设计各种精彩的"对话"而煞费苦心，他们害怕学生沉默，害怕课堂出现"冷场"，似乎沉默就意味着教学的失败。试问这种貌似活跃的课堂是否算得上是真正成功的课堂呢？曾经有一位教育专家说过一句发人深省的话："要经得起课堂的沉默。"在他看来只有那种凝神思考和思维交锋的课堂才算得上是好的课堂。对于一节仅有四十分钟的课，如果出现的都是热热闹闹的"对话"，试问学生还会有静心思考的时间吗？所以课堂需要沉默，课堂的沉默并非坏事。关键是要弄清什么是沉默，需要什么样的沉默来为化学课堂教学服务。

一、"沉默"的透析

何谓"沉默"？《现代汉语词典》中将其解释为"不说话、不出声"。在语言学中，沉默有广义和狭义之分。广义的沉默则包括所有的非言语交际形式；狭义的沉默则是指与言语相对的静默无语和超过一定时间限制的言语中断。那么，何为沉默的本质呢？

（一）沉默的本质

笛卡尔有句至理名言"我思故我在"，虽有唯心主义思想，却给了我们深刻的启示："我思"即自明，是主体对其自身存在所具有的意识。换句话说，我的思考源自于对自身存在的透露，内在于自我的意识，而不是受他人的影响和控制。"我在"并不是指身体的存在，而是"思想"的存在。"我在"和我的"思想"的存在相连，也就是说和我的一切内在意识生活都有关系。因此说，沉默并不意味着思想活动的停止，而是一种更高层次的交流、沟通和对话，是一种难以言传的默契。

对课堂实际教学的观察，不难发现沉默有积极和消极之分。两者的区别在于能否积极主动地进行思考。消极的沉默是一种没有参与、没有思考的空白。而积极的沉默，则是一种有价值的沉默。它不是身心活动的静止，而是彼此的在场，让心智更加自由、冷静的思考。"话语虽然结束，可沉默仍在激发思考。"在实际的化学教学过程中，我们真正要打破的是消极的沉默，提倡积极的沉默。所以，本书所要探讨的"沉默"侧重的是积极的沉默，而非消极的沉默。

（二）化学课堂教学中"沉默"的必要性

1. 学生自身的需求

（1）内在驱动

美国一位教育家说过，学生在面对教师提出的每个问题之后，至少需要等待2~3分钟才能有一个必要的思维活动。同时根据格式塔心理学派的"完形"理论，人的大脑中存在着一个知识结构组成的"完形"，当学生遇到未知的知识时，大脑中的"完形"就会产生空缺，这种空缺会使人情不自禁地产生一种紧张的"内驱力"，促使大脑兴奋地去完善空缺，形成新的完形。因此，在化学课堂教学中，教师应恰当地导演一些沉默，给予学生充分思考的时空，促使学生积极思维、主动探讨，以唤起学生的注意力。

（2）张弛有度

心理学的研究表明，当人在注意某一对象时，大脑皮层就会产生一个"优势兴奋点"。对学生来说，这种"优势兴奋点"有助于他们迅速、准确地掌握化学课堂教学信息，从而提高学习效率。但如果学生的思维活动长时间地处于亢奋的状态而缺乏必要的"松弛"，反而会出现沉滞状态，进而影响化学课堂教学效率。因此，这就要求化学教师在紧张的教学活动之后，恰当地留给学生一点沉默，使他们的思维由紧张转为松弛，不仅可以留给他们一些自由支配的时间，而且还可以利用这些"间歇"来充分咀嚼、消化、吸收所学的知识。

2. 教师的外在要求——构建动静结合的师生互动新模式

传统课堂教学中，教师主宰着课堂，学生被动地服从教师，这种异化的师生关系压抑和阻碍了师生之间思想的交流、心灵的沟通。随着新课程的实施，教师的教和学生的学都发生了质的转变，单纯的"注入式"教学已不能适应现有的教学要求，确立以生为主的课堂教学地位，努力引导学生积极主动地参与学习，追求活跃的课堂气氛。整个课堂热闹非凡、互动热烈，但实际上学生是否真正参与到教学中，并获得知识了呢？那就不得而知了。毋庸置疑，我们追求的是动态的课堂教学，但能否让学生真正参与到课堂学习中，并实现师生互动才是问题的关键所在。

众多实践证明了：只有动静交替相宜的课堂才能使教学达到最佳的境界。随着新课改提出了教学不只是单向、封闭、静态的知识传授过程，而是师生多向、开放和动态的对话交流过程之后，课堂教学更倾向于动态教学，而忽视了静态教学。其实一堂高质量的化学课堂既离不开动态教学也少不了静态教学，两者相辅相成，缺一不可。一节化学课若一直处于动态之中，就会造成课堂的无序失控与教学的放任自流。因此，该静之时，教师则要创设沉默，给学生留下一个静心思考的时空，使其历经"顿悟"，亲身体验到成功的喜悦。

二、化学课堂中的"沉默"策略

在化学教学过程，恰当地融入"沉默"是非常必要的，下面就试着从"教师"与"学生"这两个维度来进行初步的探析。

（一）教师"给"沉默

1. 聆听之时的沉默

叶澜先生曾经说过："在平时的课堂教学中，教师问、学生答已经成为天经地义的常规，然而学生对提出的各种问题做出的不同回答，也并非与教师预先估计的完全一致。要学会倾听孩子们的每一个问题，每一句话，善于捕捉每一个孩子身上的思维火花。"如在教授《常见物质的检验》这一节内容时，当化学教师抛出"如何检验溶液中是否存在 SO_4^{2-}"时，台下的学生马上就七嘴八舌地议论开来，有的说"直接加 $BaCl_2$ 溶液即可"；有的说"不行，除了加 $BaCl_2$ 溶液，还要加盐酸"；有的说"可先加 $Ba(NO_3)_2$ 溶液，再加盐酸"等。此时，面对学生的发言，化学教师不应急于下结论，应保持智慧的沉默，耐心地聆听学生关于该问题的不同看法和见解，使学生的思维在激烈的争论中竞相绽放。

实践证明，化学教师若在听学生谈话时，无耐心、不投入，以成人的标准提出见解，不但剥夺了学生提高思考问题、解决问题的能力，而且成人的想法可能与学生的状况脱节而流于空谈。若当学生倾诉时，能保持沉默，学会聆听，不仅可以提高学生发言时的积极性，避免其自尊心受到伤害，而且以一种更为贴切的方式去回应学生，体现了化学教师的教育机智。

2. 对话之际的沉默

在化学课堂教学中，师生之间平等的对话有助于教师与学生之间心与心的沟通；对话，无可厚非越来越受到化学教师们的青睐。然而有些化学教师片面地认为：课堂教学对话就是不断地提问和指导。如化学课上，当学生在凝神思考着化学教师提出的四种基本反应类型与氧化还原反应之间有何关系时，为了引导学生能尽快并正确得出结论，化学教师则不时地插入几句，表面上看似起着主导作用，进行着所谓的"教学对话"。但扪心自问：学生们在这样的声声叮咛中思路能不被打断吗？还能专心思考吗？

可见，在面对学生一时无法快速做出回应的对话时，就需要教师保持适当的沉默。实际上那些真正的对话，并不是所谓的表面上看似活跃、热闹和多余的提问和指导，而是对话中有沉默，即当学生无法确切地表述时，留给学生自由思考的空间。

3. 理解之机的沉默

化学课堂教学中，不仅进行着师生、生生对话，同样也进行着文本对话。由于每个学生都是独特的存在个体，各自有着不同的知识储备，对文本的理解各不相同。如：在电解质的教学中，对"电解质"这一概念的错误理解是学生常犯的错误。如有的认为"只要能导电的物质就是电解质"；有的认为"只要在水溶液或熔融状态能导电的物质都是电解质"等。因此，在教学中，化学教师会反复强调："电解质是指在熔融状态下能导电的化合物。"在老师的不断强调中，学生对这句话可以说是"滚瓜烂熟"。但是，在解决关于电解质的文本问题时，却发现仍存在部分学生对其概念的错误理解。因此，在错误的引导下，他们进行着错误的理解，以至得出错误的结论。

可见，学生们对文本的不同理解，导致其思考问题的入角点也各不相同。因此，作为一名化学教师，要抛弃自己的偏见，不要想当然地认为每一位学生的理解都是一致的。面对学生理解的差异性，不管对或错，化学教师都不应急于做出评判，要机智地保持沉默，及时地了解学生各自对文本的不同理解，真诚地接纳它们，以便为后续更好地对话做铺垫。

（二）学生"要"沉默

1. 听讲时的沉默

听讲就是所谓的听老师讲课，这是学生学好化学课一个非常重要的环节。化学课堂中的听讲并非一个消极的过程，而是一个积极思维的过程，是学生与老师进行思维交流的过程。如学习《定量研究化学反应——化学反应中的质量守恒》这一节内容时，一位化学教师为了检验学生们的听课效果，特将教材中的一句话："参加化学反应的各物质的质量总和，等于反应后生成的各物质的质量总和。"直接照本宣科地陈述给学生听。如该老师所料，台下只有寥寥几个学生质疑道："参加是指什么含义呢？没有参加反应的物质质量能否算在内呢？"而多数的学生却只是哑然无声。我们还经常发现，学生在课堂上都听懂了，可是课后再去复习巩固时，却发现仍存在许多困惑。

可见，当化学教师在传授知识时，多数学生虽然沉默着，认真地听着，可是他们并非积极地沉默。因此，听讲时的沉默要求学生，不仅要仔细地聆听教师关于化学知识的见解，而且要将其与自己的理解相对应，找出疑问，提出问题；要完全融入教学当中，使自己的思维与化学教师的思维保持同步，积极地思考，才能有效提高听课效率。

2. 探究时的沉默

自新课程标准提出要"积极倡导自主、合作、探究的学习方式"以来，在实际的教学中，化学教师们更加注重学生的个人建构、自主探究。同时面对探究活动，学生们也表现出积极的探究精神。爱因斯坦说过："学习的目标应当是培养有独立行为和独立思考的个人。"新课程的目标也是如此。但审视课堂，我们不难发现，在那些看似热热闹闹的探究活动中，很多学生的探究都缺乏深度，对所要探究的问题并没有进行深层次的思维，为了探究而探究。试问：这样的探究活动，有多少学生真正参与、体验了学习的快乐、获得心智的发展呢？

可见，真正的探究活动不仅要求学生们要动一动，更要注重思维的发展；要亲历到探究活动的过程中，不追求表面的虚假热闹，人云亦云，而是要保持机智的沉默，学会静静地思考。对所要研究的问题，能够根据各自的知识和经验，用自己的思维方式去解决问题，提出自己独到的见解，使自身的思维在沉默的思考中得到发展。唯有这样，学生才能亲身"感悟""体验"知识的获取过程。

现象学教育家马克斯·范梅南认为：沉默是机智的最有力的调和剂之一，在机智的交流中，沉默可以以不同的方式起作用，"无声胜有声"的沉默是"沉默的谈话"的机智，在这样的谈话中，唠叨很不适宜，多余的提问也只会打扰和伤人。因此，在化学教学中，师生要改变传统的沉默观，要懂得机智的沉默——如何沉默、何时沉默。不让课堂对话的热闹气氛淹没机智的沉默，而是让"对话"和"沉默"在协调中共存，促进师生更理性地进行思考。

提高初中化学课堂教学有效性的策略

在课堂教学中，教师实现课堂教学效益的最大化是新课程理念中有效教学的一个重要途径。教师在遵循教学活动的客观规律前提下，以尽可能少的时间、精力和物力投入，取得尽可能多的教学效果，从而满足社会和个人的教育价值需求。课堂教学中教师的教学活动要做到有效果、有效率、有效益。

叶澜教授认为一节好课有五项标准，其中之一就是课堂教学要有效率。在课堂教学中实现有效课堂，是每位化学教师追求的永恒主题。现阶段，化学课堂中普遍存在实验兴奋，理论沉闷，上课听听都懂，下课作业不会，考试成绩不尽如人意等现状，如何改变这一现状，作为化学教师要经常反思自己的课堂怎样才能做到有效？特别是当面对基础相对薄弱、自主学习能力不强的学生，要提高化学课堂教学效率，除了需要教师的辛勤和智慧以外还需要一定的策略与方法。

一、充分做好课堂教学前的准备

特级教师魏书生认为自己取得成功的诸多因素中，很重要的一条就是上课从不打无准备之仗，认真做好课前准备。课前准备是否充分，将直接影响教学的效果。只有精心地做好课前准备，教师才可能在上课时胸有成竹地面对各种可能出现的问题，调动学生的主观能动性，使学生成为课堂教学中真正的主人。只有这样，课堂才能更有效，师生双方都能在课堂中获得提高和发展。

课前准备从以下几个方面做起。

1. 熟悉学生

熟悉学生即备学生。学生是教育对象，不了解学生，往往你的备课是无效的。

如果一个老师带几个班，采用同样的教学方法，效果极可能是低效的。

2. 了解学生对教学的期望、学生目前的学习方法

学生是学习的主体，教师通过沟通、了解、征求意见等方式了解学生对教学的期望，了解学生学习方法是否有效，指导学生形成有效的学习方法，从而实现提高教学效率的目标。

3. 注意学生在学习上的爱好和特长

俗话说："兴趣是最好的老师。"学生喜欢什么，擅长什么，他就愿意花更多的时间和精力去做这件事情。抓住学生的爱好、特长，结合学科特点实施教学将会事半功倍。

课堂教学是教育教学过程中普遍使用的手段，是教师帮助学生获取知识和技能的全过程。提高课堂教学的有效性不仅仅是教师的讲解，学生问答等教学活动以及教学过程中教师的语言表达能力，应变能力及使用的教具等，更多的功夫应该是在课前准备。

二、合理进行课堂教学设计

课堂的教学设计包括教师讲授、演示实验、学生的探究实验、学习和讨论，还包括课堂上突发事件的处理能力等，这些都是教师基本素质和能力。课堂中存在一些现象，如：课堂的随意性，因某一问题纠缠不清，而导致的主要问题没有完成；教师对于整个教材的把握不好，盲目的拓宽加深；教师对实验器材的准备不够充分，导致实验失败或实验现象不明显等。这些现象与学生的实际情况不符，也与课标要求不符，无疑对低效课堂埋下了伏笔。

一份好的教学设计需要长期的积淀和许多的课前准备。在新课程理念的指导下，很好地把握新课程标准的要求，在充分了解学生实际情况的基础上，合理设计课堂，将最大限度地提高课堂的有效性。

三、恰当地运用现代化多媒体教学手段

多媒体教学是现代化课堂教学的一种辅助教学形式。它是课堂教学的补充，不是课堂教学的主要部分，因此不能喧宾夺主。多媒体课件是突出教学重点，突破教学难点的工具。在课堂教学中，一节好课的评价标准不是多媒体课件制作得如何精彩、漂亮，而是使用得是否恰当。如：义务教育鲁教版八年级化学第五单

元第一节《化学反应中的质量守恒》，采用以实验探究为主和多媒体辅助教学的教学方法。学生通过实验探究，小组合作交流可以得出物质在参加化学反应时，反应前物质的总质量等于反应后物质的总质量。可是，学生在对"质量守恒定律"进行进一步的理解就比较困难，如果借助多媒体动画展示两个水分子分解的微观示意图来帮助学生理解，学生就很容易得出化学反应前后原子的种类、质量、数目不变，分子改变的结论。因此，借助现代化的媒体手段将抽象的知识具体化，使学生更直观、形象地了解化学反应的实质，帮助学生理解微观世界。

同时，化学课堂中演示实验或学生探究实验是绝对不能用录像或多媒体动画代替的。只有在实验中师生交流互动，提出操作要求，规范实验操作，才能锻炼和提高学生的动手操作能力。通过学生亲自参与探究得出的结果，比录像或多媒体动画看过之后效果更好、印象更深、更容易理解。

有一部分教师，在使用多媒体时往往忽略了普通媒体的使用，比如：板书的书写。板书是一节课的精华，是一节课的重点呈现，教师在黑板上书写的过程，其实也是学生再记忆的过程，同时，通过最后的课堂小结，加深学生对本节课的印象。提高化学课堂有效性，恰当运用现代化的媒体手段，使多媒体更好地为教学服务的。在教学中，教师还应注意普通媒体的交互使用，如：黑板、挂图、模型等。

因此，提高化学课堂的有效性，在课堂教学中，恰当地使用多媒体，教师在注重多媒体使用的实用性、直观性和交互性的同时还应注意普通媒体的交互使用。

四、关注实验教学的细节

化学是以实验为基础的自然科学。实验是化学课堂赖以发展和形成知识的基础，是学习化学的重要手段。课堂教学中让学生多观察，善于捕捉生成性资源，在实验中引导学生不怕失败，不怕出意外情况，失败也是课堂中一项重要的生成性资源。

如：在讲《化学反应中的质量守恒》这一节课时，老师设计了一个学生探究实验：测量反应前和反应后澄清石灰水的质量。探究完成后，其他组同学的结果都是质量增加，可是有一组学生的结果却是质量减小。于是大家一起帮他们分析原因，有同学认为：是不是向试管内吹气体的时候不小心吹出来了？该组学生不认可，坚持认为自己的实验过程没有问题。此时，有两种处理方式：第一种，直接告诉学生这个实验的结果应该是"质量增加"，然后继续课堂教学。这样做会打击这组同学对科学探究的积极性，同时也会让其他同学产生疑问："到底是质量应该增加还是质量减小？"第二种，让这组学生把这个实验再重新做一次，其他同学阅读课本。这是一个很好的课堂生成性资源，借助这个美丽的错误，教师给学生讲科学是一个严谨的、细致的、实事求是的事情，来不得半点马虎。有时候同学们在探究的道路上发现问题，要敢于分析，敢于探索。居里夫人就是在不经意之间发现了"镭"这种元素。也许一个错误也会是一个伟大的发现。两种不同的处理方式，结果却完全不同。既解决了学生的疑问，更加深了印象，同时对学生的学习态度和对待科学探究的态度做了很好的示范，这样问题反而成了课堂最大的亮点。

因此，课堂教学是教师、学生及多种因素间动态的相互作用的推进过程。在这个过程中，教师要善于捕捉即时生成性资源，并有效利用这些非预设性生成的资源，促进课堂活跃，让课堂教学充满生命活力，这些策略方法对提高课堂的有效性有不可估量的作用。

五、注重课后学生自我复习指导

由于九年级学生受认知发展能力的限制,化学学习的过程还需要教师的指导。教师在教学实践中，要针对学生思维的多样性和差异性，进行适当地指导，以提高学生对知识的领悟能力，帮助学生寻找更好的学习方法，做到课课清、单元清。如：一章学完后，在老师的指导下，帮助学生形成知识网络、"化合价顺口溜"等，化学课堂教学有效了，自然会事半功倍。

总之，有效课堂教学的主阵地在课堂，提高中学化学课堂教学的有效性，可以很好地解决化学教学实际问题，也会很好地总结和提升教师的化学教学。叶澜教授认为："课不能十全十美，只要是真实的就会有缺憾，生活中的课本来就是有待完善的，这样的课称之为真实的课。"一节课要上得没有一点问题，这个预设的目标本身就是错误的。然而，正是因为有弥补遗憾、解决不足、不断寻找策略的过程，化学课堂教学的有效性才有了一次次的提升和飞跃。初中化学新课程改革对于广大化学教师来说，既是一个有力的挑战，更是一次难得的机遇。教师科学理解有效课堂教学的真谛和内涵，不断寻找有效的化学课堂教学策略。

化学实验课的趣味化探究

化学是一门以实验为基础的自然科学,可初中化学教材安排的实验数量不多,而且大多是验证性的实验。验证性的实验内容上比较平淡,缺乏趣味性和生动性。师生做实验的目的只是为简单化地验证化学原理,培养基本操作技能和方法,或说是书本上的实验简单枯燥的再现。不能调动学生做实验的积极性,学生不能主动思考问题,不能联系实验过程与所学知识理论的关系,达不到认知的平衡,教师的教学和学生的学习都陷入被动的境地。如何改变这种现状呢?那就要在化学实验教学中要实现趣味性,改变师生头脑里固有的实验模式。实现角色的转变,站在学生的角度,充分发挥化学实验的直观、新鲜、神奇等特点,设计不同类型的实验,让学生多多参与,变学生的被动学习为主动学习,使其真正进入探索学习的氛围之中去,提高学生的学习兴趣。

化学的教学离不开实验,化学实验本身就充满了一定的新奇性,因此我们深入加强化学实验的启发性、探究性,还可以充分挖掘实验本身的趣味性,从而调动学生的学习积极性。

一、倡导学生自主学习,进行启发式教学

为了构建以学习者为中心,以学生自主活动为基础的新型教学模式,使教学活动真正建立在以学生主动参与、主动思考、主动探究、主动实践的基础上,创造适宜学生主动学习的环境,让学生获得化学知识和技能的过程,同时成为理解化学、进行科学探究、联系社会生活实际和形成科学价值观的过程。那么,我们就要对现有初中教材中的实验做一些革新,增添趣味性,启发兴趣,更能吸引学

生注意力，激发观察实验的动力。

1. 兴趣小实验，激发学生主动参与

古人云："知之者不如好之者，好之者不如乐之者。"兴趣是最好的老师，是主动学习的最初动因，它能推动学生去探索真理，并有想去体验的想法，随着情绪体验的深化，会产生强烈的参与意识，进行亲身实践。学生兴趣越浓，进行实验的激情也越高，越能进行创新。因此，在教学中引导学生把枯燥呆板不易懂的实验设计成生动活泼的兴趣小实验，实现了学生的主动参与。

例如：在学习了可燃物的燃烧条件后，我给学生提出这样一个问题，水中的白磷能燃烧吗？问题一提出，大多数同学都回答"不可能"，极少数没有立即回答，他们认为没有不可能的事。我提示大家从燃烧的三个条件出发，看已有什么条件还缺什么条件，于是有很多人恍然大悟，于是我让他们先讨论怎样设计实验步骤？还需要哪些仪器和药品？还要讲出设计的理由。

2. 创设实验问题情境，激励学生主动思考

创设新颖实验问题情境，激励学生分析问题、积极思维、主动思考。教材里安排的很多演示实验我们一直认为是权威的，不敢质疑。而实际上，它里面有的实验存在着不合理，有的操作性不强等。因此，我可以对某些实验过程中出现的现象设疑，引导学生主动思考，让学生自己解决。

3. 创设开放的实验空间，引导学生主动实践

实验空间的开放，是指课堂教学的向外延伸。一是可开发家庭小实验；二是将化学实验深入社会，大胆实践。有很多同学学了一些化学知识之后，就联系实际把它用于生活。

例如：我们农村的学生回家后，向父母提议不要用含磷的洗衣粉；把家里的水拿到学校检验等。

二、采用探究式实验教学模式，营造良好的探究实验气氛

化学实验本身就是科学探究的过程，也是学生化学学习中能动的实践活动形式，学生通过实验探究认识物质，掌握化学基本原理和基本技能，初步学会化学研究的实验方法，发展科学探究的能力，体验科学家科学探究的过程和方法，获得科学探究的乐趣和成功的喜悦。

1. 活动与探究

"活动与探究"中涉及的实验是由教师演示学生观察和在教师指导下学生操

作完成或者是由学生独立完成的一类实验，这类实验包括了物质性质的实验、制备实验、基本操作实验、形成化学概念的实验、有关化学原理的实验、化学知识应用的实验等。

例如：在老师的指导下，进行下列实验。

（1）在酒精灯火焰上灼烧铜丝，片刻后取出观察

（2）向澄清石灰水中吹气

观察老师的演示实验

（1）加热碳酸氢铵

（2）将鸡蛋放入白醋中

在实验中你观察到了什么现象？你对铜、石灰水、碳酸氢铵、蛋壳的性质有什么认识？

上述活动与探究案例充分体现了该类实验教学的探究性，通过这部分实验以培养学生的观察能力、基本操作能力、科学实验的方法和实验探究的能力。

2. 观察与思考

这部分以教师演示为主，学生观察现象与思考得出结论，通过这部分实验可以提高学生的观察能力，分析问题的能力，推理能力和科学的思维方法。

例如：我们在学习燃烧时，做了"燃烧的条件"演示实验之后，学生通过观察总结出了燃烧的三个条件，接着老师又做了一个小实验。

点燃两根火柴，火柴头朝上的火柴很快熄灭，火柴头朝下的燃烧得很旺。

提问：为什么？利用燃烧的条件加以解释。

对于这种常见现象，老师及时提出问题，唤醒学生的探索欲，经教师的引导，学生共同分析，讨论，得出结论。

3. 家庭小实验

家庭小实验的引入使课堂教学延伸至课外，它对激发学习兴趣、巩固知识技能、培养能力、开发智力起到一定作用。让学生利用家庭日常生活中的一些常见物品作为实验仪器和药品，由学生在家中独立完成。课堂内容配合小实验，可以是进一步引发学生兴趣的趣味实验，还可以是使学生把化学知识应用于实际的应用型实验。

例如：当我第一次向学生布置的家庭小实验——观察蜡烛色态、构造及点燃时的现象，作为家庭作业时，学生感到很新奇。而第二次布置家庭小实验——用玻璃杯、饭碗和小蜡烛来测定空气中氧气的含量，学生开始产生兴趣，大多数学

生在家里动手做了这个实验，有的成功，也有的不成功。第二天到课堂上七嘴八舌询问老师，经过简要解释和指导后，有的同学回家又重复做了这个实验，一旦做成功了，其兴奋之情自不必说，学习化学的兴趣也随之激发出来。还可以让学生"自制汽水"等。

4. 联想与启示，讨论与交流

让学生对课堂上所学知识应用，联想、拓展课堂所学知识，并与同学讨论交流，达到应用知识解决问题的目的，提高学生与人合作、沟通的能力。

例如：做了"溶液的导电性"实验后，让学生联想在做"电解水实验"时，为什么要往水中加入烧碱或稀硫酸？提出问题，通过这个实验将前面相关的内容联系起来，用后面的知识解释前面的问题，得出结论。

在探讨研究的平和气氛中，蕴涵着无穷趣味，在教师一步步的严谨逻辑关系引导中，培养学生的思考分析能力，提高分析联想的思维流畅性，学生的智能得到健康发展，优良的思维品质就会慢慢形成。

我国化学家戴安邦先生曾指出："只传授化学知识和技术的化学教育，是片面的……用实验解决化学问题，是各项智力因素皆得到发展，故化学实验是全面化学教育的一种最有效的教育形式。"化学实验可帮助学生建立和巩固化学基本概念和基本理论，获取化学知识，培养科技素质。

在教材和习题集中不乏出现有趣的又耐人寻味的问题，若能真正做一做实验，既能帮助学生深刻体会题意和化学基本原理，又能全面激发他们研究化学的兴趣，更能符合素质教育及教学大纲基本思想要求理论联系实际的初衷。

三、主动设计趣味性实验，激发兴趣，引发思考

设计趣味性实验主要以演示实验为主，为了增加这种内容的神秘色彩，以变"魔术"的形式出现，让学生认为化学很好玩，然后在教师的指导下揭示其中的奥秘，在愉快的气氛中完成了教学任务。初中阶段可做的"魔术"有很多，下面介绍几个。

1. 魔棒点灯

你能不用火柴，而是用一根玻璃棒将酒精灯点燃吗？

实验：取少量高锰酸钾晶体放在表面皿（或玻璃片）上，在高锰酸钾上滴2~3滴浓硫酸，用玻璃棒蘸取后，去接触酒精灯的灯芯，酒精灯立刻就被点着了。

2. 烧不坏的手帕

用火烧过的手帕居然完好无损？

实验：把棉手帕放入用酒精与水以 1 ：1 配成的溶液里浸透，然后轻挤，用两只坩埚钳分别夹住手帕两角，放到火上点燃，等火焰减小时迅速摇动手帕，使火焰熄灭，这时会发现手帕依旧完好如初。

原理：燃烧时，酒精的火焰在水层外，吸附在纤维空隙里的水分吸收燃烧放出的热而蒸发，手帕上的温度达不到纤维的着火点，因而手帕烧不坏。

3. 空瓶生烟

空的瓶子里冒出白烟？

实验：两只洁净干燥的玻璃瓶，一只滴入几滴浓盐酸，一只滴入几滴浓氨水，转动杯子使液滴沾湿杯壁，随即用玻璃片盖上，把浓盐酸的杯子倒置在浓氨水的杯子上，抽去玻璃片，逐渐便能看到满瓶白烟。

这些"魔术"大大激发了学生的兴趣，都争先恐后想去试一下。有很多学生问老师"我能不能也变魔术？"我回答说："只要掌握其中的原理人人都可以做。""魔术"吸引了学生的高度注意，激发学生的浓厚兴趣，使学生在享受美的愉悦中不知不觉接受教育，加深对实验事实的印象和理解。从而在达到教学目的的同时也发挥出化学演示实验的美育功能，给学生以丰富独特的美的熏陶。

上实验课时学生往往积极性都是很高的，说明学生还是喜欢实验这个实践活动。挖掘化学实验的趣味性，提高在教学中的广泛应用意义重大。

化学实验的启发性、探索性和趣味性教学符合当前新课程改革的基本要求，是增强学生学习化学这门科学精神动力的需要，是提高他们动手动脑能力、培养创新能力、理论联系实际的需要，是化学教师们造就和培养具有良好素质创新一代的必备法宝。

核心素养下的化学课堂变革策略

教育的真义是什么？就像生存的价值与生命的意义是什么一样，千百年来，那些充满智慧的清醒的思想者从未停止过对教育本质的深层追问。从柏拉图"灵魂转向"的教育理想到19世纪斯宾塞主张的"教育为未来生活做准备"，从20世纪美国教育家杜威的"教育即生活"到雅斯贝尔斯的"人的灵魂的教育"，从蔡元培的人格教育、教育独立到时下新课程在教育目标与方向上的全面反思……人们总在寻找理想教育的目标定位。

基于核心素养的课程改革已成为国际趋势，这是一种更重过程的教育理念，是一种让学生自主探究、自由发展的教育方法……但采纳新的课程并不一定会提高学生的学习表现。对于学生而言，坏的课程好的教法胜过好的课程坏的教法，教法胜过课程。除非致力于发展提高学生核心素养的教学方法，否则学生的学业成就还是会低于课程标准，指向核心素养的课堂教学需要一系列变革策略的支持。

一、教学目标：由"近期目标"向"远景目标"的转变

我国传统教学目标一直以"双基"为核心，课程改革后提出了"三维目标"，以培养"知识与技能、过程与方法、情感态度与价值观"的有机统一发展的人为宗旨，核心素养则以学生未来成功融入社会、实现自我为旨归，即关注学生现在所学对其未来生活的影响。从双基到三维目标再到核心素养，体现了课程目标从关注学科到关注学生当下发展再到关注学生未来发展的逐步嬗变。折射到教学中，就需要从关注学生掌握学科知识、成功升学的近期目标转变到关注学生长期发展的远景目标上，即教学的终极目标是学生应对未来不确定情境中真实问题的挑战

时所具备的关键能力和必备品格。中小学生在学校生活中，经历最多的是学科学习，因此，学生核心素养培养的主要阵地还是学科教学。每个学科对于核心素养都有其自身独特的贡献，最后汇聚而成学生的核心素养。

因此，在教学目标设计时，需要把握单元或课时教学目标与学科素养以及核心素养之间的逻辑关系。这并不意味着每节课或每个单元的教学目标中都要有核心素养目标，而是每节课或每个单元教学目标的制定都应胸中有丘壑，保持与实现核心素养方向上的一致性，使得每节课或每个单元的教学都成为达成核心素养目标的阶梯。只有这样，核心素养这一终极目标才可以"着落"而不会被悬置。具体到每个学科，则需要将服务核心素养的学科素养目标落实到课时或单元教学目标中，立足于基本知识和基本技能，发展学生的分析、评价、创造等高层次能力。

如，鲁教版九年级化学《金属的化学性质》教学目标：（1）认识镁、铁、铝、铜等常见金属与氧气的反应，感知用实验方法探究金属化学性质的过程（理解、分析层次）；（2）认识常见金属与盐酸、硫酸及某些盐溶液的置换反应，并能解释日常生活中的一些化学现象（评价、创造层次）；能说出常见金属的活动性顺序，并能利用该规律判断置换反应；（3）通过我国古代湿法冶金术介绍，增强学生民族自豪感和爱国主义情感（情感态度价值观目标）。上述教学目标不仅将知识、技能和态度融为一体，而且每条目标皆指向高阶认知能力。这样的教学目标才会为学生核心素养的发展奠定坚实的基础。

二、内容组织：由"零散个体"向"条理系统"的转变

素养不是知识，但素养离不开知识，没有知识，素养就是无源之水、无本之木。知识以何种形式存在才能够发生迁移。零散化的、互不关联的知识无法发生迁移。只有可迁移的知识最终发展成个体的核心素养。因此，学科知识的系统性必须为教学目标服务，是实现教学目标的手段，在学科教学组织时，不仅要考虑知识的内在联系和知识系统的严密、完整性，还要注意知识本身的应用性和情景条件性，将学习内容（是什么、学什么的知识）、认知过程（怎么学、如何学的知识）以及问题条件知识（何时、何种情境下使用前面两种知识的知识）三者融合在一起的立体结构。三类知识的交互作用，共同影响着个体在新情境中的问题解决过程，这样才会形成系统化的、具有高度认知灵活性的图式，要使各内容之间所包含的学习议题（如专业概念、原理等）多次地相互邻接和交叉重叠，从而促进深刻学习，充分体现"知识的意义存在于知识的用法之中"这一理念。当然，

知识的系统性与单元内容的大小及排列之间的平衡要因人、因时、因内容、因具体目标而灵活加以把握。

如，鲁教版八年级化学第四单元第二节《氧气》，以及第六单元第三节《大自然中的二氧化碳》，共同构成了经典的气体的性质及制备的学习。教学时，应该注意这些知识的衔接，研究和学习的过程从研究气体的制备入手，充分利用图标比较法，从工业制法到实验室制法，实验室制法中所用药品的选择（选择依据）、反应原理、发生装置（如何选择，选择依据是什么）、收集装置（选择依据）、检验、验满等将各部分内容有机地联系在一起。两种气体制取的研究方法是相同的，性质的研究思路也是相似的。学生可以根据知识的迁移去初步解决其他气体的制备问题。

三、学习任务：由"关注知识"向"基于问题"的转变

知识是素养的基础，但知识并不等于素养，传统意义上的掌握基础知识似乎停留在入门性的初级知识学习水平上，教学改革的目标应当偏向高级知识学习，应当把重点更多地集中在知识的灵活应用上。基于问题学习似乎将初级知识学习与高级知识学习有机地整合到了一起，以高级知识学习为主，将初级知识学习融合进来，学生为解决问题而获取知识，反过来，又应用知识来解决问题，高层次思维能力与自主学习能力借此过程而得到充分发展。具体而论，其教学的目标立足于培养学生灵活的知识基础、发展高层次思维能力，自主学习能力以及合作能力。

基于问题学习直接从实际问题入手来组织教学，将学科知识隐含在解决问题的过程中，让学科知识服务于解决实际问题能力的培养。问题是基于问题学习模式的核心，所有学习活动都是围绕问题而展开的，当然，基于问题学习并不是为了问题而设置问题的，设置问题的目的是完成课程目标，如培养学生的知识基础与各种能力等。概括地说，问题是纲，知识是目，纲举目张。学生要直接接触原始问题（这是创造力之源头活水），知识是解决问题的工具和手段，因具体问题不同而产生变异，学生的解决问题能力、创新能力和自主学习能力将借学生获取知识并应用知识解决问题的过程而得到发展。

基于问题学习确实为我们当前教学改革开启了一条新路子。从教学目标的定位、学习的切入点、师生关系及课堂组织形式等方面给我们以诸多启示。值得强调的是，在基于问题学习中，学习目标、教学的切入点以及师生的角色等问题是

相互联系的。正是基于问题学习对高级知识学习的偏重决定它采取这样一条途径来学习知识：从问题入手获取知识，并应用所学知识来解决问题，如此反复循环，不断深化对知识的理解并提高对知识的灵活应用。也正是这样一条学习途径自然而然地影响了师生地位关系的变化，学生的自主性得以切实地发挥出来，教师的促进作用才能真正到位。

如北京时间 2022 年 4 月 16 日，神舟十三号载人飞船返回舱搭载着神舟十三号航天员乘组在东风着陆场成功着陆，教师播放视频，当学生心潮澎湃，兴奋不已时，教师适时提出几个问题，来激发学生的探究欲望：（1）神舟十三号发射时需要多种燃料做推进剂，若使用液氢做燃料，你认为有什么优点、若使用联氨（N_2H_2）做燃料，则需要用四氧化二氮做助燃剂，生成氮气和水，请写出化学方程式。（2）航天员的食品为什么要做成"一口酥"？（3）为了净化飞船中的空气，可使用氢氧化锂来吸收人体呼出的二氧化碳，请写出化学方程式。这些题目把氢能源的利用、空气中粉尘污染、碱的通性化学方程式的书写等诸多知识在情境中进行了体现，在这样的情景下，学生对已学知识产生新鲜感，主动学习的热情高涨，学习效率明显提高。

四、课堂氛围：由"表面活跃"向"内涵深刻"的转变

我们最常见的课堂教学形态表现为提问、回答、小组讨论、发表见解、质疑、辩论等行为。新课程改革以来，为突出学生的"主体地位"，教学范式由"传授—习得"模式向"互动—交流"模式转变，以期通过对话引发学生的深层思维、促进知识的理解和意义的生成。但课堂观察研究发现，教师与学生之间对话形式以"教师提问—学生回应—教师反馈"的单向互动方式为主，对话水平以"记忆"层次为主，对话过程以教师获得预设的答案为终止。教师在课堂上的过于主动和"殷勤"使得学生的话语权被剥夺，思维被肢解，表面上的热闹难以掩盖课堂教学不够深刻的现实，与核心素养所追求的深度思考、批判性理解、自由表达等目标相去甚远。

内涵深刻的课堂表现在以下几方面。

1. 发展学生的高层次思维能力

所谓高层次思维，杜威认为是反省思维，是复杂的精细的判断、对多种原理和解答的思考能力；是在存在不确定性而又需要自我调节地建构知识时而进行思维的能力。概括地说，高层次思维不是简单的感知、记忆、复述或应用，而是有

意识的，围绕特定目标的，付出持续心理努力的，需要发散、研究判断和反思等认知活动的复杂思维，它包括问题解决、创造性思维、批判性思维以及自我反思等思维活动。

2. 引导学生成为自主的学习者

学生需要自我激励、设置学习目标、做独立的研究、进行自我引导的学习、将新建构的知识应用到复杂的问题解决之中，还要监控和反思解决问题的过程。当他们完成问题解决之后，他们学会成为独立自主的思考者和学习者。

3. 培养学生成为有效的合作者

学生以小组为单位进行工作，学生共享专业知识，共同处理学习议题的复杂性。在小组中，学生需要积极主动参与小组活动，与小组其他成员相互依赖、共同承担责任，进行积极的良性互动，相互交流想法、相互鼓励和沟通，最终使学习者成为一个愿意合作也善于合作的人。

4. 教师的角色也相应地发生重大转变

教师成为学生学习的促进者，与学生之间构成了一种认知师徒关系。认知师徒关系的关键之处在于：学习者像专家那样在解决实际问题的过程中建构知识，将专家在解决实际问题中所用的情境化的思维过程和策略展示开来。具体地说，在学生课堂学习中，促进者并不是将知识的结果直接告诉学生，而是在学生遇到问题时，通过促进者适时适当的质疑，将专家的思维过程和策略（尤其是元认知技能）凸现出来。在这种关系中，教师可能要扮演多种角色，尤其是以下两种角色显得特别关键。

角色1：教师是一名专家型的学习者，能示范好的学习策略和问题解决过程中的思维策略，而非作为一名内容本身的专家。通过促进者的指导，学生学会了应当如何向自己提出疑问。例如，当学生提出一个问题解答时，促进者会问他们"为什么？"鼓励他们解释并证明自己的思维。这样的询问有助于学生将询问与自己的假设联系起来，从而掌握使用假设演绎推理。

角色2：认知支架。促进者主要是以监控、示范、质疑以及鼓励等活动来促进学生学习的。促进者发挥出了指导和帮助的作用。但是，这是否意味着，促进者的这些活动需要一直存在呢？不是的。促进者的这些活动都只是给学生提供的支架而已，像建筑行业中的支架一样，随着学生的自身经验的丰富与能力的提高而逐渐减少，直至最终被撤除，使学生成为一个自主的学习者，承担学习结果和学习过程上的责任，这也是认知师徒关系的最终结局，徒弟总是要出师的。因此，促进者给学生的支架是互动性的，因应学生的发展而递减。在学生开始学习的一段时间内，促进者要在理解水平、所研究议题的相关性和完整性方面向学生质疑和挑战。当学生对学习方法变得比较有经验，以及对确定学习议题能负担起更多的责任后，促进者就可以逐渐地撤除支架，直到当学生变为自主的学习者，由他们独自来承担促进者在元认知水平上所承担的角色，此时，教师将变为一个站在局外的教练。这就是核心素养的目标，新课程改革的意义所在。

五、素养评价：由"静态结果"向"动态形成"的转变

教学与评价都是实现核心素养中不可或缺的环节。但在教学实践中，两者通常是一种区分相对清晰、功能相对独立和操作相对分离的关系。评价通常发生在教学之后，利用作业或考试的方式检查或总结学生通过一定阶段的学习所掌握的知识和技能，目的是对教师的教学效果和学生的学习结果做出判断。在学校层面往往被异化为通过考试对学生进行成绩排名，并以此来评价教师的教学水平。这种评价范式下，取得好的考试分数成了课堂教学的目标，课堂变成了一个"黑箱"。这种静态的结果性评价，无法为教学和学习提供即时有效的决策信息，对促进学生的素养没有直接的意义，在某种程度上导致了应付考试的机械学习和肤浅学习。动态的形成性评价则是及时诊断与学习目标相关的内容并对教与学进行反馈，进而做出改进。这种评价不再是游离于教学过程之外的一个孤立环节，它本身就是教学的有机组成部分。评价在课堂层面持续地进行，教师在教学过程中采用多种评价方法来收集学生是否理解或学会的表现性证据，这些证据被用来确定学习者达到目标的程度如何、需要做出什么调整，还需要哪些努力等。这是一种动态的形成性评价，这种评价范式下，评价的目标是改进教学以使学生最大程度地获得进步，而不仅仅是划分等级或选拔学生。核心素养强调学习者在真实问题的主动探究中、在对问题解决过程的不断反思中提升元认知及创造性问题解决等高阶能力，更需要通过形成性评价及时地对学习过程和结果做出价值判断，以便对学习目标进行反思和修订，对学习过程进行适当调整。关于形成性评价的研究表明，向学生提供具体准确的、描述性的反馈结果，并让学生参与课堂评价能够促进学生的学习。学生通过来自老师、同伴以及自我的反馈信息反思自己需要学习什么、应该如何学习、已经学到什么、还需做哪些努力以及学习能得到哪些支持等，从而监控和调整自己的态度、认知和行为。在此过程中，学生逐渐发展自我效能感和元认知能力。

从高效课堂走向魅力课堂

创新型国家需要创新型人才，创新型人才的培养关键在教育；教育改革是一场涵盖课标、课程、教材、课堂、教法、学法、管理等多方面的全面系统的改革；课堂是教育教学的主阵地，教育的改革最终要定格在课堂教学改革上。

高效课堂改革浪潮催生不同的教学模式，虽然具体操作各不相同，但都体现了自主、合作、探究的新课程理念，在一定程度上改变了教与学的方式，大大提高了课堂效率；在众多教育媒体的强力推广下，这场高效课堂改革虽然最早在一些偏远薄弱的初中学校突破，不久就延伸到了小学和高中，并被绝大部分的县城和城市重点中小学接受、学习、研究和效仿。这场席卷全国的高效课堂改革从根本上颠覆了传统的灌输式教学思想，彻底改变了我国中小学课堂的面貌，可以说开启了我国基础教育课堂教学改革的新时代，在如何落实自主、合作、探究新课程理念方面的探索，为课堂教学改革的深入开展积累了丰富的经验。

那么，风靡全国十多年的高效课堂，是我们追求的理想课堂吗？课堂教学改革将走向何处？作为一名从教近三十年的教育工作者，强烈感觉到基础教育课堂教学改革的趋势必将从高效课堂走向魅力课堂。

一、高效课堂的局限性

高效课堂的理论基础是三个关键词：效果、效率、效益。但实际上人们最为关注和可以量化的是效率，所以高效课堂会不自觉地引导人们关注知识学习的高效率：课堂效率 = 学习的知识 / 学习的时间。这就产生了我们经常听到的衡量高效课堂的一些标准和措施，如"大容量、高效率、快节奏""堂堂清、日日清、周周清、月月清"等。在教学实践中，我们努力追求课堂高效是没有问题的，但如果将高效作为课堂追求的唯一目标或者是主要目标，必然会忽视学生精神及生命成长的需要，影响到学生的健康成长和可持续发展，进而影响到创新人才培养这一根本任务。因此，我们认为，高效课堂虽然极大推动了课堂教学改革，但高效课堂是有局限性的，不能说是我们追求的理想课堂。

二、魅力课堂的基本内涵

自2012年开始，中国当代著名教育专家曾军良校长提出了魅力课堂的概念，并在实践过程中对魅力课堂的内涵进行了初步的研究和界定，初步构建了魅力课堂理论。

"魅力课堂"是基于尊重学生美好天性，激发学生精神动力，努力让课堂迸发五彩的魅力光芒，让学生感知快乐的心理体验，从而推动学生自主学习、主动发展、创新发展的改革行动。

"魅力课堂"以尊重人的生命发展需要为出发点，目的是为学生的学习注入动力，从而激发学习活力，达到学习高效目标的。因此，魅力课堂改革更加关注过程的魅力，更加充满了人性的温情。

魅力课堂是"引力场""思维场""情感场"，并最终走向人的"生命发展场"。这样的"魅力课堂"，将努力使学生的学习是基于内在兴趣和需求的推动，强大的内驱力使学生学习成为一种生命成长本身的需要。

"魅力课堂"的目标追求是提升"三力"，即提高课堂学力、激发学习活力、增强教学魅力。并逐步将课堂从"知识传授型课堂"向"激情、温暖、美丽、思考、开放、分享的课堂"转变，让课堂成为师生快乐成长的殿堂。

"魅力课堂"是一种理想的课堂境界，是教师对理想课堂的追求，我们要逐步探索"提高课堂学力"的途径，探讨"激发学习活力"的办法，深究"增强教学魅力"的策略。

"魅力课堂"追求一种理想的教育境界。在这种课堂上，教师对学生是真正的尊重、成全、关注；学生拥有足够的思考空间，思维高度活跃，表达充满自信，教师和学生都进入了一种主动成长的境界。

"魅力课堂"追求以爱育爱、以情激情的精神世界。教师心怀真爱，让学生在爱中成长，在爱中懂得爱、珍惜爱、理解爱、学会爱、付出爱，在教育的过程中生发出不竭的爱；教师有激情，只有教师充满激情，才能激发学生的激情，才能催生灵动的思维，才能燃起智慧的火花。

"魅力课堂"激活了师生成长的动力，改进了师生关系，提升了师生的幸福指数，教师的魅力也大大增强，育人的质量也得到全面提升。

三、魅力课堂与高效课堂的共同价值追求

魅力课堂和高效课堂改革的出发点都是为了在课堂层面落实新课程改革的要求，改变传统的教学方式；二者都是课堂教学改革的产物，都是学校综合课程改革的一部分。魅力课堂不排斥高效，魅力课堂和高效课堂有很多共同的价值追求，高效课堂的探索为魅力课堂的构建积累了丰富的经验和素材，可以说魅力课堂是在继承高效课堂精华基础上的发展。

我们将魅力课堂和高效课堂加以认真研究和对照，不难发现：二者都反对灌输式教学，倡导自主、探究、合作的新课程理念；都重视师生的角色定位，强调学生是课堂的主人，教师是学生学习的组织者、引领者、合作者；都重视小组合作学习的组织形式以及对小组合作学习的研究；都重视对学生的多元评价；都强调与生活实践的接轨和课程的校本化改造；都强调面向全体学生，注重不同层次学生的课堂参与度；都强调课堂的开放与生成；都强调学科特点，重视不同学科、不同课型的不同教学形态。这些都是魅力课堂和高效课堂的共同价值追求。

四、魅力课堂与高效课堂的主要区别

魅力课堂理论的提出和构建，是为了摆脱高效课堂的局限性，追寻一种真正促进人生命健康成长的理想课堂。因此，魅力课堂除了与高效课堂的共同价值追求外，与高效课堂还有很多区别。

（1）高效课堂强调课堂效率，魅力课堂虽不排斥高效，但更注重学生的生命成长和人的发展；

（2）高效课堂重视教学模式和相对统一的教学形态，魅力课堂淡化教学模式，强调课堂形态的多样化和教师课堂教学的个性化；

（3）高效课堂一般以导学案作为课堂教学的工具，魅力课堂不排斥导学案，但更注重课堂教学工具的多样性和灵活性；

（4）高效课堂和魅力课堂都强调教学内容的问题化设计，魅力课堂更注重问题解决的过程和学生思维的训练；

（5）高效课堂倡导学习过程全部在课堂上完成，魅力课堂倡导课堂反转等学习时空的变化；

（6）高效课堂强调小组学习与评价，魅力课堂强调学生学习方式和评价方式的多样化，倡导激励评价；

（7）高效课堂通过提高课堂效率直接服务于升学教育，魅力课堂不为成绩，赢得成绩，通过全面提高学生素质间接促进升学教育，可以实现素质教育与升学教育的双丰收；

（8）高效课堂强调学生自己能学会的教师不讲，魅力课堂强调讲了学生也不会的、学生自己能学会的、小组合作学习能解决的、能用学生的动手实践代替教师口头讲的都坚决不讲。

五、从高效课堂走向魅力课堂

理论需要实践做支撑，更需要在实践中验证和推广。曾军良校长在提出魅力课堂的理论后，他和他的教育教学团队在完善魅力课堂理论的同时，更是在教育教学中丰富和实践着魅力课堂，并利用立新学校幼小中十五年一贯制的优势，在幼儿园、小学、初中、高中四个学段，根据各学段的特点分学科构建魅力课堂的基本形态，探索和实践着普适性、易操作的魅力课堂操作模式，现已取得可喜成果。如魅力课堂的"八观念""五标准""三原则""四归还""八追求""五不讲""十解读"等，已初步勾勒出魅力课堂的基本形态。

1. "八观念"

成人比成功重要；成长比成绩重要；体验比名次重要；付出比给予重要；巧干比苦干重要；勇敢比畏缩重要；对话比对抗重要；激励比指责重要。这八个课堂观念的确立，为实现学生整体素质、综合能力的全面提升，为培养未来社会所需要的人才打下坚实基础。

2. "五标准"

魅力课堂是温暖的课堂，温暖的课堂使课堂更有亲和力；魅力课堂是思考的课堂，思考的课堂促进学生智慧的发展；魅力课堂是美丽的课堂，美丽的课堂激发学生热爱人生，快乐学习；魅力课堂是开放的课堂，开放的课堂使课堂有许多无法预约的精彩；魅力课堂是分享的课堂，分享的课堂让学生收获展示的快乐，成为对课堂做出贡献的人。

3. "三原则"

（1）以学定教原则——按照三维目标的要求，努力推进学生自学，在自学的基础上，研究学生的问题，结合学生发展的真实状态来确定课堂教学的起点，从学生的心理和精神需求出发，决定课堂教学的内容与方式。

（2）以学生思维训练为主线原则——让学生的思维动起来，努力发展学生的思维能力，拓展思维空间，提升思维高度，培育创新思维。通过设计有效的问题以及课堂中生成的问题引发学生思考、质疑、批判、讨论、辩驳，一切以思维的发展和提升为依据，推动学生思维能力的发展。

（3）以激扬学生的生命成长为评价标准的原则——激励推动学生主动成长，解放学生的头脑，使他们充分思考；解放学生的手脚，使他们主动探究；解放学生的时间，使他们从容学习。

4. "八追求"

（1）魅力课堂追求一种理想的教育境界。

（2）魅力课堂追求以爱育爱、以情激情的精神交往。

（3）魅力课堂追求师生体验成功、享受幸福的美好家园。

（4）魅力课堂追求和谐之美的心灵感受。

（5）魅力课堂追求人的自信境界与自强精神。

（6）魅力课堂追求学生今天的成长与明天的成才相统一。

（7）魅力课堂追求创新与务实的有机结合。

（8）魅力课堂追求文化的传承与历史的担当。

5. "四归还"

（1）尽量把课堂的空间还给学生。努力拓展课堂空间，尽量走进实验室、阅览室、网络教室、多功能教室、名师报告厅、励志电影厅、博物馆、生物园等，以拓展空间视野，提高学习兴趣，有利于课堂魅力的提升。

（2）尽量把课堂的时间还给学生。课堂的核心是学习，教师是学生学习的教练，要善于让学生去体验、去发现、去探索、去争论、去总结，在学习体验中提升与发展。

（3）把课堂质疑问难的权力还给学生。课堂上激励学生质疑问难，想方设法推动学生质疑问难，科学地解决学生的质疑问难。

（4）把探究性学习的权力还给学生。保护学生的好奇心，激发学生的探索欲，鼓励学生勇于探究问题，提倡用合作探究性的方法层层递进解决问题，激发灵感，催生灵性，提升综合能力。

6. "五不讲"

（1）讲了学生也不会的，坚决不讲；

（2）不讲学生就能自己学会的，坚决不讲；

（3）学生自己能讲明白的，坚决不讲；

（4）能用学生的动手实践代替教师口头讲的，坚决不讲；

（5）能采用小组合作学习解决的问题，坚决不讲。

7. "十解读"

（1）构建魅力课堂，课堂的主体是学生，课堂的学习过程是动态的、生成的、民主的、人文的、合作的、探究的、交流的、高效的，特别倡导体验和幸福；

（2）自主、合作、探究学习是学生的主要学习形式；

（3）小组合作学习的人数以每组4人为宜，一般不超过6人，小组内分工要明确、具体，要以适合开展合作、交流安排座位；

（4）一般情况下课堂教学中教师讲授不超过15分钟，讲授的内容是学生自主合作学习都解决不了的问题；

（5）课堂上允许学生随时随地质疑、表达和展示；

（6）教师备课要区分不同层次、不同性别的学生情况，分类制定学习目标，精心预设学生的学习方式；

（7）教师要充分尊重课堂的生成，适时、合理调控课堂，关注学生的参与度，学生参与比例要达到90%以上；

（8）以激励性评价为根本原则，开展及时、多元的评价，注意评价结果的运用，合理地与学生的综合素质评价相结合；

（9）把问题贯穿于学生学习的全过程，使思维训练渗透于课前、课中、课后的各个环节；

（10）进一步改善师生关系，教师要成为学生学习的伙伴，学生学习的组织者、合作者、引领者。

为了进一步探索普适性、易操作的魅力课堂，通过老师们的不懈努力和探索，定会加快全国中小学课堂教学改革的步伐，实现从高效课堂向魅力课堂的跨越。我们相信，充满魅力的、普适性的魅力课堂定会走向全国，为我国基础教育课堂教学改革的深入开展做出应有的贡献。

化学课堂教学中的失谐现象及对策

回眸新课程改革所走过的路，怀揣兴奋、幸福、渴求与希望的同时少不了怀疑、困惑与不安。随着课程改革的不断深入，我们愈加有了冷静的思考。"积极应对、稳妥推进，低起点、小步伐、不停歇"是我们实施课改的基本态度。基于此，"有效性"问题成了我们课改在课堂教学层面的聚焦点。在课程改革实验进行的今天，我们为什么提出"课堂教学有效性"研究？课堂教学有效性究竟指什么？强调"有效性"是否就是强调"双基"、是否要回到原来的课堂状态中？这是大家都十分关注的问题。为了研究以上问题我们首先从调查化学课堂低效或无效现象入手，发现化学课堂教学"失谐现象"，即"无效""低效"甚至"负效"现象俯拾即是，而这种现象突出表现在教师三个意识的缺乏：一是缺乏学习效率意识；二是缺乏学习结果意识；三是缺乏学习感受意识。对此我们进行深入分析与思考，针对性提出策略建议。

一、缺乏学习效率意识

现象 1：挥霍课堂教学时间。让学生做练习，先是在黑板上写题目，学生坐在下面只能"自由活动"，等到题目抄好，几分钟已过去了。学生各自在下面做了一会儿，基本上做好了，又突然叫一名学生上黑板板演。下面的同学又大多"自由活动"了。这样的课节奏太慢了，效率自然可想而知了。

成因分析：造成教学节奏慢是因为任课教师没有强烈的效率意识，教前准备不足，应该课前写在小黑板或投影片上的却没有这么做，致使寸时寸金的课堂时间白白浪费。另外，教学时考虑不周密，上台学生板演没有与学生在台下练习同步，毫不吝惜课堂时间，影响教学节奏。

现象2：盲目祛除有意义地接受学习。一些教师片面追求让学生自己去探究学习。课堂华而不实，教师该讲的不敢讲，本来一句话就可以点明的问题，非要跟学生"兜圈子""捉迷藏"，去进行所谓的"探究学习"，似乎教师不这样做，就会有"灌输""填鸭"之嫌而沦为没有新课程理念的守旧教师。

成因分析：许多教师片面地把探究式学习作为转变学生学习方式的代名词，好像课堂上让学生探究就说明自己的教育思想、教学方法是落后的，于是该探究也探究，不该探究也探究，似乎成了唯一的学习方式。

现象3：不会设计有效的合作学习。合作学习是当前一种较为流行的学习方式。良好的合作学习不仅可以通过相互间的交流促使个体知识技能的更好掌握，而且可以培养学生的团结合作精神。可我们不少教师组织学生合作学习流于形式，收效很差。一位老师让学生合作交流已经写好的内容，由于小组内没有明确分工，发言次序交流要求不明白。有的组内一学生发言时，其他同学很少好好听。有的因为发言人声音很轻，其他同学没法听清。合作交流花去七八分钟，可效果几乎没有。

成因分析：许多教师认为新课改倡导合作学习，所以小组合作学习被越来越多地引入课堂，合作学习成了学生学习的重要方式。但一些教师没有很好地对合作学习的要求、程序做规定并进行必要的训练，只是让几位学生围坐在一起无序地进行信息传递，发言者表达大多不到位，听者更是各行其是。这样的合作学习只是装点门面，做做样子而已。从实际的教学效果看，只是一种形式体现，不是有效的合作学习。

对策建议如下。

1.必须珍惜学习特定内容所花费的时间，保证课堂时间一定是学习时间。

2.选择合适的探究内容。探究不是唯一的学习方式，在教学中，有些东西可以探究，但有些东西是不必探究的。倡导探究式学习，并不是每节课、每个知识点都要进行探究，应依据教材内容与学生学习状况来定。

3.有效地组织学生进行探究。教学时教师一定要紧紧围绕教学内容，利用学生原有的知识经验，给学生以必要的支持、帮助与指导，组织学生进行观察、讨论、交流等活动。探究过程中教师应适时予以点拨、指导，绝不能放任自流、流于形式。

4.选择、设计有探讨价值的问题。根据教学的实际需要，选择有利于产生争论的、有价值的问题，让学生在独立思考的基础上交换意见。若问题过于简单，讨论将变成一种形式；若问题过深，会影响教学任务。因此教师必须选择恰当的时机进行，即学生思考出现困难时、有争议时、方法多样时、新旧知识比较时。

5.培养学生合作学习的技能。一是学会倾听，不随便打断别人的发言，努力掌握别人发言的要点；二是学会质疑，听不懂时，请对方进一步解释；三是学会表达，经过思考之后进行有序组织语言，达到表达过程有条理；四是学会组织，主持小组学习，能根据他人的观点进行归纳、概括；五是学会分工与合作，从而有效发挥合作学习的功能。

二、缺乏学习结果意识

现象4：顾"点"不顾"面"。不少教师上课为了赶速度，为了完成预设的教学内容，在让学生回答问题或进行交流时，叫的大多是成绩好，表达能力好的学生，那些本来应该在课堂上得到更多关注的学困生被冷落、忽视。我问一位老师为何不让学困生回答或板演，那位老师说，如果叫这些学生回答或板演，定会"卡"住，教学任务就完不成了。那位老师的教学任务是预设好的教学内容，殊不知真正的教学任务是把所有的学生教懂（会）。

成因分析：一部分教师教学时不愿关注或过多地关注学困生，是因为他们没有确立正确的教学任务观。他们把完成教学内容作为教学追求的目标，而不是把如何设法教会学困生作为教学追求的目标。即便有这样的目标或意愿，也没有通过有效的方法去达成。其实，适当降低一下难度，多让学困生在课堂上展示获得成功，这样不仅能有助于知识的掌握，更能激发持续努力学习的信心和热情。即便"卡"住，那更是教师及时发现问题、解决问题的良机。

现象5：练习反馈不到位。好几堂化学课，教师在让学生练习后对习题做了分析，分析后只是让做对的学生举手。至于哪些学生做错了，错在哪里，分析后懂了没有，怎么解决这些不懂的学生的"不懂症状"，老师没有了下文。这样的教学流程怎么能转化学困生？

成因分析：一是有的教师对反馈的重要性没有足够重视；二是由于有的教师没有掌握反馈的基本策略。其实反馈的过程是教学的重要环节，反馈的质量直接影响到教学质量。我们不仅要重视反馈，更要找寻反馈的良策。

现象6：不敢突破教材的束缚。在听课的过程中，发现许多教师在教学中以本为本，对教材中一些教学资源不能联系学生的日常生活进行创造性的使用，依旧停留在照本宣科的层面上。

成因分析：目前，许多教师不具备开发教材资源的能力。他们过分依赖教材，以至于出现教材上有的不敢不教，教材上没有的不敢补充，不能突破教材的束缚。有时教师也明明知道教材中的内容与学生的生活实际有距离，却不能设计更好的教学内容。

现象7：教学要点（重难点）把握不准。有的教师教学时没有抓住重点、难点，时间没有花在"刀刃"上：该重点理解的内容没有好好引导学生理解，该重点训练的地方没有组织学生好好训练，该化解的难点，没有有效地启发学生化解。致使重点难点内容没有学习掌握到位。

成因分析：造成教师教学重难点未能把握的原因客观上可能是教师解读、把握教材和课程标准的能力低，主观上则是由于教师没有花足够的时间（精力）去好好地研读、把握教材及课程标准。这对教学效果产生重大的负面影响。

现象8：面上的训练量不够。在一节《水》的研讨课上，学生在5题练习中，老师都使用了同样的练习方法，出示题目——点名回答。我发现一部分学生一直都没有举过手，而发言的总是那几个孩子。这样的练习形式应该是低效的，只有几个成绩优秀的学生在表现自己，没有给成绩一般的学生思考的时间和空间，这样成绩一般的学生也就不用动脑，听别人的就是，甚至他们根本就不去思考，觉得反正没他们的事。不少教师在训练时只是让少数学生成为训练者，让多数学生成为旁观者。

成因分析：教师对练的意识还是不够，没有对面上训练的重要性引起足够的重视。知识的掌握和技能的形成只有通过"练"才能得到检验，也只有"练"才能真正到位。看看、听听与练练的效果是不一样的。每一个知识点的掌握都要让面上学生都经历"练"的过程，这样的教学效果定会比几位成绩优秀的学生的表演，其他学生旁观（听）来得好。

对策建议如下。

1. 推行集体备课。在个人分析教材的基础上，组织同年段同学科的教师进行交流与探讨，把握每一节课的重难点，明确教学目的，探讨课堂结构的设置、环节的安排，特别是对如何灵活使用好教材、激活课堂教学等方面进行探讨。

2. 树立新理念。现代课程论主张教师不应是被动的课程执行者，而应成为课程的开发者和建构者。为此，教师必须改变"教教材"和"以本为本"的理念，建立"用教材教"和"以人为本"的新理念，通过创造性地使用教材，全面提高数学课堂教学的效率。

3. 提高教师开发教学资源的能力。在当前的课程体系中，教材作为一种文本，已不是唯一的教学资源了。教师不仅要掌握教材内的知识，还应依据教材内容与学生实际情况，寻找学生生活情景的切入点，并对教材中的具体情节作适当的调整、改编，以学生熟悉的、感兴趣的、贴近他们生活实际的问题来导学。从而拓宽和活化教材内容，增强学生对学习内容的亲切感，激发学生的求知欲。

4. 加强对学习的指导。学生自主学习，并不是教师可以撒手不管。学生讨论、交流时，教师应该以听、看为主，适时进行点拨、引导，在此基础上，迅速思考下一步的教学应该作哪些调整，哪些题需要教师指导，教师应作出恰当的选择。

5. 不仅要考量学生的学业成绩，更要考量学业成绩的智慧含金量，当然还要考量学业成绩获得的时间成本。

三、缺乏学习感受意识

现象9：不能激发学生的问题意识。不少教师在课堂上采用简单的回答式，一问一答，课堂气氛很热烈，表面上看是师生互动，实际上是教师用提问的方式"灌"，学生很少提出自己的见解，思维训练仍在同一层面上重复，师生、生生没有真正地互动起来。

成因分析：（1）没有把握自主学习的实质。学生发言仅是一种行为的参与，关键要看每个学生的发言是否会引起其他学生的思考；是不是主动、积极地思维，有没有独立地思考。（2）自主学习的评价标准不明确。评价学生自主学习情况，应该看学生思考问题的主动性；看学生思维的深度、广度；看学生在学习过程中的交往情况；看学生在学习过程中的情感体验情况；看学生在学习过程中的个体发展情况。

现象10：不会合理地运用评价。几乎所有的课都没有了批评，课堂变成了表扬的舞台。著者曾经就某一节课粗略统计了一下，教师表扬学生达四十余次，这样的表扬实在过多过滥。

成因分析：有的教师认为，传统评价学生表扬用得太少，使学生缺乏自信心。新课程强调对学生的尊重和赏识，教学时，应该给学生创设一种良好的心理环境，激励学生积极、主动地参与到教学活动中来。为此，学生只要有一点点进步，就给予表扬与赏识。课堂上出现了"你真聪明、你真棒"等夸奖声，但是表扬过多过滥，评价的作用就打了折扣。

现象 11：课堂纪律不佳。有部分教师执教的课堂学生纪律差，学生注意力不够集中，且做小动作，随便讲话，东张西望的学生比例不少于 30%；教师讲解时不好好听，同学回答问题时更是不能专注倾听，致使教学效果大打折扣。

成因分析：课堂纪律不佳的主要责任在于教师，当然不能完全怪罪任教老师，责任在于没有把学生良好的学习习惯的培养作为教学的重要任务切实抓起来，对学生应该具有的上课规矩没有系统地持之以恒地加以训练。有的老师对发扬教学民主，让学生充分地表达看法，培养学生的个性与学生上课应遵守必要的纪律，养成良好的听课习惯，两者没有很好地把握处理，以为重视了前方面，对后方面不能有过分的要求。其实这两方面并不对立矛盾，应该是和谐统一的。当然，也不否认有的教师教学组织管理能力不高，驾驭控制课堂秩序的本领不强。

对策建议如下。

1. 善于激活学生思维。灵活创设具体情境，巧妙地提出问题，引发学生的认知冲突，使学生处于积极思考的思维状态。

2. 培养学生的问题意识。一节好课应该越教问题越多，教师应该从习惯于把问题抛给学生要求学生回答转向让学生自己提出问题、解决问题，这是化学教学中本质的变化。

3. 采取形成性评价。在教学中记录学生的各种进步，反映学生参与课堂的教学过程和他们解决问题的思考过程，定期反馈给学生，让学生体会、反思、感悟。对学生而言，过多地表扬并不会起到激励的作用，要把言语上的表扬与学生行动上的指导进行有机结合。

4. 采取客观评价。课堂上面对学生不同的见解、不同的理解、不同的做法，教师要有具体的意见、鲜明的观点、准确的答案，教师不应只是一味地"喊好"，而是要不断地唤醒、激励学生。教师应关注学生在学习中表现出来的情感和态度，帮助他们认识自我，树立信心，尤其是在学生智慧的火花闪现时，教师要给予充分肯定，而对学生出现的错误，一定要认真指出。

注重实验改进　提升实验教学的参与度

实验是化学学习的一条重要途径。某种程度上，只有通过实验以及对实验现象的观察、描述、分析和总结，才能得出实验结论，获得科学探究思维与方法。可见，化学实验及其教学在化学教学中占有很重的分量。

新课标也强调，要充分发挥化学实验教学中学生的主体作用，应着重培养学生的实验探究能力，转变化学实验教学观念，注重化学实验的探究性，提高学生化学实验的参与度。

然而，在具体教学过程中，我们不难发现，受实验环境、实验器材、学生实验能力等各方面因素的影响，教材中的一些实验在教师进行演示或学生进行分组实验时会出现实验现象不明显、不利于学生观察或探究的问题，部分实验在操作过程中甚至还存在安全隐患。因此，教学过程中对一些实验进行改进与创新势在必行。

下面以"对蜡烛及其燃烧的探究"这一实验为例，谈谈本人在初中化学实验教学改进与创新方面的一些做法和思考。

"对蜡烛及其燃烧的探究"这一实验是初中化学学习过程中真正意义上的第一个探究实验，该实验对于初步培养学生的实验素养与科学探究能力，帮助他们形成化学学习思维与方法都有着非常重要的意义。然而在教学实践中，我发现现有教材上的实验方案存在一些不足与问题。

为了验证蜡烛火焰各层温度的高低，教材中的实验方案要求将一根火柴梗平放到火焰中，片刻取出，观察火柴梗各部分被灼烧的程度。这一操作存在两点不足：第一，火柴梗太细，放入火焰中容易被点着；第二，手持火柴梗放入火焰时容易烧到手。

教材中的实验为了验证蜡烛燃烧的产物中有水，将一个干燥的冷烧杯罩在火焰上方，停留片刻，会观察到烧杯内壁有水雾产生。但问题在于，这一操作产生的水雾现象消失得很快，不利于学生观察，而且烧杯壁由于被蜡烛火焰加热，温度会快速上升，容易烫到手。

教材中还有这样的实验设计：把一个用澄清的石灰水润湿内壁的烧杯，罩在火焰的上方以验证蜡烛燃烧后会有二氧化碳气体生成。实际操作中，这一实验产生的实验现象也不明显，而且，烧杯内壁即使出现了白色浑浊物，也有可能是氢氧化钙溶液（石灰水）受热后溶剂蒸发溶质析出所致，这就导致了实验现象不具有说服力的问题。

为了验证蜡烛火焰熄灭后冒出白烟的成分是石蜡固体小颗粒，我们可以用火柴去点白烟，发现蜡烛能够复燃，但用火柴点白烟的同时火焰也有可能接触到烛芯，这会为学生得出实验结论带来干扰和疑惑。

针对教材实验方案中存在的不足与问题，我将此实验进行了改进。

其一，用一片硬纸片代替原来的火柴梗，将硬纸片平放到火焰中大约三秒后取出，可以清楚观察到纸片与外焰接触的部分灼烧程度最深，与焰心接触的部分几乎没有灼烧的痕迹，而且灼烧后的颜色明显分深浅不同的三个层次，这也充分验证了蜡烛火焰分为三层。

其二，用长颈漏斗代替原来干燥的冷烧杯，将长颈漏斗倒扣在火焰上方，长颈漏斗的下管为蜡烛燃烧产生的水蒸气提供了充分的冷凝条件和空间，在管中可以明显观察到有大量的水雾产生，实验现象明显，且该操作也不会因烫手而产生安全隐患。

其三，用双球安全漏斗代替原来以澄清的石灰水润湿内壁的烧杯，将安全漏斗倒扣在火焰上方，用胶头滴管吸取少量澄清的石灰水滴入管口，轻轻振荡，可以清晰观察到澄清的石灰水变得浑浊了。

其四，熄灭蜡烛火焰后，用胶头滴管吸取冒出的白烟，挤出白烟，再用火柴去点白烟，发现白烟能被点燃，这就充分说明了白烟是石蜡的固体小颗粒。

以上对实验方案的改进与创新或许只是一些小小改动与完善，但这些改进在实际教学实践中却价值重大，它有助于学生正确认识和理解化学知识、认识化学实验对化学学习的重要性，有助于培养学生的实验素养和分析解决问题的能力，更有助于培养学生严谨求实的科学精神。

基于上述实验，结合自身教育教学实践，我对初中实验教学改进有一些思考，与大家分享。

实验现象明显与否，对于能否增强实验说服力、学生能否快速准确得出实验结论并正确理解所学知识有着非常重要的作用。

改进实验方案的目的是进一步让实验为教学服务，所以实验方案应当落地，应当具有可操作性，不能"华而不实"。

在改进实验方案时，要充分结合本校实际情况，尽可能利用现有资源，而且实验方案的改进应考虑操作的便捷性与安全性。

实验成功与否由很多细节决定，设计实验和进行实验时应当充分注意细节问题。教师在改进实验方案时需要反复琢磨，不断实践，得到最佳方案之后再应用于课堂教学。

在实验过程中，要结合生活实际充分调动学生的积极性，引导学生主动思考问题、分析问题、解决问题。结合学生已有的生活经验引导学生思考，会让学生感到新知识亲切而有温度，这对于提高学生学习效率会有很大的促进作用。

化学实验为学生认识物质、认识世界、探究物质构成与世界的奥秘开辟了一条道路。教师需要做的就是正确、有效地引导学生在这条道路上快乐前行，和学生一起拥抱这绚丽多彩的世界。

教师课堂教学中的智慧

教育智慧指的是教师的长时间积淀下来的在不断变化的教育情境中随机应变教学技能。课堂应变能力通常指教师正确处理课堂上随机发生的教学事件的能力。教学智慧是整个教学的一个有机部分，智慧表现为"润物细无声"，智慧表现为对无法预见的情境进行出乎意料的塑造，智慧表现为临场的随机应变。

课堂教学智慧之一：
上课前老师和学生都会紧张怎么办？

对于刚开始讲公开课的青年老师来讲，紧张是很正常的。对于讲课老师来说克服紧张的方法很多，比如：自我暗示法、深呼吸法、课前与学生谈话分心法等。对于学生来讲，克服紧张的方法也很多，最常用的方法就是课前跟老师有一个简短的谈话，谈话内容可以是与本节课教学有关的，也可以是无关的。比如：猜老师的年龄、做相反的游戏、向老师提问题、进行脑筋急转弯的游戏、问学生"你们最喜欢什么样的老师给你们上课？""你们猜老师最喜欢什么样的学生？"等。

课堂教学智慧之二：

老师要讲的，个别学生已经知道了怎么办？

从教学角度说，教学不是教师教学生学、教师传授学生接受的过程，而是教与学交往、互动的过程，师生双方相互交流、相互沟通、相互启发、相互补充。在这个过程中，教师与学生分享彼此的思考、经验和知识，交流彼此的情感、体验与观念，丰富教学内容，求得新的发现。教学是一个发展的、增值的、生成的过程。上公开课，老师们最希望出现的场景就是老师引导学生由不会到会，展现学生的学习过程和化学知识的形成过程，课堂上出现老师课前预设的情况。但由于学生所处的文化环境、家庭背景不同，再加上现在的学生获取知识的渠道越来越多，家长普遍重视家庭教育，课堂上"老师还没有讲，学生就已经会了"的现象是经常出现的。遇到这种情况，就需要我们重新考虑教学的起点。

课堂教学智慧之三：

教材上的内容，全班学生课前已经预习了怎么办？

预习是指教师在进行新课前让学生预先阅读教材，了解有关新知识，并独立地进行思考，探索获取新知识的一种学习方式。

从理论上分析，组织学生预习至少有以下三个方面的积极意义：一是预习给学生提供了一个自主探索的空间。从形式上看，预习是学生在没有教师的具体指导下感受、学习新知识的过程，体现了学生学习的独立性。学习时学生按照自己的意愿、兴趣与能力进行活动，有选择地学习课本上的知识。此时学生是作为活动的独立主体，自由地探索新内容，学生能边看书边思考。二是预习给学生提供了一个锻炼自学能力的舞台。从功能上看，预习有助于学生自学能力的培养。预习使学生搜集已有的知识和经验去理解、分析，这是对学生学习能力的锻炼。对于大多数的学生来说，经常预习会使自学能力明显增强，使学习主动、高效。三是预习是生动活泼的课堂教学的前奏。预习过后的学生，不仅对教学内容有了认识，还会有困惑和收获。课堂上，学生可根据预习提出问题，师生共同探讨。

　　预习后的课堂教学设计应该"以学定教"。学生作为学习个体，本身就存在着差异，预习后的课堂面临学习差异可能更大。预习后的课堂教学，首要解决的问题是怎样交流学生的预习成果，反映学生预习后的真实现状，切实把握教学起点。

课堂教学智慧之四：

课上要用的知识学生还没有学怎么办？

　　教师要成为学生学习活动的组织者以及课堂信息的重组者，不断地捕捉、判断、重组课堂教学中从学生那里涌现出来的各种各类信息，把有价值的新信息和新问题纳入教学过程，使之成为教学的亮点，成为学生智慧的火种；对价值不大的信息和问题，要及时地排除和处理，使课堂教学回到预设和有效的轨道上来，以保证教学的正确方向。

课堂教学智慧之五：

课堂上教师一不小心出错了怎么办？

　　在公开教学中，教师因准备不足或临场发挥不好，或者老师由于紧张在课堂中讲错或说错的现象有可能出现。一旦出现这种情况，教师一定要冷静对待，注意处理方法。智者千虑，必有一失。即使那些功底深厚、经验丰富的教师，也很难保证在讲课时不出一点差错。关键在于出现失误之后如何处理，能否适时应变，加以补救。一般出现这种情况时，会有几种情况：第一种情况是老师话一说完或者板书刚写完，老师就已经意识到自己说错了或写错了。遇到这种情况老师只需要马上跟一句"对不起，老师说错了"或"对不起，老师写错了"，然后马上重说一遍或者把板书改过来就行了；第二种情况是老师说错了或者板书写错了，自己没有意识到，但学生们发现了。遇到这种情况，教师首先应该表扬学生说："你们真了不起，老师说错了你们一下子就听出来了！那你们帮老师改一改，我应该怎么说就可以了。"

学生们一听说老师需要自己帮忙，那劲头就来了。这种将错就错的处理方法，巧妙地将失误变成教学机遇。也许此时老师的"装糊涂"会使自己的学生更聪明；第三种情况是老师说错了或者板书写错了，当时虽然没有意识到，但当教学进入到下面某个环节时，老师突然意识到自己讲错了或写错了。遇到这种情况，老师首先不要慌，要找一个适当的机会进行补救，可以跟学生这样说："刚才老师在讲到某个地方时，我是这样说的，现在你们听一听这样说对吗？"第四种情况是，老师说错了或者板书写错了，老师和学生都没有意识到，但听课的老师们发现了。遇到这种情况往往下面的听课老师会有反应，也许会场会有一阵小的骚动。此时老师要有警觉，想一想：自己是不是哪句话说错了或哪个地方写错了？说不定台下的老师们会暗示你出错的地方。

课堂教学智慧之六：
课堂上学生提出了老师没有想到的问题怎么办？

课堂之所以是充满生命活力的，就因为我们面对的是一个个鲜活的富有个性的生命体。课堂教学的价值就在于每一节课都是不可预设、不可复制的生命历程。追求生命的意义应成为教学的起点和归宿。作为教师要勇于直面学生的非预设生成，积极地对待，冷静地处理，把学生的这些非预设生成尽可能转化为自己的教学资源。教师的备课不论如何周密，课时计划的编制不论如何详尽，都毕竟是事前的计划。在教学实践中，难免会碰到种种预想不到的情况，需要教师做出临时的修正和调整。

课堂教学智慧之七：
上公开课时，遇到了思维活跃、特别爱表现的学生怎么办？

在问答与讨论的过程中，让尽可能多的学生参与其中是至关重要的。学生的差异是客观存在的。我们在上公开课时，有时会遇到这样的学生，他们的思维活跃，反应机敏，老师的问题刚一提出来，他们就把答案喊出来了，几乎不给别人留下思考的机会。遇到这样的学生老师首先要肯定这位同学优秀的个人素质和思维活跃、发言积极的学习态度。教师也可以在私下里分享他的解题策略，悄悄地地告诉他说，你的解题思路老师非常清楚，然后以商讨的口吻跟他说："在课堂上的重要时刻老师一定会请你出来发言，至于平常，我希望你们把发言的机会让给其他的同学，让全班同学都有机会能够发表自己的意见。"同时可以和这位学生协商："下一个问题老师请你当裁判，你知道答案后不要忙着说出来，要先听一听别的同学是怎样回答的，等最后老师请你对他们的回答进行评判。你看可以吗？"学生一听说要让自己当裁判，不但自己积极思考，而且还能够认真倾听别人的发言，可谓一举两得。既张扬了学生的个性，又给其他同学营造了良好的思考和回答问题的氛围。

课堂教学智慧之八:

上公开课时突然脑子里一片空白怎么办？

课程改革之前，我们评价一堂课好坏的标准基本上是看老师讲得怎么样，老师课堂上教案执行得怎么样。在讲一堂公开课前，学校领导及同教研组的老师会叮嘱说："就照今天说的思路讲，这句话就这样说，这个手势就这样做，自己在课上不许随便发挥。"于是，我便遵照领导的指示，开始一遍一遍地反复记教案。可有时上课时不知什么原因，脑子里瞬间还是一片空白。

现在评价一堂好课的标准发生了变化，主要不是看教师的教，而是看学生的学，主要不是看教师机械执行教案的过程，而主要看教师课堂上动态生成的过程。这就对老师的教学技能提出了更高的要求。我在平常听课时经常看到一些年轻老师面对学生的回答无言以对，一个环节结束了不能很自然地进入下一个环节，总给人一种教学环节不紧凑，衔接不自然的感觉。

现在自己积累了一些教学经验，当然也就不会出现上课时突然脑子里一片空白的现象了。对于那些刚刚参加工作的年轻教师来讲，如果万一出现了这种情况该怎么办呢？这里教给你几个化解方法。

1. 一定要清楚自己每一步该做什么，怎么做，应该达到什么目的。牢牢记住一些关键的教学过渡语，必要时可以写在教科书的空白处，万一忘记了，拿起教科书看一眼可能就回忆起来了。

2. 在制作课件的时候，设一个主页，主页和每一张幻灯片都要做一个超级链接，每个环节后，都能回到主页上，这样通过主页上按钮的提示，自己就知道下一步该干什么了。万一脑子里出现了空白，赶快返回主页，看一下就是了。

3. 还有一种解决办法就是，万一脑子出现了一片空白，先临时给学生提一个与本节课有关的问题，或者给学生布置一个临时性的任务，在学生活动时教师赶快看一下教案就行了。

4. 瞬间的空白出现时，你不妨把刚才说过的话再重复一遍，说不定，可能会很快想起下面要说什么了。

课堂教学智慧之九：

课堂上面对学生的错误和启而不发的学生怎么办？

一堂成功的课堂教学应该是精彩的，然而这精彩不光是因为有感情的交流、创造力的迸发、思维的碰撞等，更因为有"错误"才使它更精彩。心理学家盖耶认为："谁不考虑尝试错误，不允许学生犯错误，就将错过最富有成效的学习时刻。"课堂，是学生可以出错的地方，学生出错的课堂才是真实的课堂。学生的错误，作为珍贵的教学资源，是可遇不可求的，也是稍纵即逝的。因此，教师不仅要善待学生的错误，还要敏锐地发现学生错误背后的原因，挖掘学生错题的价值。这样可以使我们更好地了解学生，提高自身的教育教学水平。

课堂教学智慧之十：

教师课前预设的问题或结论，学生课上没有出现怎么办？

预设表现在课前，指的是教师对课堂教学的规划、设计、假设、安排，从这个角度说，它是备课的重要组成部分，预设可以体现在教案中，也可以不体现在教案中；预设表现在课堂上，指的是师生教学活动按照教师课前的设计和安排展开，课堂教学活动按计划有序地进行；预设表现在结果上，指的是学生获得了预设性的发展，或者说教师完成了预先设计的教学方案。

总之，教学过程不应该是一个不变的程式，更不应该成为僵死的模式，而应该是一个随机应变的模块，知识与能力、过程与方法、情感态度与价值观三者浑然实现一体的过程，应该是一个充满创造性、神奇而又多变的过程。动态生成的课堂教学的进行，关键需要教师进行合理调控，而这种调控完全依赖于教师对教学的敏感程度和对学生提出的问题的感受能力。追求课堂教学的动态生成，不仅是积极实施以创新教育为核心的素质教育的需要，也是学生内在生命活力成长、发展的需要，还是教师生命活力、自我价值得以表征和实现的需要，更是教育永恒的、真正的价值追求。

课堂教学呼唤"个性化"

教学个性化，就是教师在一定的教学信仰、教学理念支配、指导下，通过对教材融会贯通的理解和独具匠心的处理，创造性地进行教学设计，富有个性地组织指导学生展开个性化的学习活动，从而使教学具有强烈的学科色彩和教师教学智慧的印迹，使师生的个性在交流互动中得到自由、充分的发展，能够根据不同的个人特点，各自寻求各种不同的途径，达到共同的教学目标和愉悦、和谐的教学境界。

随着素质教育的推进与发展，人们越来越深刻地认识到，教育必须关注学生的全面发展，教育必须成为一种"全人"的教育，这不仅是党和国家制订的培养目标所要求，同时也是人的成长规律之所在。

基础教育课程改革把"以学生发展为本"作为新课程的基本理念，也就是说，基础教育课程改革，既要加强学生的基础性学力，又要提高学生的发展性学力和创造性学力，提倡重视创新意识和实践能力的培养，这已成为教育教学的一个重要目标和一条基本原则。

但是受传统教育理念和"应试"教育思想的影响，当前的课堂教学中缺乏宽松、民主、和谐的教学氛围，教师不够重视自身教学理念的更新和教学方式的创新，学生的主体地位得不到充分体现，忽视了学生的主体参与和自主探究，严重阻滞了学生个性的发展和创新能力的培养。

长期以来，个性化教学都是我们追求的一个梦想。但是，由于应试教育的制约和教学条件的落后，使这一梦想往往沦为空想。

因此，如何实施个性化教学，突出培养学生的个性精神和个性能力已成为当前教育改革与发展的趋势，应成为课堂教学改革的重要目标和内容。

爱因斯坦曾经说过："教育应该使提供的东西，让学生作为一种富贵的礼物来享受，而不是作为一种艰苦的任务而负担。"创设愉快乐学的心理情感，教师就以现代教育理论为指导，彻底摒弃教师的一言堂的教学方式，充分确立学生在学习中的主体地位，创造条件激发、巩固、发展学生的兴趣，保护他们学习的良好情感和自信心，由要我学转化为我要学。教师在课堂上营造良好的教学氛围，真正把学生推到主体地位，教师的教学方式、学生的学习方式和评价方式都有了全新的发展。

一、"师生关系"组

1. 教师理论学习及观念更新

观念是行动的先导，有了正确的教育思想，才有正确的教育改革，才能建立起符合时代要求的教育观和学生观。这是教师行动的指南和实施个性化教学的重要依据。更新观念必须增强两个意识。

（1）服务意识。教学中学生是学习的主体，教者服务学生，旨在点拨、引导，创设情境，必须运用现代化教学手段、精湛的教学艺术、科学的教学方法润物细无声地引导学生探究、获取知识，学会思维。教师树立服务意识是教学活动中教师和学生的科学定位，有利于突出教师的主导作用和学生的主体地位，使学生爱学、会学、乐学。

（2）实践意识。注重知识来源于生活，让学生在实践中获取知识，让学生自我发现问题和自我解决问题，充分发展学生的想象力和创造力。有些教师为达到教学目标而搞题海战术、反复机械训练，阻碍学生思维发展。所以，在教学中要注重理论联系实际，重视直接经验的获得，把教学归朴于实践，为学生个性化的发展奠定坚实的生活基础。

2. 建立民主平等的情感氛围

师生关系是教育过程中最基本、最重要的人际关系。师生关系的好坏直接影响着工作的效果，甚至成为教育成败的关键。教师有什么样的学生观，就会对学生采取什么样的态度和方法，它不仅影响着教育效果，也影响着学生的个性发展。

（1）用平等鼓励学生。有一句名言说：蹲下来看孩子。静下来想一想觉得其含义深刻。确实，作为一个教育者要常常与学生保持同样的认知与思维高度，用学生的眼光去看待世界，考虑问题，设身处地地为他们考虑，这样才能真正地理解学生、关爱学生。老师以零距离营造出平等的气氛，学生在这样轻松的环境中，才会畅所欲言，敢于发表自己的意见。哪怕是多么幼稚可笑甚至错误的见解也同样闪耀着智慧的光芒，更为重要的是学生的个性得到了充分自由的发展。

（2）用表扬激励学生。对于学生来说，批评是一种阻碍其发展的因素。学生一旦受到批评，就会觉得自己对这方面不行，而对这门学科产生恐惧感，就不会积极参与课堂的教学活动。在课堂教学中，对他们的长处给予大力表扬，永远不说：你不行，回答得真糟糕等，而是说：嗨，你真棒！让学生在鼓励和期待的环境中成长。这样，他们在学习过程中就获得了一定的成就感，将成为他们个性发展的动力。

二、"教学方式"组

教学个性化，与教师素质专业化、教学过程个性化、教学方法科学化、知识链接合理化等密不可分。诚然，教师专业化素质的优劣，直接影响把握教材、整合教材的能力。同时在教学过程中如何师生互动、共同探究新知，把握知识点而起关键作用。

1. 优美的导入，可以体现个性化

"一出好戏，它的序幕即能把观众带进充满魅力的艺术殿堂。一节好课的开头，就如同一出好戏的序幕。"设计好导入，对学生研讨新知激起兴趣，对新知的学习有强烈的欲望。

2. 教学设计巧妙，可以体现个性化

巧妙的课堂设计，来自于研读教材、纵横知识链接、充分考虑学生的基础上而形成的，它融知识、能力、品德教育等于一体，让学生主动获取"有价值的知识"。

3. 教学语言简练，可以体现个性化

语言的简练、准确，内倾性极强，使教学活动犹如行云流水，气氛活跃。

在课堂上尽量用"你发现了什么？""你会吗？""你还有不同意见吗？""谁来试试？""谁会总结？""你真是个好孩子。""你很棒。"等带有鼓动性的语言，把本是枯燥、抽象的内容具体化，充分牵动学生的思维，使学生知无不言，言而不尽。

4. 作业设计科学化，可以延展学生的个性

由于老师不能彻底从教学质量的禁锢中解脱出来，受课上满堂灌，课下题海

战的影响，让学生三重三轻，导致学生课业负担过重，这样不宜学生思维发展。最好的做法是：在上完新课时，出些变式题或一题多解、多题一解及探索型、开放型的题目，体现作业的少精活，把握住学生做作业的好奇、求趣、喜新、图快的心理特点。从根本上达到作业的目的，巩固和消化所学的知识，并使知识转化为能力。因此，作业设计做到六要：精选内容、数量适当、难易适度、形式多样、题型题材有新意、作业时间适宜。充分发挥学生的个性，让学生根据自己的知识水平思考，完成能完成的作业，让学生活跃在学习的乐园中。

三、"学习方式"组

传统的课堂中，学生缺少自主探索、合作学习、独立获取知识的机会，学生很少有根据自己的理解发表看法与意见的机会。"激疑·发现"模式的研究中，教师创设合理的问题情境，充分激起学生学习的疑惑，使学生在问题情境中积极地参与到学习中去，学生能够用自己的眼睛去观察、用自己的头脑去判别、用自己的语言去交流，用自己的方式去感悟、去发现，在教师的引导下能够动手操作、自主探索、合作交流，真正改变了学生的学习方式。

1. 学生学习个性化是教学个性化的基础

无论是教学设计的个性化还是教师指导的个性化，最终都要通过学生学习个性化来显露，从而融合成教学整体的个性化。学生学习个性化的形成需要一个过程，需要教师在学生的学习活动中加以指导和培养，营造宽松的环境，大力提倡学生发表与众不同的意见，敢于标新立异，敢于打破常规。在指导学生解题时，教师舍得拿出时间，让学生自由畅想，大胆畅谈，不急于评价判断，更不直接引导学生接触"最优"解法。这样，日积月累，学生就养成独立思考的习惯，形成独立解决问题的能力。

2. 根据不同的学习态势，帮助学生建构独特的学习风格

在课堂教学中，学生学习一般呈现出四种不同的学习态势：（1）注意寻求者。这类学生花费大量的时间等待教师的关注。（2）间断性学习者。这类学生有时注意时间不长，或是开小差，或是闲聊，抑或易受外界干扰。（3）单独学习者。这类学生倾向于相对单独静止地学习，不愿意与他人协作。（4）默契协作者。这类学生喜欢与同学协作学习，积极活动，但缺少独立思考的习惯和能力。

一方面，教师根据课堂的不同情境，指导学生有针对性地选择一种或几种学习态势，开发自己的学习技能；另一方面，在长期的课堂教学中，根据学生的不

同个性，以一种固有的学习态势为基础，融合其他各种学习态势，帮助他们建构各自独特的学习风格。在教学活动中，教师还进一步灵活地发挥各种个体学习风格的优势，并及时整合成多彩多姿的集体学习风格。

3. 建立探究创新的个性化教学模式——异步指导，自主乐学

"异步指导，自主乐学"是教师的三种指导形式"全体指导""分类指导""个别指导"与学生的四种学习形式"独学""对学""群学""请教"有机地统一在一个教学过程中，把"乐学"贯穿于课堂教学始终，有效地促进各类学生自主学习充分发展的教学模式。教师的三种指导形式中，如何落实"分类指导"是"异步指导，自主乐学"实践中，能否有效地促进各类学生充分发展的关键。为此，在教学进程的一定阶段，将学生按层次分成"两股轨道"：异步指导组和自主学习组。

异步指导组：把少数学习特别有困难的学生同时组成异步指导小组。异步指导组主要在教师直接指导下学习，达到大纲所规定的基本要求（扶中有放）。

自主学习组：把成绩中上等学生按组内异质、组间同质组合成若干小组（一般一组为4~6人）。自主学习组主要凭借教师提供的学习材料及要求，进行独立自主的学习活动以达到主动获取知识和技能，发展能力的要求（以放为主）。

4. 提倡小组合作学习

在小组学习时，"自主学习组"以"放"为主，"放"中有"扶"的方式进行教学。"扶"主要体现在教师的"自学提示"上，课堂上放手让他们自学、互学，通过自主学习，相互交流，讨论汇报等形式，获得知识，发展学习能力。异步指导组以"扶放"结合的方式进行教学。"扶"主要是指较难的知识点，由教师在低难度的提问，导向性的提示的启发下学习；"放"就是指较容易的知识点，放手让学生自主学习。先要求学懂学会，再要求会学。这样各类学生都以各自适宜的学习速度、坡度和方式，达到"能走则走，能跑则跑"的学习目的，真正体现"让全班每个学生都能得到充分发展"的思想。

四、"教学评价"组

在课堂上改变以往非对即错的程式化评价，注意保护学生的自信心，取而代之的是充满热情的鼓励性评价。教师用热情、鼓励与真诚的语言引导着学生始终处于积极的学习状态之中，让学生感受到自己每节课都在进步。

1. 以激励性和纵向性评价为主

充满爱意的教师语言评价都会促进学生不断地进行自我反思，并及时调整自己的课堂学习行为，从而获得不断进步。譬如：当学生经过自己的努力终于解决了一个问题时，老师给的是欣赏性语言，如"大家都为你高兴！"等；当学生苦苦思考还不能找出解决问题的方法、或在其他学生发言的基础上担心说错话而迟迟不敢举手时，老师给的是鼓励性语言，如"别急，慢慢来，老师和同学相信你一定会成功！"等；当学生由于完成一种解题方法而不去再思考，开始骄傲时，老师给的是善意批评的语言，如"你能找出一种方法是好样的，但学无止境，说不定你还有更好的办法呢！"当学生由于粗心出现抄错字或无谓犯错时，老师给的是惋惜性语言，如"真可惜，由于你的粗心却比别人落后了一点点，能不能再细心些，给大家一个惊喜！"……

2. 鼓励自由畅想，延迟评价判断

有的学生对一些简单的问题一下子答不上来；有的学生上了一堂课后还不能做有关的练习等，老师不马上对学生做出消极性的评价，以免打击学生的自信心，允许一部分学生经过一段时间的努力，随着知识与技能的积累逐步达到相应的目标。对这部分学生实行课堂延时性评价的方法，它淡化评价的甄别功能，让学习有困难的学生，看到自己的进步，感受成功的喜悦，从而激发新的学习动机。

3. 采用多种方式并存以适应不同学生的发展

批改作业是教师在教学过程中一个必不可少的环节，作业的批改，不仅仅是了解、评价学生学习的结果，更重要的是激发学生的积极性和热情。在作业批改中不再用以前的等级制：A、B、C、D这些符号了，而使用鼓励性符号：如"五角星"，表示"你满意，我也满意"；"哭脸苹果"，表示作业中出现的错误……以其数量的多少来显示作业质量的高低，让发展程度、进步程度不同的学生能感受到鼓励，并激发他们向上的决心，最终促进学生的学习。同时，对作业中的缺点和不足不掩饰、不回避、不迁就，尽量使学生在读评语时既有惊喜、又有领悟。

4. 实行统一评价和分层次评价相结合

以分层次评价为主，对于提前达到客观标准的学生，教师为他们设计更高的评价标准，使之掌握更多的知识和技能，形成更强的能力，引导他们勇于挑战教师，挑战书本，勇于超越自我。对于成就水平暂时较低的学生则用激励性评价方法，千方百计抓住其闪光点，哪怕是微不足道的进步、发现，都加以及时表扬，从而引导其参与到学习之中，品尝学习的乐趣，充分调动他们学习数学的积极性，

使其早日达到客观标准，实现"人人学有价值的知识；不同的人在知识上得到不同的发展"。

五、在实践中发现一些问题

1. 在教育教学中，受传统观念的影响，家长和学校总以学生的学习成绩来衡量教师的水平，因此，在教学中，为提高成绩，教师灌输式仍占主体地位，心有余而力不足。

2. 教师都很重视对学生的尊重、信任、赏识和肯定。但在这方面也存在误区，有的教师一提尊重学生，就不敢指出不足，惟恐伤害自尊，一说学生的理解是多元的，个性化的，就不敢轻易否定学生的观点，有的教师不管学生如何表现，一律贴上红花，或学生拍手表扬"你真棒"。激励的效果也因此降低或消失。

3. 在课堂上为追求热闹的气氛，而进行不求实效的小组讨论、合作探究，角色表演，有时候还把学科本质的东西给丢了。

第三辑　潜心教研

我们要活的书，不要死的书；要真的书，不要假的书；要动的书，不要静的书；要用的书，不要读的书。总起来说，我们要以生活为中心的教学做指导，不要以文字为中心的教科书。

——陶行知

教育科研是促进教师专业发展的第一动力，教师从事教育科研必须与教育教学工作实际相联系，才能有效地提高教育教学质量；教师参与教育科研是提高自身素质、由"经验型"向"科研型"转变的捷径，同时科研能力也是21世纪教师必备的素质。

完善并改进演示实验两例

一、探究 CO_2 与 H_2O 的反应

鲁教版八年级化学第六单元第三节《大自然中的二氧化碳》，对 CO_2 性质的探究，取一支试管，向其中滴入适量紫色石蕊试液，然后通入 CO_2 直至变色（提示：紫色石蕊遇酸变红）。实验现象是紫色石蕊试液变红。由此得到的实验结论是 $CO_2+H_2O = H_2CO_3$，H_2CO_3 使紫色石蕊试液变红。

在实际教学中，刚开始，我完全按照课本所述来进行讲解。直接就通过紫色石蕊试液变红的现象给学生们讲解 CO_2 和 H_2O 反应生成碳酸使紫色石蕊试液变红，而不是 CO_2 使紫色石蕊试液变红的。学生们心里有一个疑惑，明明通进去的是 CO_2，而且可以看到气泡，怎么不是 CO_2 而是 H_2CO_3 呢？对于当时情况，没有做深入的探究分析，导致学生只能死记硬背，没有明白原因，非常遗憾。

在接下来的下一级教学中，当快学到这部分内容时，我意识到去年在这里遗留下的问题。经过和同学科的其他教师讨论，我们决定这么进行教学。

【实验用品】

取四张白纸，然后用紫色石蕊试液浸泡湿后，取出来晾干。然后把这四张染成紫色的纸折成花的形状（这样好看些）。

两个喷壶，分别盛放稀盐酸和蒸馏水，提前收集满两个集气瓶的 CO_2。

【实验过程】

第一步：用稀盐酸的喷壶向其中的一枝花喷洒。

实验现象：花由紫色变成红色。

实验结论一：酸能使紫色石蕊试液变色。

第二步：再拿一枝花，直接伸入装满 CO_2 的集气瓶中。

实验现象：无明显现象。

实验结论二：CO_2 不能使紫色石蕊试液变色。

第三步：重新拿一枝花，直接给花上喷水。

实验现象：无明显现象。

实验结论三：水不能使紫色石蕊试液变色。

第四步：先将一枝花用水壶喷洒湿后伸入 CO_2 集气瓶中。

实验现象：花由紫色变成红色。

实验结论四：CO_2 与 H_2O 生成的碳酸使紫色石蕊试液变色。

【实验结论】

通过以上四个对比的实验现象，说明不是 CO_2 使紫色石蕊试液变红的，而是 CO_2 和水反应生成的碳酸使紫色石蕊试液变红的。

【课后反思】

做完实验后我们异常兴奋，这是我们三个老师一块集体教研的结果。在接下来的教学中，我们也是用这样的方法来实施教学的，课堂效果非常好，调动了学生的积极性并且没有疑惑了。在教学中，学生有疑问，就是给老师成长和进步的机会。很高兴的是，在后面几年的教学中，在讲训练题时也出现了和我们相同或类似的做法。

二、瓶子为什么变瘪了

鲁教版九年级化学教材第二单元第二节《碱及其性质》中碱的通性第二条：碱与非金属氧化物的作用（P35）。教材中对于本条性质的叙述：向两个盛有二氧化碳气体的矿泉水瓶里分别加入少量氢氧化钠溶液和氢氧化钙溶液，立即盖紧瓶盖，观察现象。学生分组实验后，现象如下：盛氢氧化钠溶液的矿泉水瓶变瘪，盛氢氧化钙溶液的矿泉水瓶变瘪，澄清石灰水变浑浊。部分学生得出结论，矿泉水瓶变瘪，二氧化碳气体减少，证明二氧化碳和氢氧化钠发生了反应。也有的同学认为："矿泉水瓶变瘪，不足以证明二氧化碳和氢氧化钠发生了反应，因为二氧化碳溶于水也会产生类似的现象。"

学生分组讨论现实设计了如下装置：在两个水槽中分别盛放等量的水和 NaOH 溶液，然后各倒放一只装满 CO_2 的试管于其中。观察到的现象是盛水的水槽中有少量水进入试管，盛 NaOH 溶液的试管有大量水进入试管，而且几乎充满整个试管。

如果按照上述方案来进行会很危险也很浪费药品。因为 NaOH 有强腐蚀性。

如何在教学中让学生能很直观地看到实验现象，又能保证老师和学生的安全，我是这么做的。

【实验用品】

两个相同、质地较薄的塑料饮料瓶；NaOH 溶液；CO_2 发生装置；长的导气管；火柴；$CaCO_3$；稀 HCl。

【实验过程】

1. 检查装置气密性；

2. 制取 CO_2；

3. 用塑料饮料瓶收集满两瓶 CO_2；

4. 分别给两个塑料瓶中各倒入 20 ml 蒸馏水和 NaOH 溶液并迅速盖上瓶盖，振荡，观察现象。

【实验现象】

盛水的塑料瓶有点瘪；

盛 NaOH 溶液的塑料瓶迅速变瘪了。

【实验结论】

NaOH 更容易和 CO_2 反应，而且反应速度比 CO_2 和水的反应速度快。

$2NaOH+CO_2 = Na_2CO_3+H_2O$

$H_2O+CO_2 = H_2CO_3$

【课后反思】

通过这样改进后的实验，学生更直观感受到了 H_2O 与 CO_2 的反应和 NaOH 与 CO_2 的反应速度不同，并且印象比较深，极大的调动了学生的热情和积极性。

化学实验改革与学生素质培养

化学的感性认识主要靠化学实验提供，所以说，重视化学实验是素质教育的重要标志。不断深化实验改革，尤其从化学实验方法，实验仪器装置的改进，创新角度加强化学实验教学，是实施素质教育的有效途径。

一、创设化学实验美，激发学生学习兴趣

化学实验美是化学美育的主要内容，对学习和研究化学有巨大动力作用，化学实验改革应加强实验美的创设，才能更充分地调动学生的学习积极性，引起浓厚的认识兴趣。

化学实验教学不仅要向学生展示化学仪器美、化学物质美，重要的是在实验操作美、实验装置的和谐美和实验现象美上狠下工夫，力求装置简单美观，操作简便安全，现象明显精彩。例如，向 $CuSO_4$ 溶液中滴加较浓的烧碱溶液，产生的絮状沉淀恰似蓝色的钟乳石，使人惊奇万分；把喷泉装置上的胶头滴管取掉，在喷水导管口插一根细铁钉则产生花朵般的喷泉，令人赏心悦目；在两个平底烧瓶里注入等量的稀盐酸，将分别装有适量纯碱和小苏打粉末的两个气球扎在烧瓶口部，演示时将气球里的粉末同时抖入烧瓶里，彩色气球就像两朵先后盛开的马蹄莲花，美丽动人。

化学实验教学是创造化学美的源泉。经常让学生在实验教学过程中欣赏感受化学美，就会消除对化学的误解，激发探索化学的浓厚兴趣，产生热爱生活、愉悦和谐、乐观向上等积极的情绪，有助于发展审美创美能力。

二、借助典型实验，加强思想道德教育

化学实验教学加强德育，我主要从以下三个方面入手。

第一，借助典型实验，恰当渗透辩证唯物主义观点。例如，借助葡萄糖跟新制 $Cu(OH)_2$ 悬浊液反应的实验，引导学生总结出：有机物的官能团结构是化学变化的内因，而反应条件是外因。反应条件不同，有机物表现的性质就不同。葡萄糖在常温下跟 $Cu(OH)_2$ 悬浊液反应生成降蓝色溶液，是多羟基表现的性质。从而树立外因通过内因而起作用和量变引起质变的辩证观点。

第二，借助典型实验，增强爱国意识。例如，借助侯氏制碱法实验原理介绍侯德榜的感人事迹和我国纯碱工业的发展概况，激发学生的爱国主义情感和建设祖国的使命感。

第三，借助典型实验，培养良好的品德和行为习惯。例如，结合每一个演示实验的特点有侧重地对学生进行艰苦奋斗、勤俭节约、遵规守纪、不怕挫折、保护环境的教育。介绍化学家钻研实验要着重加强爱护公物、尊重他人、乐于协作、注意安全、整洁有序的品德教育，大力纠正学生在实验中浪费药品、乱放乱倒等不良实验习惯。

三、提高实验成功率，促进形成健康心理

健康的心理素质是青少年走向现代化、走向世界、走向未来、建功立业的重要条件，学生能够规范、成功地完成规定的实验是形成健康心理素质的条件。但就目前来说，学生实验不规范、成功率不高的现象较为普遍，化学实验改革应加强学生心理素质的培养，一般应从两方面着手。

一是教师重视身教，做好示范。目前有一些老师怕做实验，演示实验的成功率不高，给学生的心理造成不良影响。教师应下苦功过好实验关，不仅要研究实验怎样做才能成功，还要总结出影响实验成功的关键因素。这样才能做到以自己精湛的实验操作技艺去培养学生的实验操作能力。

二是注意提高实验成功率，培养学生的科学态度。科学态度是人脑对物质世界及其联系作出适当反应的内部心态，它是现代公民必备的素质，教师精彩的示范并指导学生成功地完成规定的实验过程，是培养学生科学态度的有效途径。学生实验成功率高是学生具有科学态度的重要标志。例如，银镜反应是师生较难做好的实验之一，试管洁净，配制的银氨溶液刚好澄清是实验成功的关键。教师在

演示过程中规范地示范每一步操作，引导学生观察思考，并很快做出光亮银镜，必然激发出强烈的感觉兴趣、操作兴趣、探究兴趣和创造兴趣。实验完毕，及时引导学生讨论：洗净试管的最佳方案，药剂的适宜浓度和用量，最佳反应条件，反应现象和本质，防止发生事故和污染的措施，使学生明确"为什么要这样做"，"为什么不那样做"的道理，再结合介绍银镜反应的应用进一步引导学生讨论：如何制造平面银镜？老师在评价学生的实验方案的基础上，演示制取平面银镜，当得到与日常使用的镜子相差无几的平面银镜并让学生欣赏时，会极大地激发学生的实验积极性。当学生在做银镜反应实验时，就会像老师那样操作，耐心观察，几乎都能做出光亮银镜。实验证明，这样教学不仅实验成功率高，重要的是培养了学生实事求是、严肃认真的科学态度和良好的心理素质。

四、改进实验教学法，培养化学科学素质

化学知识从实验中来，化学实验是最好的老师，化学实验改革应大力改进实验教学方法，帮助学生掌握好知识，发展各种能力，提高化学科学素质，应在以下三个环节上狠下功夫。

1. 实验与观察

实验是手段，观察是入门，两者都是获取感性知识的重要科学方法。关键在于怎么做实验，创造条件让学生多动手做实验已成为众多化学教师的共识，但由于学生实验准备工作量大，且药品耗用过多，增加实验开支，与目前实验经费紧张很不相适应。因此，教师应大力改革实验方法，创设一些节省药品，操作简便且现象明显的学生实验。例如，硝酸化学性质的教学可让学生完成如下实验：给盛有一滴浓硝酸的试管加热，观察现象；向两支试管中用铜丝绕成的螺旋上分别滴加几滴浓硝酸和稀硝酸，观察现象（待产生的气体将近充满试管时取出铜丝以减少污染）；将一根去膜铝丝一端浸入浓硫酸，1分钟后取出洗净，将两端均插入 $CuSO_4$ 溶液中，对比观察现象；将一块蚕豆大小的木炭烧至红热后放进小烧杯，向木炭上滴一滴浓硝酸，观察现象。上述几个仅用滴量硝酸的实验就能获得令人满意的实验现象，既节省了药品和时间，还减少了对大气的污染。

2. 探究与总结

本环节着重引导学生分析和处理化学实验所获得的信息，探究实验现象产生的原因，从定性、定量的角度找出内在联系，抽象归纳、总结成规律，即得出正确的结论，突出训练学生的思维能力，这是实验教学改革的核心。例如，引导学

生运用辩证观点从化学键、化合价、离子反应、氧化还原反应、反应热、物质的量浓度等不同角度认识硝酸的不稳定性和氧化性。概括出一些规律，如稀硝酸比浓硝酸稳定，浓硝酸比稀硝酸氧化性强，硝酸跟金属反应的定量关系、还原产物规律等。

3. 应用与延伸

精心设置一组实验习题，引导学生综合应用所掌握的知识进行必要的分析，类推或计算论证，以培养解决实际化学问题的能力。例如，应用硝酸的性质解答怎样用简便方法区分浓硝酸和稀硝酸？能否用稀硝酸制取 H_2（与 Zn 反应）？一定量的浓硝酸里加入过量铜会发生哪些变化？请设计用铜和硝酸制取少量 NO_2 或 NO 的最佳的实验装置，请用铜、银和硝酸为原料选择最佳途径制取硝酸铜和硝酸银等。延伸是指根据学生实际适当地引导学生向知识与技能的深度、广度探索。例如，结合硝酸的性质介绍王水的实际应用，引导学生配平王水溶解铂和金的化学方程式，介绍经磁化的铜能减缓被硝酸的腐蚀等化学科技新成果，以开阔学生的知识视野，增强科教兴国的意识。

学生通过实验与观察获取感性认识和实验技能，通过探索与总结获得科学知识，通过应用与延伸使知识得到巩固和深化，既训练了科学方法和各种能力，又使非智力因素得到培养，化学科学素质不断提高。

五、开发应用型实验，培养进取创新精神

化学实验改革是一项动手、动脑的创造性活动，化学实验改革应注重把实验的改进创新与培养学生进取创新精神结合起来，不仅让学生明确实验改进的必要性，学会改进的方法技术，体验改进成功的喜悦，更要注重启发怎样改进则更好，从中培养学生运用所学知识进行创新的精神和能力。

化学实验为培养创新精神提供了最佳环境，尤其是开发一些联系生活实际的应用型实验，可使学生亲身感受到化学实验的实用价值；能强烈激发学生的创造动机。例如，许多家庭使用石油液化气，存在燃烧不充分的问题，既易产生 CO 毒气，又易熏黑炊具，浪费能源。因此，在做石蜡的催化裂化的演示实验时，将产生的气体通入一个特制的类似燃气灶的小装置，通过调整空气量，让学生认识不正常燃烧产生的飘火、回火、脱火现象及排除措施，并调至最佳燃烧状态，既教会了合理安全使用石油液化气，又激发了研制高效、节能、安全的燃气灶具的创造性兴趣，这类实验改进深受学生喜爱。

　　教师应成为勇于进取、善于创新的模范，无论实验方法的革新、教具的创造、实验的新颖设计，对学生都有很强的感染力，会不知不觉在学生心里播下创造的种子。例如，一位学生看到实验室需要大量的稀硫酸、浓硫酸跟乙醇的混合液，而配液时用烧杯做容器易使酸液飞溅，这对于师生来说都是相当危险的，就设计出一种叫做"混酸瓶"的安全装置。学生的创新精神是素质提高的重要表现。

　　由此可见，深化实验改革，充分发挥化学实验的教育功能，是全面提高学生素质的重要途径。

通过并进式实验培养学生的实验技能

中学化学大纲提出在教学中应该"加强实验教学""要坚决防止只重讲授轻视实验的偏向""教师可以根据学校的实验设备条件和教学的实际情况，把某些演示实验改为并进式实验"（或称随堂实验）。并进式实验的内容教材中没有具体安排，所以如何搞好以逐步开展并提高并进式实验的教学质量，需认真讨论、研究。

一、在课堂教学中，要尽可能应用并进式实验教学方式

并进式实验是在配合新知识的学习过程中，由学生亲自动手完成，是学生实验与教师讲课（包括学生讨论）协调活动的一种课堂实验教学方式。这种教学方式对每个学生来说，实验中的每个细微现象的清晰度都达到了最高程度，有利于培养学生的观察能力，是演示实验无法相比的。

并进式实验是学生自己动手做，跟看教师演示的效果很不一样。学生自己动手可以并用感官和手脑。心理学告诉我们：多种分析器的协同活动可以提高感知的成效。由于客观事物常常是包含多种属性的复合事物，因此我们对客观事物的感知也经常是通过多种分析器协同活动而实现的。教学上同时有多种分析器参加对直观现象的感知活动，不仅可以使学生获得多方面的感性知识，而且还能产生深刻的印象。有关研究表明，在接受知识方面，看到的要比听到的印象深。单纯靠听觉只能记住15%左右。如果靠视觉获得的知识一般能记住20%左右。假如使两者结合起来，又听又看，获得的知识能记住65%左右。在感知的活动中运动分析器的参与具有重要的作用，因为只有在运动分析器的参与下，有些对象的

某些特点才有可能被感知。因此，对于既能听能看还能动手进行的化学实验实际操作活动，肯定有助于提高感知的准确性并加深记忆。

并进式实验教学中多应用探索性实验以激发学生的学习兴趣。教师如先讲知识再让学生做实验，这种验证式实验可以印证、加深知识，但由于已知结果的实验，引不起学生积极性，甚至不去认真做。探索性实验开始时教师只是结合实验提出问题——设疑，由于教师的精心设疑必然激发学生急于解疑的积极性。激疑、善问、讨论是启发思维的最常方式。"不愤不启，不悱不发"。实践证明，此时大多数学生的心理活动都始终处于主动、活跃状态。学生靠自己实验后在讨论—综合—解疑的师生共同活动中，获得了理解的巩固的知识，发挥了学习的主动性、积极性、独立性、创造性，也学会了实验方法。

并进式实验对学生提供了更多的实验操作练习机会，必然利于培养和巩固操作技能。知识、技能是发展能力的基础，知识、技能和能力是相辅相成。学生经过多次以知识和技能运用化学实验方法解决化学问题的实践，必然在发展智力的同时，培养了实验能力，而不断提高的实验能力和技能又有助于获得更多的知识。

二、并进式实验教学内容、教学方法需要精心安排

1. 改为并进式实验首先应处理好以下问题

要根据学生水平（例如年级不同）和实验室设备条件；要有全盘计划，注意三种类型实验（演示实验、学生分组实验与并进式实验）的配合，以充分发挥实验教学的作用；要注意选择属于教材中的重点、难点，对概念、理论的理解，对典型物质性质性状的认识有重要作用的实验；要注意课堂时间，一堂课做的实验数量不可过多；要注意选择简明易做便于实施且没有刺激性气体或有毒气体放出的。

2. 要选择好边讲边实验的实验内容

演示实验中有些属于试管实验，远处观察效果不好，有些现象甚至根本看不清的，可改为并进式实验恰能弥补不足。

以初三化学教材为例：讲氧气实验室制法的三个实验；讲分子概念时，将密封在玻璃管内的碘加热和冷却的实验；讲质量守恒定律时，氢氧化钠溶液跟硫酸铜溶液反应前、后质量测定的实验；讲二氧化碳化学性质时，二氧化碳跟水、跟石灰水中氢氧化钙反应的实验；讲铁的化学性质时，铁跟酸、跟硫酸铜溶液反应的实验；至于讲到酸、碱、盐的性质时，多数演示实验都可改为并进式实验。还

可以从学生分组实验中选择。例如：初四化学讲溶液配制时，可将一定质量分数溶液的配制改为并进式实验，以加深理解质量分数概念。如将学生实验改为并进式实验，为基本保持进度，可在分组实验时不重做。如进度允许也不要完全重复做，可在原实验原理上安排变换的实验内容（例如换试剂）。

也可以增补一些教材中没有而教学中很需要的实验。例如，初三化学讲实验室制二氧化碳所用药品，学生对可用块状大理石和稀盐酸，而却不能用块状大理石和稀硫酸制取，不理解记不住。针对这一难点可补个实验。讲到此处时，先做实验用盐酸可以，能不能用稀硫酸呢？让学生做实验：在盛有大理石的两支试管中，分别加入稀盐酸、稀硫酸，在加入稀硫酸的试管中看到大理石表面开始有气泡但很快就停止，通过实验对比，教师解释了反应很快停止的原因，学生很容易接受，很少学生出错。

3. 要精心设计并进式实验的教学过程

应用并进式实验对教师说，备课更需下大功夫。课堂时间有限，所以讲什么、结合实验问什么、怎样指导学生进行探索式实验（包括重点练习哪些基本操作、怎样观察、及时简要记录等）、怎样根据实验引导学生讨论完成新课，确实需要很好的考虑。指导学生观察实验很重要。学生对观察实验现象认为就是"看"现象。要教给学生化学实验的观察都是有目的的观察，是思维指导下的观察。思维是实验过程中的重要环节，只有结合思维的观察才能获得知识。观察越仔细，思维越深入，对事物本质理解越深刻。总之，只有设计好教学全过程，才能使学生始终处于边实验、边观察、边思考的主动学习状态中，才能取得突出效果。

三、并进式实验，要做好的思想与组织工作

（1）加强化学实验把某些演示实验改为并进式实验是化学实验教学的改革。化学实验教学改革自然与教学整体改革紧密相关，所以化学实验教学改革是一个难度相当大的工作。目前，并进式实验的实施存在很多实际问题，主要来自于教育教学思想的阻力及当前各级升学考试的冲击；还由于实验教学本身的特征，要求教师要付出较讲授教学大得多的辛劳；此外，学生实验的增加，学校费用开支势必相应增加，更给化学实验员增加了可观的工作量，所以一定要取得学校领导和化学实验员的大力支持，化学教师要和实验员密切配合。学校领导要重视教师和实验员为坚持素质教育而付出的辛劳，及时了解情况，给予帮助和鼓励。

（2）教师做好学生思想工作。学生对并进式实验确实表现出很高的积极性，

但也会出现些问题。例如，有些学生不同程度的"做实验好玩"的心理；少数学生不听要求就急于动手做造成实验失败；在实验过程中学生商议声音过大，影响教师的指导或及时提示等。教师应使学生明白实验的目的，要求学生要有好的纪律，否则无法进行。第一次并进式实验课前要讲，以后的实验课上仍要强调并要求学生切实执行。教师要注意及时总结，表扬好的纠正差的，不断坚持就能使学生适应而形成良好的实验习惯。

（3）对仪器、药品及教室要安排好。有的学校班多实验室不够用，可以在教室上并进式实验课。建议把每组学生所用药品、仪器都放在一个专用塑料盘里（盘子长约40厘米，宽约30厘米，高约6厘米，盘中可放试管架、酒精灯、试剂瓶及简单仪器），若邻桌两个学生一组，全班约需20多个盘。教师和实验员要做好充分准备，所用仪器药品课前按要求放好，上课前由学生拿到教室。如果有同一实验内容的连堂课，课间十分钟由学生取送到下个班的教室中，实践证明并不困难。上个班用过的试管或其他仪器，如果条件允许，一定要组织学生洗刷，以利于培养学生自己用过的自己整理的良好劳动品质。如果客观条件不允许在课间刷洗，一定要先准备够连堂用的或课间及时撤换。

联系生活创设情景实施探究性学习

现代教育思想已愈来愈多地重视对学生思维能力的培养、创造能力的挖掘。而思维能力的开发，与探究能力密切相关。探索学习的一个显著特点是参与性，倡导人人参与，倡导全身心参与，在参与中求能力的提高，在参与中求素质的发展。研究性学习是学生在教师的指导下，从学习生活和社会生活中选择和确定研究专题，用类似科学研究的方式，主动地获取知识，应用知识，解决问题的学习活动。因此，在化学教学中，应着力通过多种途径，注重对学生探究能力的培养，以期达到对学生多种心理机能和学习的综合性智能的发展。

教育部制订的《全日制义务教育化学课程标准》对课程内容的选择突出了以下几个特点。

（1）重视学生的生活经验对科学过程的感受。不过分强调知识的逻辑顺序，在一定程度上体现生活性、实用性，以及初中学生的年龄特点。

（2）改变学生的学习方式，加强探究的力度，精心创设活动与探究的情境，以及多种形式的学习活动，以培养学生的科学素养。

（3）内容的选择密切联系学生的生活和社会实际，反映最新科技成果，并注重培养学生运用知识解决实际问题的能力。

以上三个特点充分表明，实施化学教学，应舍弃传统的化学教学片面强调知识和技能目标，必须把培养学习化学的兴趣、提高科学素养放在首要的位置。因此，努力创设生动活泼的学习情景，提高学习化学的兴趣尤为重要。

一、演示实验，创设学习情景，培养探究能力

学生在最初接触化学这门课程时，是一种望而生畏的恐惧心理，如何让学生感受到化学是一门有趣而又与生活实际紧密相连的科学是化学教师上好第一节化学课的关键，因此，在学习课题 1 时教师可以设计几个趣味实验，如"点不燃的手帕""雨落花开绿叶出""空中生烟"等奇景，激发学生进一步探究学习的兴趣和欲望，使他们感受到学习化学的愉悦性。

在学习"水的组成"这一课题时，教师进行了电解水的演示实验，并验证水电解后的生成物是氢气和氧气后，学生深感化学变化的奇特，同时领悟化学变化的实质，而且初步认识由水可以获得氢气这一理想能源，让学生感受到学习化学知识的重要性。还有其他很多演示实验都会达到激发学生学习兴趣的目的。

在学习"燃料的燃烧对环境的影响"这一课题时，组织学生进行三个实验：一是"树叶与酸雨"的反应；二是"镁条或锌粒与酸雨"的反应；三是"大理石与酸雨"的反应。学生通过亲手做实验，认识到"酸雨"的危害的严重性，保护环境的重要性，以及发展新型无污染能源的紧迫性，使他们从小就树立良好的环保意识。同时，学生也有进一步学好化学知识为改善人类生存环境的欲望。

二、设置化学问题，创设学习物景，培养探究能力

在化学教学中教师的教学设计要根据不同的课题内容创设学习情景，"设置化学问题"就是一种方法。例如，在学习"燃料的燃烧对环境的影响"这一课题时，可以设计这样一个化学问题情景：某中学组织自然科学兴趣小组针对我市某热电厂下游几十千米内河水中鱼类几乎绝迹的现象，进行了一次调查，并取得了一些资料。

1. 测定热电厂使用的燃料煤含硫量为 0.0064%。

2. 了解煤燃烧后的气体未经处理即排放到空气中，热电厂地处多雨地区。

3. 了解到热电厂发电用水未经冷却直接排入河中。

试分析鱼类几乎绝迹的原因？设置这样一个与学生生活贴近的问题，将学生置身一个实际的情境之中，可以激发学生强烈的探究欲望，并从该问题中，学习到"科学兴趣小组"的科学调查问题的方法，可以说对学生是一种全方位的素质提高。像这个"化学问题"情境的创设是信手拈来，如"为什么在冬天有雾的早晨，一妇女骑着摩托车停在一交通路口等绿灯，而她的前面也停有很多汽车，突

然，该妇女昏倒了。试分析她昏倒的可能原因？"这种问题的设置会让学生对汽车尾气的污染加深认识，从而对改变汽车燃料有更新的探究要求。

三、图片、模型和影像资料，展示学习情景，培养学生的探究能力

在"学习化学研究些什么"的知识时，可以展示拉瓦锡的有关实验图片，我国化学家在世界上首次合成了蛋白质的图片等，让学生感受化学家的研究成果；通过观看"南极臭氧空洞"的图片，环保部门对大气检测的资料片，用高能燃料推进火箭的过程，以及机动车辆尾气排放图片、工厂排放废气而产生"浓烟滚滚"的景象等，都会让学生有身临其境的感觉，认识到只有学好化学知识，才能解决生活实际中的问题。

四、通过新闻报道，创设情境，培养探究能力

新闻报道中经常会涉及到化学方面知识情景，例如，有一报纸报道：我市有一下水道发生了爆炸，所炸之处，下水道盖全部被炸开，并一直炸到一学校的校园内，并炸伤几名小学生及路人。据事后调查，这是一起严重事故：有一名从事灌装液化气的人将罐内残留物倒入了下水道，后又遇到有人丢烟头掉进了下水道而发生了这起爆炸事故。学生阅读后，深感生活中化学知识无处不有，加深了点燃"一切可燃性气体或粉尘都应验纯"的这一知识点的认识，同时，也对我国很多煤矿发生瓦斯爆炸有一个清晰的了解。在这里，可以进行知识拓展，设计一个"点燃不纯 H_2"的爆炸实验，让学生对这一问题进行验证获得为什么会"爆炸"的原因。在此基础上，可以让学生分组进行探究活动，探究的内容是"怎样预防矿井的爆炸事故发生"。学生会感受到搞好矿井的安全是多么重要，也使学生对社会对人民增添了一份责任感。

新闻报道中的内容，学生有一种新鲜感，阅读与了解其中内容的欲望比较强，因此，从中选取相关的内容，创新情景，非常方便，而且教学效果好。比如，在学习"天然气"这一课题时，我市报道了"天然气，会给你带来什么？"的内容，其中涉及到天然气的成分，天然气的燃烧产生的污染与煤气燃烧相比，天然气与煤气燃烧热值的大小，最后，引导市民计算了每立方米的价格问题。这实际上是创设学生学习"天然气"知识的良好情景，让学生从化学式、化学方程式、化学反应与能量变化、燃料燃烧对环境的影响以及热值与价格等多方面获得了训练，

学生学得轻松，而且又让他感受到实用。像这种例子有很多……

所以说，新闻报道在创设情景有宽阔途径，可以达到引人入胜，立竿见影的目的。

五、调查与实践，设置情境，培养探究能力

在学习"水的净化"这一课题时，联系我们身边的母亲河——长江已受到污染，那我们的自来水厂是如何净化的呢？让学生带着要探究清楚这一过程的问题，亲自到自来水厂参观与调查，看到了"水的净化"的全部过程，认识到保护水资源的重要性。又如，据报道，我市有位五十多岁的农妇到自家地窖中拿红薯时，不幸身亡。经分析确认：农妇是因地窖中二氧化碳过多使其缺氧而窒息身亡。读了这篇报道就可以提问，怎样测定地窖中二氧化碳的体积分数呢？可以组织学生分组对地窖的二氧化碳质量分数进行探究。学生准备好实验仪器后，将学生带到附近的一个菜窖进行实验，让学生真实感受菜窖中二氧化碳的含量。同时，又加深了学生对二氧化碳性质的认识，并且对学生以后在生活中的安全知识又添了重重一笔。

我们还可以通过小故事、科学史实、实物等创设情景，增加学习化学的愉悦性，激发学生的兴趣。

生活中的化学情景，无处不有，扣人心弦，有待于我们去开发，去利用，为使我们的化学教学焕发勃勃生机。

总之，创设学习情景可以增强学习的针对性，有利于发挥情感在教学中的作用，有利于积极开展科学探究活动，对于改变学生的学习方式和教师的教学模式具有重要意义。

化学实验是探究性学习的重要途径

在中学化学教学中，充分利用化学学科"以实验为基础"的基本特征，挖掘和开发化学实验在探究性学习中的功能，对于改变学生的学习方法，形成终身学习的能力具有重要的意义。化学是以实验为基础的自然科学，实验一直是化学研究的手段，更是化学教学的亮点和重点。我坚持以实验为切入点，进行了多年的尝试，希望找到一条能培养学生探究意识、掌握探究方法的现代教学方式。

"探究性学习"恰似一缕春风，给呆板的传统教学带来了活力和生机。培养学生提出问题、研究问题、解决问题的能力，既重视基础知识、基本技能教学，也关注情感、态度的培养，学生在学习中自觉探究，使学习的全过程充满无限乐趣和动力。

一、化学实验是探究性学习的一种重要途径

"探究性学习"的目标在于：（1）获得亲身参与探索研究的体验；（2）培养发现问题和解决问题的能力；（3）培养收集、分析和利用信息的能力；（4）学会分享和合作；（5）培养科学的态度和道德；（6）培养对社会的责任感和使命感。特别强调"获得探究的体验"。从化学学科自身的特点来看，要想它能顺应学生和社会的需要，务必将科学探究作为课程改革的突破口，激发学生的主动性和创新意识，促使学生主动学习，使获得化学知识和技能的过程，也成为理解化学、进行科学探究、联系社会生活实际和形成科学价值观的过程。

探究性学习是学生自主地获取知识和技能、体验和了解科学探究的过程和方法、形成和提高创新意识、树立科学的价值观和活动过程。化学实验是学生化

学习中的能动的实践活动形式。化学实验为学生创设了亲身参与实践的情境，具有获知、激趣、求真、循理、育德等教育功能。化学实验的功能和探究性学习的特征决定了化学实验必然是探究性学习的重要途径。

1. 化学的学科特征决定了化学实验可以作为探究性学习的途径

"以实验为基础"是化学学科的基本特征。即使在由经验化学向理论化学发展的今天，化学实验仍然是化学学科发展最现实、最生动、最有效的物质载体。学科的基本特征决定了学科的学习特点，在实验中学习化学无疑是最有效而又最重要的化学学习方法之一。在化学实验中，学生通过实验研究和认识物质，掌握化学基本原理和基本技能，初步学会化学研究的实验方法。化学科学以实验为基础的学科特征，更有利于学生进行化学探究性学习。

2. 化学实验本身就是科学探究的过程

化学实验是人们认识和研究物质的一种科学方法，是人们根据研究的对象和研究的目的，创造性地运用科学知识和实验手段，有计划地实施探究性实践活动的过程。因此，化学实验过程本身就是一个创造性探究的过程。化学发展的历史也充分证明：化学科学的任何一项重大的突破，无一例外地是经过化学实验而取得的。正如波义耳所说，没有实验，任何新的东西都不能深知。中学生化学学习中的化学实验，虽然绝大多数是对物质及其变化的再认识，但从本质上看，这一过程与科学家进行的科学研究中的化学实验是一致的。当化学实验被用作探究性学习的途径时，化学实验的创造性和探究性便充分显示出来。学生在实验过程中积极地动脑动手，体验科学家科学探究的过程和方法，获得科学探究的乐趣和成功的喜悦。所以，在学生的化学学习过程中，完全可以利用实验这个手段进行探究性学习。

3. 化学实验为探究性学习中验证假设提供了科学方法

和科学家进行的科学探究一样，探究性学习也具有问题特征、收集信息特征、假设特征、验证特征和评价反馈特征。学生在探究性学习中，针对发现的问题，在回忆总结已有的知识和经验、收集和整理信息的基础上，做出大胆假设或猜想，并通过化学实验对提出的假设或猜想进行证实或证伪。所以，化学实验不仅是学生探究性学习时验证假设或猜想的主要方法，也为学生将来从事科学研究提供了一种方法。

二、化学实验作为探究性学习途径的教学策略

在化学教学中提倡和鼓励学生通过化学实验进行探究性学习，要充分挖掘化学实验在探究性学习中的功能，发挥化学实验在探究性学习中创设问题情境、验证假设或猜想等环节中的作用，研究开发探究性实验，引导学生通过实验去发现和探究解决问题的方法，在化学实验中培养学生的科学素质，实现学生的学习方式由被动接受式学习向主动探究性学习的根本转变。

（一）增强探究意识

1. 养成质疑的好习惯

在化学教学中把严密的书本知识与学生的生活结合起来，使日常教学能够让学生联想起自己的生活经验，以便全面发挥各种感官作用。如讲"分子的运动"之后，留这样一次作业：收集你周围各种装液体的瓶子，比较分析其共同点，并用所学知识解释之。学生一周之内收集到酒瓶、药瓶甚至酱油瓶、醋瓶、指甲油瓶、香水瓶等。学生比较它们的材质、形状、颜色后发现，瓶口都细小。学生的年龄虽然小，说起理由来，却分析得头头是道，颇有几分小行家的味道。

指导学生进行社会调查也非常重要。学习《水是人类宝贵的自然资源》后，要求学生调查了解"长江、黄河的水质，并分析水质污染的原因何在"。布置学生到汽车加油站、仓库观察"严禁烟火"标志，到车站了解哪些物品严禁带上火车。开辟"厨房中的化学"实验课题，让学生利用家庭厨房里现有的物品进行实验、观察。如观察没擦干净的铁锅、菜刀表面留下的锈斑；用久了的热水瓶胆和烧水壶内沉积的水垢；将鸡蛋放入盛食醋的茶杯中观察蛋壳表面产生的气泡以及限用厨房内的用品来鉴别精盐和碱面（$NaHCO_3$）等。这些活动在尊重每一个学生独特的兴趣、爱好的基础上，适应每一个学生个性化发展的特殊需要，为学生自主性的充分发挥开辟了广阔的空间。充分体现了探究学习的开放性；因为只有开放才能将学生的需要、动机和兴趣置于核心地位，才能由每一个学生自主地选择学习的目标、内容及方式，进而实现教学目标的个体指向，真正由学生从其生活中选择感兴趣的主题和内容。使学生感到化学就在自己身边，化学与生产、生活、社会密切相关，在一定程度上增强了他们关心自然、关心社会的情感，也产生了发自内心探究化学的内在需要。

2. 营造化学探究的多变场景

化学的实验探究本身具有较强的层次性：提出问题→假设→研究探索→结论

→知识重建→能力形成。教师在介绍正规的科学概念和原理之前，让学生先到实验室做实验，这完全符合学生的认知规律。

"探究性学习"以学生的现实生活为基础发掘课程资源，注重以学生的直接经验和体验为基础运用学科知识。"探究性学习"的综合性，体现在与生物、物理、计算机不同学科知识的联系上，通过对知识的综合运用去完整地认识整体的客观世界。在安全、可行的原则下，让学生各自发挥自己的聪明才智，探索各种合理的方法，设计各种可行的方案。如设计区分食盐水和酒精溶液的实验方案，可以利用密度、气味、沸点、导电性、挥发性、可燃性来区分，也可以根据 $AgNO_3$ 等试剂对溶液的特殊反应现象来区分，还可以根据生物细胞对溶液反应等去设计。实验创新可训练学生灵活运用创造思维方法，同时又能促进学生自觉地、有意识地去进行创新，并不断提高自己的创造能力。

（1）以化学实验创设问题情境

探究性学习是学生在发现"问题"的情境下产生的一系列学习活动。问题激发起学生探究的欲望，问题引发了学生的探究活动。在化学学习中，除学生自主地发现问题外，教师更要通过各种途径创设问题情境，引导学生发现和提出问题。而化学实验是最形象、生动、直观的创设问题情境的方法之一。

以化学实验创设问题情境，要特别注重化学实验中学生观察和思维能力的培养。化学实验现象纷繁复杂，有目的、有条理的敏锐观察和深刻的思考才能从复杂的化学实验现象中发现问题。如，在进行有关"化学电池"的学习时，组织学生完成"将一根铁丝和一根铜丝放入稀硫酸中，观察实验现象并与同学交流"的实验，由于铁丝和铜丝放置的位置问题，可能有些学生观察到铁丝上产生气泡，铜丝上没有气泡产生；有些同学观察铁丝和铜丝上都有气泡产生。从观察到铁丝和铜丝上都有气泡产生，到产生"为什么铜丝上也有气泡产生的问题"就需要敏锐的观察和深刻的思维能力。

以化学实验创设问题情境，要注意将与人类生产、生活密切联系和学生熟悉、感兴趣的内容开发成化学实验。因为学生在其感到熟悉和认为有用的情境中特别能发现问题和产生解决问题的迫切欲望。例如，在进行关于"燃烧条件"的学习时，从实验室酒精灯的熄灭。燃烧木柴要把木柴架空、液化气灶及煤炉都留有通风口等学生非常熟悉的实验情景出发，引导学生思考，发现问题。

以化学实验创设问题情境，要使化学实验呈现的问题处于学生的最近发展区。影响化学实验现象的因素很多，产生的化学实验现象也错综复杂。教学中要通过精心设计实验方案、严格控制实验条件等多种途径，以最佳的实验方式呈现化学问题，使学生通过努力能够顺利地解决化学实验呈现的问题。如，可用浓盐酸、浓氨水、酒精等的挥发实验来呈现构成物质的微粒是不停地运动的问题，用氯气使潮湿的有色布条褪色的实验呈现次氯酸的漂白作用的问题等，都能使学生顺利地发现和解决问题。

（2）以化学实验验证假说或猜想

在探究性学习中，学生针对提出的问题，经过多渠道的收集信息和深入的思考，将会提出有关问题解决的方案和问题答案的假设或猜想。通过化学实验对提出的猜想或假设进行验证，是学生进行化学探究性学习常用的方法。

以化学实验验证假说或猜想，要面向全体学生，让每个学生都有体验和经历用化学实验验证假说和猜想的机会。教师要指导学生，特别是要帮助和指导那些有困难的学生完成设计方案并进行实验。如，在初中化学中，物质构成微粒知识学习时，对"构成物质的微粒之间是有空隙的"的假设的验证，学生在设计方案时可能产生一定的困难，这时老师就可以引导学生设计"一定体积的水和酒精混合"的实验方案和"气态、液态和固态物质的压缩"实验进行验证。

以化学实验验证假说或猜想，要注重引导学生设计一些与假设或猜想"相违背"的实验方案和采用反证的实验方案，以培养学生的分析综合、抽象演绎的思维方法和批判性思维能力。如，学生在进行质量守恒定律的学习时，可能会提出化学反应前后物质的总质量会增大、不变和减少三种不同的假设，并根据假设设计实验方案进行实验验证。在验证的过程中，教师就可以引导学生设计一些如"镁条在空气中燃烧质量增加""木炭在空气中燃烧质量减少"等"反常"的实验方案，让学生在探究中产生新的问题，以提高探究性学习的质量和效果。

以化学实验验证假说或猜想，实验中要严格控制实验条件。探究性学习中验证假说或猜想的实验方案，在不同的条件下，可能会产生不同的实验现象，要使实验能够用来验证假说或猜想，实验条件必须与题设条件相吻合。通过实验验证过程中对实验条件的控制和选择，使学生在探究过程中了解到实验条件控制是实验的灵魂，从而有效地掌握科学研究的方法。

（3）充分发挥化学实验的探究功能

在化学教学领域中，长期以来人们过分夸大了实验所起的验证原理、通过形象直观的方式获取知识和培养实验技能的作用。以化学实验作为探究性学习的途径，就必须变"验证性实验"为"探究性实验"，恢复化学实验探究性的本来面貌。

充分发挥化学实验的探究功能，要不断研究开发适合于探究性学习的化学实验，要注意从生产、生活实际中挖掘素材设计实验方案，因为来源于生产生活实际的实验探究性强，能极大程度地调动学生探究的主动性，使学生产生强烈的探究欲望。如，钢铁的锈蚀和防护、燃烧和灭火、金属的活动顺序、气体和固体物质在水中的溶解等都可以设计成很好的探究性实验。

（二）摸索探究方法

遵循学生的认知规律，以素质教育思想为指导，学生主动参与为前提，自主学习讨论为途径，实验探索为形式，培养实践能力为重点。

1. 自学探究

教师需要考虑到学生的个性特点，提前布置有梯度的内容，吸引所有学生的注意力，让学生明确所研究内容的知识背景、研究目标以及研究的方法，使学生在读书本、读图、读网络的同时，感知问题、感悟知识，接受探究氛围的熏陶。学生在课前充分的自学准备，无疑像一针强心剂，既能打动学生心灵，又方便形成统一的课堂气氛，使学中有探，探中有学。

2. 合作探究

学生在自学探究基础上不能自行解决的问题，即可组织学生合作探究，多则班级全体参加，少则几个人，形式灵活多样，让学生充分对话、答辩、争论，教师只需在关键处加以点拨。当"铁钉生锈"实验成果拿到学校交流时，学生互相交换自己或小组的心得体会，甚至有学生用了一根刷了油漆的钉子半浸在水中作对比实验。又如学习二氧化碳与氢氧化钠溶液的反应时，学生将盛满二氧化碳气体的试管倒扣在装有浓氢氧化钠溶液的烧杯中，反应后氢氧化钠溶液进入试管，直观生动的实验现象给学生带来了活的知识，这和以往生硬的记忆相比，的确有事半功倍的效果。

当今的学生思维活跃，想法大胆且有创新，除了可以互相交流，还完全可以与教师作平等的交流与合作，时时可以收获意想不到的学术小成果。

3. 实验探究

为了巩固探究意识或检验探究效果，学生一直把实验探究作为自己的最爱。因为对实验现象的观察和分析，对实验装置的设计，对反应条件的控制，对反应机理的研究，本身就是一种探究学习。

探究性学习的程序类似科学研究的程序：发现并明确问题→建立假设→搜集

资料→验证假说→得出结论。大致可分为三个阶段：发现问题→解决问题→总结交流。经过"提高实验基本操作能力""掌握实验研究的方法""培养学生创新意识""学到知识"几个步骤，逐步达到质的飞跃。在此过程要求教师实行全程跟踪指导，对不同的学生、不同的问题给予个性化指导。做到点到为止，切不可越俎代庖，应该留给学生充分思考和想象的空间。有学生学完《空气》之后，联想到家里的冰箱、洗衣机等电器外壳容易生锈，自家的墙壁也容易起皮、发泡，问老师是否与空气污染有关。我在"十一"长假期间给他布置了一个社会调查的作业。他首先调查了周边工厂，得知这些工厂以烧锅炉提供蒸汽，他的推测是煤里可能含有超标的硫，燃烧后产生二氧化硫形成酸雨。待亲自到堆放煤的地方一看，发现煤周围的地和墙的边缘都被浸染上了一圈淡淡的黄褐色，基本验证了他的猜想。

学生开始运用自学、讨论和探究获得的知识，学会举一反三，解决类似或相关的问题。实验探究是巩固和扩大知识，同时也是吸收、内化知识为能力的过程。实验探究的内容和形式，要根据化学学科的要求和特点决定，不必强求统一。总之，实验探究是开发学生创新思维的有效途径，方法形式一定要灵活多样。

（三）反思探究过程

实验探究，最看重过程，属于教与学中最纯粹最美好的一部分，它诠释了梦想、勇气与探险精神，也意味着新奇、执着和成功。

1. 学习方法的实质转变

"探究性学习"注重学生对生活的感受和体验，强调学生的亲身经历，让学生在实践中去发现和探究问题，体验和感受生活，发展实践能力和创新能力。丰富多彩的探究发现，个体各异的实践体验，克服了基础教育课程和教学中脱离学生自身生活和社会生活的倾向。

在探究性"五小活动"中，通过学生的小设计、小制作、小实验、小发明，培养了归纳内化知识的能力。加之化学学科活动设计成"化学与社会"讲座的形式，安排了"控制食品的化学污染""微量元素与人体健康""无氟冰箱与环境""保鲜与化学""纳米材料"等热门专题，对提高学生的化学激情，提高学生的化学素养起到积极作用。

2. 价值观的明显提升

探究实验既能帮助学生获取基础知识和理论，又能激发学生的好奇心和探究欲。实验探究习惯的养成，使学生始终处于不断探索的情境中，于"异想天开"中主动实验，认真操作，仔细观察，积极思维，充分发挥了学习潜能，获得了成就感，培养了自尊心。讲氧气时，有少数学生闻到用氯酸钾和二氧化锰共热得到的氧气，发现有明显的异味，这样很容易争论得知集气瓶中不是纯净的氧气，自然会去探索这个热分解反应的副反应，不再是只注意反应的某一局部，而从事物的全局来考虑，培养起敏锐的洞察力和全局思考问题的好习惯。

三、通过化学实验进行探究性学习应注意的问题

1. 引导学生通过多种途径进行探究性学习

化学实验是探究性学习的重要途径，但并非是唯一的途径。有些内容用探究性学习并不一定需要通过化学实验来进行，特别是对学生具有较多知识背景的内容和物质微观结构的学习更是如此。如，学生对原子结构模型提出质疑，我们无法通过实验进行探究，但可以通过化学史料，沿着科学家的研究足迹，去想象、去思考。有些内容的探究性学习可以通过包括化学实验在内的多种途径来进行。因此，在化学教学中，要根据学生的实际情况、具体学习内容和学校的教学条件等，引导学生科学、合理地选择探究性学习的途径。

2. 营造良好的探究性学习的氛围

学生对事物有天然的好奇心和探究的愿望，学习的进行很大程度上取决于这种自然倾向的激发。教师必须注意给学生营造宽松、民主、自由的气氛。英国哲学家约翰·密尔曾说过："天才只能在自由的空气里自由自在地呼吸。"在通过化学实验进行探究性学习过程中，鼓励学生大胆地提出实验方案，即使是在对学生提出的不全面、不完善甚至错误的实验方案，也要以表扬鼓励为主，充分肯定学生在提出实验方案过程中的主动参与精神和创新意识。另外，教师应保护学生的好奇心、探究欲和探究性行为，允许他们在保证安全的前提下按照自己的方案进行探究活动，让学生在探究过程中经受挫折的磨炼，并体验探究的乐趣和成功的喜悦。

3. 注意在化学实验中培养学生的科学素质

化学实验是一种重要的科学活动，可以把观察、实验控制、收集事实、分析和统计结果等科学方法融于一体。在实验中应引导学生逐步掌握科学研究方法。通过化学实验还可以培养学生实事求是、严谨求实的科学精神，一丝不苟的科学态度和团结协作的科学作风，这些是探究性学习的必要条件，也是学生在未来社

会全面发展所必需的基本素质。

化学实验以它特有的魅力在探究性学习中占有一席之地，为学生形成探究性学习的方式，培养学生解决问题的能力提供了条件。所以，应该提倡利用化学实验进行探究性学习，使学生掌握科学的学习方法，形成终身学习的意识和能力。

"探究性学习"在合作探究的过程中，充分培养团结协作精神，构建民主和谐气氛，促进思想情感交流，形成良好的个性品质，达到高层次的情感目标。

教师应该用探究的方法展现化学知识，学生也应该用探究的方法学习化学知识，在不断积累经验，改变经验、重现经验的过程中不断更新自我，充实自我。在实际操作中，要在化学教学中普遍引入探究性学习的方式尚有一定的困难：一方面学生固有的学习习惯阻碍了探究的顺利进行，教师需要预先花大力气引导学生顺利走上探究之路；另一方面教师和学生也有毕业和升学的压力。

探究性学习的倡导者萨奇曼认为，只要有一个能集中学生注意力的焦点，学生享有探究的自由，还有一个容易引起反应的丰富的环境，学生都能开展探究活动。因此，教师要转换角色，努力成为探究性学习的组织者、激励者和引导者，加强理论和业务学习，使自己也成为探究性学习的一分子，做好先行者和实践者。

在二氧化碳教学中实施探究性学习的策略

所谓探究性学习是由学生在学习和社会生活情境中发现问题、选择课题、设计方案，通过自主探究，收集和处理信息，研究和讨论，求得问题解决，从而体验和了解科学探索过程，养成自主探究、创新的意识和习惯，形成和提高创新能力，建构知识积累和丰富直接经验的活动过程。义务教育阶段化学课程中的科学探究是学生积极主动地获取化学知识、认识和解决化学问题的重要实践活动，是一种重要的学习方式，也是义务教育阶段化学课程的重要内容，对发展学生的科学素养具有不可替代的作用。科学探究既作为学习的方式，又作为学习的内容和目标，它的实现必须让学生亲身经历和体验丰富的探究活动，从而激发化学学习的兴趣，增进对科学的情感，理解科学的本质，学习科学探究的方法，初步形成科学探究的能力。下面以"二氧化碳教学"为例，谈谈在化学课堂教学中，如何实施探究性学习活动。

一、营造问题情境，激励探究创新

创新是人类社会发展与进步的永恒主题，它以挖掘人的创新潜能，弘扬人的主体精神，促进人的个性和谐发展为宗旨。研究表明，任何一个有智力的人都有创造力，但并非任何一个有智力的人都能发挥出创造力，也就是说创造力犹如人的智力中的宝藏，需要开采和挖掘。可见学生创造力的发挥，需要教师在课堂上进行训练和培养，因此开展创新教育，开发人的创造力、培养人的创新精神是中学化学所面临的重要任务。而问题是人们在认识活动中，头脑所产生对事物的疑惑心理，这种心理驱使个体去积极思维、去探究、去解答疑惑。正如古代教育家孔子说："疑是思之始，学之端。"我国近代著名教育家陶行知先生题词道："发明千千万，起点是一问。"所以创设问题情境是探究性学习的第一个环节，是创新的起点，其基本内容是教师根据本节课的教学目标，从学生已有知识或生活、生产实际出发，指出与新课有紧密联系的富有趣味性和启发性的现象，引发学生生疑。在他们的意识中，创设探究问题的情境，进而导出本节课的探究问题，使学生在明确探究方向中激励创新动机。

如案例1：在实验室制取二氧化碳的探究性学习活动中，每个实验桌上给出了注射器、底部有洞的破试管、锥形瓶、平底烧瓶、广口瓶、烧杯、试管、集气瓶、长颈漏斗、U型管、橡皮管、橡皮塞、单孔橡皮塞、带支管的烧瓶、玻璃导管、漏斗、铜丝、水槽、酒精灯、分液漏斗、双孔橡皮塞、铁架台等仪器。小杰问："老师，今天桌上放这么多仪器干什么？"老师说："问得好，谁能回答小杰提出的问题？"同学们想了一会儿，小涛说："看哪组设计的制取二氧化碳的装置多。"老师说："今天老师要你们以小组为单位，选取上述某些仪器或生活代用品或其他仪器，你们能设计出几组装置来制取二氧化碳？认为最理想的装置是哪组装置？为什么？在选择仪器时应注意哪几方面的问题？哪一组装置与众不同？"此问题情境一出，同学们个个跃跃欲试，大胆思维、讨论比划、尝试，力图设计多组装置，力求自己设计的装置有所创新。正所谓有思则明，明则通，通能应变。同学们根据已有经验和所学知识设计了多组装置，同时知道了破试管还大有用处，并养成废物利用的意识。现实录课堂上讨论探究出的比较有创意的十组方案。

二、实验观察对比，学习探究方法

观察对比是探究性学习的基本方法之一，观察法是指研究者用自己的感觉器官和辅助工具，对自然发生条件下的自然现象和社会现象进行直接的、系统的、有目的、有计划地考察和描述。观察主要靠观察者的视觉、听觉、大脑（思维）和动手记录来完成。世界著名的生物学家达尔文就把他的成功归功于观察能力，他说："我没有突出的理解能力，也没有过人的机智，只是在觉察那些稍纵即逝的事物，并对此细心观察的能力上，我可能在众人之上。"可见，培养和提高自身的观察能力是十分必要的，也是十分重要的。提高敏锐洞察力的重要途径之一是在实践训练中形成良好的观察习惯，积累观察的经验，不断总结，逐步提高，这是提高敏锐洞察力的重要途径。比较对比是思维的一种方法，也是进行探究性学习的一种基本方法，没有对比就没有鉴别，也就没有认识。对比是和观察、分析、综合等活动交织在一起的，是一种复杂的智力劳动。对比无论是在科学实验的过程中，还是在理论研究中都是不可缺少的基本方法。马克思、恩格斯在《神圣家族》一书中指出：“科学是实验的科学，科学就在于用理性方法去整理感性材料。归纳、分析、比较、观察和实验是理性方法的主要条件。”比较法可以促使人们进行创新和智力活动，在对比中寻找事物的异同。新教材加大了对实验进行对比的力度，让学生在对比中求同存异。所以，化学课堂教学中应注意引导学生学习科学的探究方法，让学生从观察对比中获得正确的结论，发现有价值的观点，进而体验探究的乐趣，感悟知识的真谛。

如案例 2：探究实验室制取二氧化碳的原料时，小涵问：“实验室制取气体的原料应从什么角度考虑？”同学们讨论归纳出：实验室制取气体的原料应从反应条件的难易、反应速度的快慢、反应原料是否易得、是否便于收集等因素考虑。之后同学们列举了所知道的能生成二氧化碳的反应，并查阅资料还搜集了一些没有学过的能生成二氧化碳的反应，如：木炭燃烧；碳还原氧化铜；蜡烛燃烧；酒精燃烧；加热分解石灰石；石灰石与稀盐酸；碳酸钠粉末与稀盐酸等。然后在实验室试验这些反应，并对比观察反应条件的难易、反应速度的快慢、是否便于收集等因素，同学们在对比观察中感悟到实验室制取二氧化碳的理想原料。

如案例 3：在探究二氧化碳与水反应时，师问：“同学们天天喝饮料，你有哪些发现或你有哪些疑问？”小青问：“我知道在饮料中压入了二氧化碳，为什么一些饮料商标上写碳酸饮料而不写二氧化碳饮料？”学领说：“我知道是二氧化碳与水反应生成了碳酸。”小召说：“一些饮料看起来澄清透明，你怎么知道是二氧化碳与水反应生成碳酸的？”学领说：“只要在饮料中加入一种能鉴别碳酸的试剂即可证明我的观点。”老师说：“同学们说的都很有道理，请同学们查阅资料设计实验，探究二氧化碳溶于水的过程中，有没有发生化学变化？发生了什么样的反应？”同学们查阅了大量资料，设计了如下探究方案进行对比：（1）在雪碧饮料中加入紫色石蕊；（2）在稀醋酸、稀盐酸、稀硫酸、稀硝酸中分别加入几滴紫色石蕊，由现象说明酸能使紫色石蕊变红；（3）在水中滴加几滴紫色石蕊，由现象说明水不能使紫色石蕊变红；（4）把浸有紫色石蕊的滤纸条晾干后放入装有二氧化碳的干燥集气瓶中，由现象说明二氧化碳本身不能使紫色石蕊变红；（5）在滴有几滴紫色石蕊的水中通入二氧化碳；（6）把第（5）步试管中的液体取一半加热，另一半作对比观察。同学们从观察生活提出疑问，设计方案进行探究，在探究对比中学习了科学的探究方法。

三、合作交流反思，形成探究能力

探究过程中需要同学们合作、交流、解释和各种尝试，这些合作与交流的实践，让学生学会准确地与他人交流，向别人解释自己的想法，倾听别人的想法，善待批评审视自己的观点，获得更正确的认识，学会相互接纳、赞赏、分享、互助等。在探究过程中，同学们不断反思交流，让学生经历挫折与失败、成功与兴奋，这其中的许多感受与体验使他们理解科学的本质。由于经验背景的差异，同学们对问题的理解常常各异，在探究者的共同体中，这种差异本身便构成了一种宝贵的学习资源：同学们在相互合作、反思交流中，明白了对探究问题，别人也可以有其他的不同解释，有利于全心全意摆脱自我中心的思维倾向；各自的想法、思路被明晰化、外显化，可以对自己的观察和思维过程进行审视和监控；同学们相互质疑，其观点的对立及相互指出对方的逻辑矛盾，可以更好地引发同学的认知冲突和自我反思，深化各自的认识；同学之间的交流、争议、意见综合等有助于激起彼此的灵感，促进彼此建构出新的假设和更深层的理解；可以使同学们分享各自的经验和发挥各自的优势，从而使同学们完成单个探究者难以完成的探究任务。总之，探究性学习活动使同学们相互审视、相互交流、相互反思、相互合作、相互诊断，让同学们在接触、感悟中猎取知识，初步形成探究能力。

如案例4：在二氧化碳溶解性实验探究时，给出探究情境："小亮同学在一个塑料瓶中收集了二氧化碳，再向其中加入水，盖上瓶盖振荡，请猜想他将看到什么现象（容器变瘪）？获得什么结论？在实验中他没有观察到此现象，请猜想一下可能的原因是什么？"

同学们在课堂上讨论交流归纳的六种可能的原因，并对每种猜想进行了再探究，从而获得了正确的认识。六种猜想分别为：（1）塑料瓶材料质地太硬，不易变形；（2）瓶中二氧化碳没有收集满；（3）塑料瓶气密性不太好，漏气；（4）在向瓶中加水时，没有把瓶口用玻璃片盖住一部分或长时间没有盖瓶盖，使大部分二氧化碳扩散到空气中;（5)倒入塑料瓶内的水太少，没有消耗足够的二氧化碳，使瓶内气压减小不够;（6）倒入瓶内的水太多，把绝大部分二氧化碳排到空气中。

四、归纳整理小结，体悟探究成果

学生学习完一个课题或一个单元后，让学生自己小结归纳整理，或者撰写小论文。该过程既是培养和提高同学们再探究的过程，又是一个创新的过程。由于每个课题同学们都有亲身体验，所以同学们觉得有话可说，有话要说，这种在和谐民主氛围中的交流，既让同学们体验到思索探究的心路历程，又使同学们获取真知，心智得到了锻炼，体验一种探究的乐趣和成功的喜悦，同时也体悟到探究的收获和成果。学生在学习化学的过程中有独特的见解，在知识的总结归纳上，同学们以多种方式对知识进行再探究。

科学探究是新课程标准五个一级主题中的一个主题。它包含的要素很多，涉及提出问题、猜想与假设、制定计划、收集证据、解释和结论、反思与评价、表达与交流等要素。探究活动中根据实际情况要素可多可少，呈现顺序也不是一成不变，如"进行实验"既可作为收集证据的途径，也是提出问题或假设的一种依据。探究活动的形式可以是实验、讨论、调查等多种形式，在实际教学中，应尽可能创造条件，多开展课堂内的体现学生自主性的探究活动，从而让学生学习科学的学习方法，培养开创意识和创新思维。当然。探究性学习不能脱离其他教学方式，应与其他教学方式有机结合，相互配合，才能实现课程目标，提高学生的科学素养；使学生获得进一步学习和发展所需要的化学基础知识和基本技能；培养学生的合作精神和社会责任感；提高未来公民适应现代社会生活的能力。

寓环保教育于化学教学中

环境保护问题是人类面临的三大问题（人口、能源、环境）之一，因为环境是跟人类生活有着十分密切的关系，地球只有一个，地球环境的好坏直接关系到人类能不能继续生存下去的问题。随着工农业的飞速发展，环境污染问题也日趋严重，化学污染物对环境、对人类健康、社会发展的危害，越来越受到全社会的普遍关注，保护人类的生存环境已成为人们的共同呼声。面对污染严重的大自然，人们开始惊呼："人类正失去自己的家园。"保护我们的家园，也就是保护好地球，实现人与自然和谐共生是当今的历史潮流。环境保护，教育为本。联合国教科文组织已把生态教育列为主要工作，并推行了一系列环境教育计划。作为一名进行基础教育的工作者，在充分教授好基础知识的同时，利用好当前的教科书，向学生渗透环保知识，进行环保教育，显得越来越重要和紧迫。就如何在中学化学教学中开展多种形式的环保教育，增强学生的环保意识，本文谈一些粗浅的看法。

在中学化学教学中，怎样渗透环保教育，我们认为应主要从以下几个方面进行。

一、结合教材内容进行环保教育，培养学生的环保意识

学校教育是以课堂教育为主的教育，要在学校进行环境教育，就应该立足课堂，依靠教科书，利用课堂教学这个主渠道，适时、适量、适度地渗透环保教育。

中学化学教材中，涉及环保知识的内容不少，怎样才能把这些内容的教学与环境保护教育有机地结合起来，就应做到适时，适当。在教学进程中，当讲到涉及环保知识的内容，如：氧气、二氧化硫、氮的氧化物、电镀、电解、金属的冶炼、

煤、石油等内容时，就应及时向学生进行环保教育。教学中强调环境与人类生活的密切关系，使学生明白，为了不让环境污染威胁人类自身的生存，就一定要保护环境。在教学中可适当补充一些内容，介绍一些实例来加深印象，拓宽视野。

1. 抓好主要章节，上好典型课

如九年级化学课本，《化学与环境保护》这一节，介绍了环境污染原因及保护的初步知识，这一节是对学生进行环保教育的极好素材，认真组织教学，能起到事半功倍的效果。在这一节的教学中，可采用如下做法：预先收集一些资料，如污染治理比较好和比较差的生产企业视频，污染所带来的危害的动画等，在课堂上播放这些视频和动画，让学生对环境污染所带来的危害有个很深刻的印象。然后让学生讨论如何实现资源的有效利用，让学生懂得要想实现化学的可持续发展，就必须合理利用资源，做好环境保护，从而对环境保护的重要性留下非常深刻的印象。

在授课时我们可列举一些实例，比如，"世界上著名的八大公害""苏联切尔诺贝利核电站事故""海湾战争"，大范围的外国、外省外地区，小范围的本省本区、本乡甚至本校。再增加一些具体数据，比如每年全世界排入大气的二氧化硫，约有一亿五千万吨，产生的废渣超过 30 亿吨，废水 6000~7000 亿吨。我国农业因遭受酸雨而每年损失达 15 亿元等。使学生对环保知识学习既见"森林"又见"树木"，既生动又能激发兴趣，印象至深，再对照结合课本内容，从而使学生深刻认识到保护环境的重要意义，树立起强烈的环境意识。当然在补充介绍这些内容、实例时，要注意体现常识性，不要超越学生的可接受性，适可而止。

另外，结合二氧化硫和氮的氧化物的回收处理，可以向学生提出一些问题让他们思考，例如，在生产和实验过程中可能产生的硫化氢、二氧化硫、二氧化氮、一氧化氮等废气，为了不使它们扩散到大气中去，你用什么方法将它们分别除去？又怎样利用这些废气制得有用的化工产品？在组织学生讨论的基础上最后归纳为：对于酸性物质，一般可用碱溶液吸收或制成相应的化工产品（如 SO_2、NO_2 等可用 NaOH 溶液吸收）。同理碱性物质通常就用酸液来吸收（如 NH_3 用浓 H_2SO_4 吸收）。某些有毒物可使它转化为沉淀或可溶物（如 H_2S 可通入 $CuSO_4$ 溶液中，转化为 CuS 沉淀）等。这样使学生掌握消除或减轻环境污染的简单原理，使他们明白，既要消除污染，又要使废物得到充分利用，变废为宝。

2. 结合知识点，点滴渗透据统计

在化学教材中，共有 48 个知识点与环保教育有关，除了专题介绍外，绝大多数分散于各章节中，具有"隐蔽性"。因此，教师要深入研究教材，找出课程内容与环境教育内容的结合点，及时挖掘，适当展开。例如，在进行电池部分的教学时，可联系日本富山事件，使学生了解废旧电池对水体造成的污染，教育学生用完的电池不能乱扔，应交到回收点回收再利用。结合我们周围的空气的教学，可向学生介绍臭氧空洞引起的原因以及保护臭氧层的意义。发挥学生在家庭中的特殊作用，号召学生去宣传使用绿色环保冰箱的好处，让他们为保护臭氧层出一分力。结合二氧化碳的教学，介绍多数城市大气中二氧化碳的浓度在国家二到三级标准之间波动，介绍目前地球变暖的原因，以及温室效应带来的自然灾害，分析引起二氧化碳浓度增大的原因以及绿色植物在二氧化碳循环中所起的作用，教育学生要爱护一草一木，植树种草，绿化环境。

此外，还可以结合平时作业，单元练习，单元测验，在不偏离教材和大纲要求的前提下，穿插安排除杂质气体，提纯溶液和消除环境污染等方面的思考题、习题，以便巩固保护环境的知识。

二、结合化学实验，让学生参与环保

化学实验是化学教学中的重要环节，因此在化学实验教学中渗透环境教育更直观、更现实、更生动，其效果更显著。保护环境"从我做起"，以促使学生知、情、意、行统一协调发展。在进行化学实验时，不断改进化学实验，尽可能采用微型化学实验，在实验过程中，注重环保问题，不仅可以大大减少环境污染，而且能使学生经常身临其境受到直观的环境保护的教育。

1. 开展微型实验，提高环保意识

化学实验教学不仅可以使学生观察到用语言难以表达清楚的清晰的实验现象，增强直观的感性认识，而且能培养学生观察、描述、分析问题和解决问题的能力。但大多数实验会涉及到有害、有毒的物质，因此，化学实验教学中要力求利用最少的实验药品，获得最佳的实验效果。可以开展微型实验，减少环境污染（如在进行氯离子的检验，碘升华实验时），这样不仅节约了药品，同时减少废液、废渣和有害气体的产生；实验后的废液、废渣尽可能回收利用（如银镜反应的废液的回收利用）；若不能回收利用的，则应倒在规定的地方，以便清理。又如，硫在氧气中燃烧时，按常规实验，每次反应需要硫粉 0.3~0.5g，反应后生成的二氧化硫为 0.6~1g，而在微型实验中仅需硫粉为 0.04g，这样不仅试剂用量少，而且排污量大大降低，对师生的健康有利，也使其对环境的污染降至最低。可见，

微型实验充分体现了绿色化学中的减量原则（即减少药品用量，减少"三废"排放量）。因此，在化学实验教学中，将一些实验微型化是防治环境污染的重要途径。

2. 改进实验，减少环境污染

化学实验中的大多数产物是有毒或有害物质，尤其产生的有毒气体直接影响师生的健康。在不影响实验结果的前提下改进实验，尽量减少实验过程对人及环境的污染，是化学实验研究的一项重要内容。当学生在做制取一氧化碳及用一氧化碳还原氧化铜的实验时，应强调学生注意对制取气体装置气密性的检查、化学药品用量的适当（尽量采用微量，只要达到能观察到其物质的存在，了解和掌握它的性质，实验效果明显即可），以及设计吸收尾气的装置等。实验完毕，还应将废液集中倒入废液缸中，可回收的尽量回收，以养成保护环境的良好习惯。要求学生在制取有毒气体时，尽量利用少量的反应物来制取少量的有毒物质，把污染减少到最低程度。如用实验方法鉴别浓 HNO_3，稀 HNO_3 时，铜片改用铜丝，不需反应时，只要抽出铜丝，反应即停止。

3. 正确处理废弃物，使学生自觉养成保护环境的行为

在化学实验中，不仅要少用药品减少废弃物，同时对其废弃物也要妥善处理，决不能随意倾倒，造成环境污染，有的还可以变废为宝。（1）某些不能直接利用的有毒物质可用化学方法进行妥善处理，例如，萃取后的苯和实验中残余的一氧化碳可以燃烧；溴苯可以碱解；酸液中的重金属离子可用铝、铁等轻金属还原；制备硫化氢、二氧化硫、氯气等气体，做铜与硝酸、浓硫酸的反应实验等，往往毒化教室、实验室的空气，直接影响师生健康。我们则可将制备过程中多余的气体或反应过程中产生的有毒气体，通过导管再经一个倒挂漏斗，进入相应的吸收液（如多余的 Cl_2 通入碱液吸收），将有害气体尽可能做无害化处理，以消除或减少有害气体的排放。（2）某些废弃物不经或简单处理后变废为宝，例如，利用高锰酸钾制氧气的残留固体可用做氯酸分解制取氧气的催化剂，最终残余物还可以用于钾的焰色反应，或施用于花、木、草、树是良好的化肥等，从而使学生在化学实验中自觉养成保护环境的行为。

三、丰富多彩的课外活动，是进行环境教育的第二阵地

课堂教学固然是进行环保教育的重要一环，但课外活动的形式多种多样，丰富多彩，应在课外活动中进行环保教育，通过多层次的环境教育，可促进学生树立牢固的环保意识，培养良好的环保行为。

1. 环境宣传活动

为提高学生的环境保护意识，通过多种形式对学生进行广泛的宣传教育。每年的"地球日""世界环境日""人口日""爱鸟周""世界无烟日""野生动物保护宣传月"都是我们的环境教育传统日。配合各主题，利用黑板报、墙报进行宣传展览，针对学生存在的问题，一事一题，进行环境保护知识的讲座和法律法规的教育。如：针对学生洗手经常不关水龙头的现象，开设了"水——生命之源"讲座，向学生介绍地球上的水资源，地球总水量约 1.36×10^{10} 亿立方米，其中海水占 97.3%，淡水占 2.7%，而人类可利用的淡水还不到全球水量的 1%，再加上严重的水污染，水质下降，能被人利用的淡水就更少了等知识。用具体的数字向学生说明：水并不是"取之不尽，用之不竭"的，从而让"节约每一滴水"不再是一句空话，让它牢固地树立在学生的心中。针对个别初中生尝试吸烟现象，配合"无烟日"，我们开展了"吸烟与健康"知识讲座，向学生介绍烟燃烧所产生的几十种有害成分，以及他们对环境的污染和对身体所造成的各种伤害，教育学生不可因好奇而去吸烟，号召学生参加"家庭无烟"活动。

2. 社会实践

初中生已具备一定的独立观察、思考和分析能力，他们也乐意做自己感兴趣的事。根据这一特点，利用休息日和寒假日，配合学校的宣传活动和研究性学习计划，让学生走出校门，走向社会，甚至通过网络走向世界，去调查身边的环境状况、环保措施，去参加环境保护活动。如：在"植树节"，我们组织学生去植树造林，让他们切实地感受到，环境保护不仅要宣传，更重要的是要去做。我们还组织学生通过参观考察和社会调查（如参观造纸厂、水泥厂、化工厂，调查周边的水环境等），使学生了解周围环境污染原因及对策，在进行环境保护教育的同时，也增强和提高了学生的社会实践能力和分析、解决实际问题的能力。还可出专栏，办展览和小报，聘请环保部门的专家来校作讲座等多种形式、多种途径扩大环保教育的影响，增强学生的环保意识。通过以上活动，使学生进一步了解环境与发展的关系，认识到环境保护是我国的一项基本国策，进一步了解国家和地方的环保法规和政策，认识到破坏环境是一种不道德行为，是一种违法行为。

此外，我们的研究性学习小组对本地区的水资源、废电池的回收情况、塑料制品的使用与处理等问题进行了调查、实验、分析和总结，撰写了具有一定质量的小论文。通过社会实践，不仅开阔了学生的视野，增强了环境保护意识，而且培养了学生的观察、分析问题和解决问题的能力。

　　基于在中学很多章节的化学知识中都涉及到环境保护问题，通过化学课堂教学渗透环保知识引导学生多渠道多方面吸收了解与教学内容相关的信息，只要引入得当，结合得巧妙，这不但不会影响化学课的教学质量还会增强化学课的趣味性，增强化学课的吸引力，更有利于培养学生关心社会生活，关心生存环境，关心科技发展的现代意识，也有利于培养学生的创新精神和实践能力。在课堂上渗透环境教育时，需注意三个问题。

　　第一，要注意理论联系实际，切忌死搬教条；

　　第二，要注意生动形象，切记机械说教和呆板的记忆；

　　第三，要掌握渗透的程度，不能过分的展开，上成专业课。

　　随着我国改革开放的不断深入开展，我们的环保事业也跨入了新阶段，这势必对环境教育提出更高的要求。提高青少年、儿童的环境保护意识，国家已经明确要求物理、化学、生物等学科应重视环境教育。随着全世界、全社会对环境保护的日益重视，环境教育必将普及。我们教师要有环境保护的忧患意识和强烈的环境保护的责任感，才能自觉地把环境教育渗透于学科教学中，才能注意挖掘教材中的环保内容，把化学学科知识与环保知识有机地结合在一起，抓住机遇，积极投身，尽己之长，为环境教育做出贡献，为全民建立环保意识打下良好的基础，为祖国的环保事业做出不可估量的贡献。

　　人类只有一个地球，环境保护教育，只有上下一致，通力合作，从小抓起，从我做起，使每一位社会成员都树立起强烈的环境意识，人人爱护环境，保护环境、防止环境污染，才能创建一个美好的劳动生活环境，才能拥有一个充满生机的地球，共同构建人类命运共同体。

如何准确描述化学实验现象

　　化学是一门以实验为基础的自然学科，化学的许多重大发现和成果都是通过实验得到的，实验探究活动一般是按照：操作、现象、结论来进行。化学实验现象是化学反应本质的外在表现，是指用眼看、鼻闻、耳听、手感等方式能够感觉到的物质在化学变化中所表现出来的外部特征。在实验探究活动中学生不但要做好化学实验，而且，还应该细心观察每一个化学实验，再用客观、准确、恰当的语言把实验现象描述出来。由于初中生刚接触化学，感到新、奇、特，在观察化学实验时，往往只看热闹，不看门道，因此，要想让学生细心观察化学实验，再准确描述，不是一件简单的事情。

　　我们把观察化学实验的基本方法探索如下。

一、可以根据时间段把观察分为三个阶段

变化前、变化中、变化后。

二、可以把观察内容分三类

　　（1）形态：包括物质的状态（气、液、固）、溶解、沉淀的析出、气泡、气味等。

　　（2）外观：包括物质的颜色、烟、雾、浑浊等。

　　（3）能量：包括物质变化中发生的光、电、热、声、爆（炸）等。

三、可以根据反应条件的不同也将化学实验分成三种类型

第一种是物质燃烧实验；第二种是加热固体物质实验；第三种是在溶液中进行的化学实验。这三类实验的现象存在的规律如下。

1. 物质燃烧实验都有三个明显的现象

（1）放出大量的热；（2）生成了一种或几种不同于反应物（指物质的色、态、味）的产物；（3）固体直接燃烧则发出一定颜色和强度的光；气体或固、液体转变成气体再燃烧则发出一定颜色和强度的火焰。（描述物质的燃烧现象，一光、二热、三生成）例如：铝条燃烧的现象是：①发出耀眼的白光；②放出大量的热；③生成一种白色固体。再如：硫磺燃烧（在氧气中）的现象是：①发出明亮的蓝紫色的火焰（硫磺受热先熔化再汽化最后才燃烧）；②放出大量的热；③生成一种有刺激性气味的气体。

2. 加热固体物质的实验现象主要包括

物质的状态、颜色、质量变化及产物中是否有水和气体产生。例如，加热碳酸氢铵的现象：（1）有一股刺激性的气味产生；（2）试管壁上有水珠生成；（3）有使澄清的石灰水变浑浊的气体生成；（4）试管内的白色固体逐渐消失。

3. 在溶液中进行的化学反应，实验现象主要包括

反应物（固态）的质量和颜色变化及溶液中是否有沉淀（包括沉淀颜色）和气泡产生。例如，在硫酸铜溶液中加入氢氧化钠溶液的实验现象是有蓝色沉淀产生。

4. 观察和描述实验现象的注意事项

（1）要注重对本质现象的观察

本质现象就是以提示事物本质特征的现象。如：镁带在空气中燃烧时"生成白色固体"是本质现象，因为由此现象可正确理解化学变化这个概念，而发出"耀眼的白光"则是非本质现象。因此，观察实验现象要有明确的观察目的和主要的观察对象。

（2）要正确描述实验现象

①不能以结论代替现象，生成物的名称是通过实验、经过分析，推断得出的。在描述实验现象时，不要夹带生成物名称，物质的名称是根据实验现象、数据、经过综合分析判断得出的，通过外表现象是"看"不出来的。因此，在描述现象时，切不可把物质的名称当作实验现象。如：镁在氧气中燃烧生成白色固体，但不能

说生成氧化镁。实验现象是描述人通过感觉器官（如：眼、耳、鼻等）所感知的现象。如：锌与稀硫酸反应的现象不能描述成"生成了氢气"，而应描述成"产生气泡，锌粒逐渐消失"。再如：碱式碳酸铜受热分解的反应现象描述，不能叙述成"生成黑色氧化铜，同时生成水和二氧化碳"，而应叙述成"绿色粉末逐渐变黑，试管内壁出现无色液珠，同时生成一种能使澄清石灰水变浑浊的气体"。又如：铁丝在氧气中燃烧的实验现象是"火星四射、放出大量的热，生成黑色固体"，而不能用结论"生成四氧化三铁"代替"生成黑色固体"。物质的颜色、状态、气味等人可以感知，而物质的结构、组成却是不能被感知的。

②"烟""雾"不分

在化学中，"烟"是固体小颗粒，"雾"是液体微滴。例如，磷在氧气中燃烧生成五氧化二磷时，其实验现象不能称为"产生白雾"，而应该说"产生大量浓白烟"。再如，打开装浓盐酸的瓶塞，实验现象应描述为"白雾"，而不能说"白烟"，因为看到的是盐酸中挥发出的氯化氢气体与空气中水蒸气结合形成了盐酸小液滴。

③"发光"与"火焰"混用

物质燃烧时，一般都产生火焰或发光，但要注意正确区分二者，不要张冠李戴。"发光"是指固体微粒被灼热的结果，说白了就是没有产生火苗。如下面实验现象描述：点燃镁带称为"耀眼的白光"；铁丝在氧气中燃烧称为"火星四射"。"火焰"是气体燃烧时伴生的现象，即平常所说的"火苗"。如：硫在氧气中燃烧，硫先汽化再燃烧，现象描述为"明亮的蓝紫色火焰"；氢气在氧气中燃烧称为"淡蓝色火焰"。

④顾此失彼，现象描述不全面

化学反应现象十分复杂，有些现象易被忽视，因此描述实验现象，要仔细全面，不要顾此失彼。例如：描述物质燃烧现象，要唱好"三部曲"。即先描述发光（或火焰）的颜色，再描述放出热量，最后再描述生成物颜色、状态、气味等（记背化学现象也应以此为思路）。

（3）要用科学的化学术语，不能口语化

许多学生在描述实验现象时，往往用词不当，使人啼笑皆非。如："点燃酒精灯"说成"酒精灯燃了"；"二氧化碳与澄清的石灰水反应"描述成"石灰水变白了"；"碳酸钠与盐酸反应"描述成"碳酸钠化了，冒泡了"等。

把"白色"与"无色"混淆：白色是指物质对光的反射所产生的一种视觉现

象，而无色则是光能全部透过物质所产生的现象。如，纯水是无色液体，氧气是无色气体，碳酸钙沉淀是白色的等。

把实验结论当成现象实验结论需要通过分析实验现象才能总结出来。在物质的鉴别时要根据实验现象才能确定物质，而不能没有现象直接得出结论。如，用澄清石灰水来鉴别氧气和二氧化碳时，不能直接说二氧化碳能使澄清的石灰水变浑浊，而应该说使澄清石灰水变浑浊（现象）的物质是二氧化碳（结论），无明显变化的物质是氧气。

这些不规范的语言描述，都需要教师根据学生的具体的实际情况，循序渐进地讲解实验的基本操作，标准的讲解语言讲清一些容易混淆的概念和原理。如：加热和点燃、溶解与熔化、组成与构成、吸水与脱水、酸碱性与酸碱度等。教师要身体力行，做好实验操作示范，语言讲解规范，用语贴切，要向语文老师学文采，向数学老师学逻辑，向政治老师学哲理。榜样的力量是无穷的。

细心观察每一个实验，再用准确规范的语言描述出来，不是一朝一夕的事，需要教师精心培养学生良好的观察习惯，清晰、流畅、准确的语言表达能力。正如门捷列夫所说："观察是第一步，没有观察，就没有接踵而来的前进。"

优化作业设计　助力学生发展

在"双减"背景之下，如何科学合理地设计初中化学作业，提高作业的有效性，本文从明确设计理念、注重作业形式、关注作业评价三个方面进行了深入研讨与实践。

2021年7月24日，国务院办公厅印发了《关于进一步减轻义务教育阶段学生作业负担和校外培训负担的意见》。在"双减"背景之下，学校在教育教学中的战略主导地位进一步凸显，学校作为教育教学主阵地，再次聚焦了社会对高质量教育的期待。作业是课程教材的重要组成部分，是实现课程目标的基本环节，是教学过程中最具活力的活动内容。因此，如何科学合理地设计作业，提高作业的有效性，成为提高教学质量的关键因素。为落实"双减"的文件精神，深入推动课程改革，全面实施素质教育，全面提升教学质量，我们学校对化学作业的设计进行了深入研讨与实践。

一、明确设计理念，提高教学质量

1. 将立德树人作为作业设计的出发点

《初中化学课程标准（修订稿）》指出：义务教育阶段的化学教育，不仅要引导学生更全面地认识物质世界的变化规律，而且要有助于学生更好地适应现代社会生活，提高学生的科学素养，促进学生在德、智、体、美诸方面都得到良好的发展。使每一个学生以愉快的心情去学习生动有趣的化学，激励学生积极探究化学变化的奥秘，增强学生学习化学的兴趣和学好化学的自信心，培养学生终身学习的意识和能力，树立为民族复兴和社会进步而勤奋学习的志向。

如学习氨碱法制纯碱时，可介绍我国制碱的先驱侯德榜：在英国卜内门公司垄断国际市场，对外封锁技术时，他怀着一颗赤诚的报国之心，漂洋过海，返回祖国，日夜奋战在工厂，于 1926 年 6 月在塘沽碱厂生产出纯度为 99% 的洁白纯碱，荣获美国费城博览会金奖，为祖国赢得了荣誉。

2. 将课程标准作为作业设计的根本点

课程标准是我们教学的指导性文件，我们根据单元主题内容，依据课标，确立单元学习目标；依据单元学习目标再确定单元作业目标；最后依据单元作业目标进行作业设计。教师对试题的新立意、新情境、新设问进行三新研究，变编练习题为解决真实问题；重视生活描述型、概念表征型、问题分析型、反思评价型、单元综合型等探究性作业研制。变预设性作业题为依据学情课堂课后动态生成性地设计一些作业题，让作业更具针对性。对作业、试卷中原创题比例提出要求，开展原创试题设计比赛。

品题、析题、说题旨在逼教师过知识、经验关。做出来、析清楚、说明白，是三项备课训练。教师在阅读教材基础上，列出每节的目标要求清单，在此基础上编制一份作业，接着分析为什么选这些题，理论依据是什么，即课标对该知识点学习目标总要求、级段要求是什么。

对作业题进行多维度分析。

立意分析：题目涉及的知识点、学科能力、学科思想方法、课标及中考说明的要求，已知和未知的关系。

题目分析：题目特点、题目情境、考查角度及题目对学生能力的要求与学生实际水平的比较分析（学生在理解问题时可能出现的难点）。

解题思路分析：根据题设条件或设问指向、问题的结论对解题思路形成的作用，梳理解题思路、步骤、解题关键点如何突破及结论。

错因分析：针对学情，预测学生存在问题，分析错因，如何帮助学生解决问题。

拓展分析：对题目进行合理改编和补充用以解决同类问题，或构建知识结构，形成课程资源。

3. 将精选习题作为作业设计的基本点

"尽量给学生布置多的作业"，有这类想法的教师认为作业的内容并不重要，关键的是要有一定的"量"，"量变"必定能导致"质变"。其实不然，我们强调有效作业的设计，使它更具有针对性、实效性，作业的布置必须具有明确的要求，明确指向教育目标，与课堂教学配套，作业设计重视基础，以培养学习兴趣为主，对传统的识记性低阶性思维训练习题改编为评价应用创造为主的高阶思维训练的习题。又由于每个学生都是独立的个体，存在差异，因此我们要尊重差异，让不同的学生都得到发展。这样，既能保证学习效果，又能减轻学生过重的作业量，让学生有足够的时间从事自己感兴趣的活动，充分发展他们的天性，锻炼他们的能力。

学生过重作业负担与教师作业命题与设计能力薄弱呈正相关，故作业减量提质只有"教师下题海，学生才能荡轻舟"，才能提升教师编创体现考查核心素养命题质量。在复习物质组成的定量表示时，我精选了这样一道题。

化肥对提高农作物的产量具有重要作用。硝酸铵（NH_4NO_3）是一种常见的氮肥。请计算：

（1）硝酸铵中氮、氢、氧元素的原子个数比_____；

（2）硝酸铵的化学式量为_____；

（3）硝酸铵中氮、氢、氧元素的质量比为_____；

（4）硝酸铵中氮元素的质量分数为_____；

（5）100 kg 硝酸铵中含氮元素的质量为_____；

（6）若需提供 3.5 kg 氮元素，则需要硝酸铵的质量为_____。

设计这样一道题，可以使学生举一反三，触类旁通，既促进了学生基础知识的掌握，还训练了学生思维的灵活性，体现了由知识向能力转化的梯度。

4. 将创新作业作为作业设计的增长点

在作业设计中要关注国家、社会时事热点，要把科学知识与生活实际联系，课内课外的知识有机地结合在一起。让学生在练习的同时了解一些最新的自然科学、社会科学等方面的知识，让学生在解决问题的过程中认识客观世界。2021年 10 月 16 日，搭载神舟十三号载人飞船的长征二号 F 遥十三运载火箭，在酒泉卫星发射中心精准点火发射，顺利将翟志刚、王亚平、叶光富三名航天员送入太空，三位宇航员将在太空出差六个月。"祝融"探火，"羲和"逐日，"天和"遨游星辰，火箭发射所需要的燃料与化学密切相关，航空航天的重大突破都离不开新型材料的应用。今年 2 月 4 日，万众瞩目的第二十四届冬奥会在北京隆重开幕，本届奥运会的最大特色之一就是绿色环保，尽显高科技：二氧化碳跨临界直接制冰，被誉为"最快的冰"；冬奥会服装中的"黑科技"，在颁奖礼仪服内胆里添加了第二代石墨烯发热材料，典雅又保暖，比赛服的科技含量更高；冬奥火炬"飞扬"更是一亮相就吸睛无数，用的是碳纤维与高性能树脂结合在一起制成的碳纤维复合材料，质量只有钢的 1/4，强度却是钢的 7~9 倍。

根据以上信息，我设计了这样两道原创作业。

2021 年 10 月 16 日，搭载神舟十三号载人飞船的长征二号 F 遥十三运载火箭，在酒泉卫星发射中心精准点火发射，顺利将翟志刚、王亚平、叶光富三名航天员送入太空，长征二号 F 遥十三运载火箭使用了高性能的液氢和液氧作为推进剂。试判断下列说法正确的是（　　）

A.液氧是无色的液体　　　　B.氧气液化时氧分子体积变小

B.氧气是一种高能燃料　　　D.氢气燃烧产物不会产生污染

在今年的北京冬奥会上，冬奥火炬"飞扬"更是一亮相就吸睛无数，火炬的设计尽显高科技，用的是材料碳纤维与高性能树脂结合在一起制成的，质量只有钢的 1/4，强度却是钢的 7~9 倍，能耐高温，请问，制造火炬的材料属于（　　）

C.金属材料　　　　　　　　B.无机非金属材料

D.有机高分子材料　　　　　D.复合材料

家庭小实验是更加灵活的作业呈现方式。可以把课堂知识应用于生活，给学生创造独立实验的机会，并且提高学生的学习兴趣。教师在设计家庭小实验的作业时，需要考虑以下两个方面：一是实验可行性，即所需的药品、器材、设备在家庭中要容易获取；二是简约性，即实验的装置和步骤要简单，且能在较短的时间内完成。作为实验的一部分在传统作业中往往被忽视，其作用却很有意义：家庭小实验利于疑难问题的解答，更有利于学生发现新问题。随着新课程的实施，家庭小实验的地位也将日渐突出，它将与其他类型的实验一起，书写化学素质教育的新篇章，比如：区分硬水软水、自制家庭净水器、野地求生自制取水装置等。这样的作业不仅可以改变传统的作业内容，而且会使化学更贴近生活，提高学生的学习兴趣。

二、注重作业形式，提升教学效率

1. "分"出精彩，"层"出不穷，促进学生发展

教师应关注学生的学习差异，使作业练习具有选择性，也就是根据学生的学习风格、能力的差异，智力发展水平的不同，把一个班上的学生划分为几个层次，然后对不同层次的学生在作业数量、难度和完成时间等方面提出不同的要求，各层次学生在原有的基础上都获得发展。我们设计了快餐型作业：就是像快餐店里的套餐一样，把作业设计成 ABC 三种，A 套餐多为比较简单的巩固性作业；B

套餐的题型较高一层次，侧重能力提升；C套餐的可以设计拓展性强，难度稍大的题目，题型灵活多样，偏重于理解、想象、运用。学生可以根据自己能力的不同和自己的需要去选择做哪一套餐的题目。有选择性地完成作业，凸显"双减"背景下的人文教育理念。它能满足不同层次学生的要求，尊重了学生的选择，使不同层次、不同水平的学生都能体会到成功的乐趣。

我们作业的设计不是纯粹的知识点，而是始终遵循"知识问题化，问题情境化，情境生活化"，以问题的形式呈现，以练习的方式训练巩固所学知识，这样使学生明了了学习任务，充分调动学生的积极性。以九年级化学《化学元素与人体健康》这一节的作业设计为例，A类题可以这样设计：请用表格形式列出人类所需要的六大营养物质，表格内容包括每种营养物质的作用、构成，和食物来源；B类题可以这样设计：请看某家庭一天的食谱：米饭、馒头（主食），咸鸭蛋、红烧肉、花生米（副食），牛奶（饮料），分析他们所摄入的营养物质有哪些？是否应添加一些其他食物？C类题可以这样设计：如果你是一名营养师，请按照刚刚所学的内容，安排家人一天的食谱，要求营养要均衡，同时说明这样安排的理由。基于学生化学基础设计分层作业，可以让学生在原有基础上得到提高，彻底摒弃作业"一刀切"的做法，深受学生欢迎。

2. 走进生活，感受生活，激发学习兴趣

生活中化学无处不在，为了让学生感受生活中的化学，教师可以设计生活化作业，激发学生交流探讨。因此，生活化作业有助于将学生学习化学的兴趣点燃，使其不断深入探索化学。如，为什么霜降以后，青菜萝卜等吃起来味道甜美呢？是因为青菜里的淀粉在植物内酶的作用下反应生成了葡萄糖；食盐和纯碱是我们厨房中常见的物质，学习了酸碱盐的有关知识后，可以让学生利用所学知识尽可能多地想出办法鉴别食盐和纯碱，有的学生选用食醋鉴别，有气泡产生的是纯碱，没有气泡产生的是食盐，也有一些用氯化钡溶液鉴别，有白色沉淀产生的是纯碱等。又如，舞台上烟雾缭绕的境界是怎么出现的呢？因为干冰升华吸收大量的热，舞台周围的温度迅速降低，水蒸气液化呈云雾效果。实践证明，初中生乐于融入与生活相关的化学作业中，愿意主动探索化学的奥秘所在，只要教师抓住学生的"兴奋点"，布置与之相关的作业，学生就会积极响应。这些都会形成化学教学上的有利因素。

3. 口头表述，拓展总结，培养表达能力

随着素质教育改革的深入推行，初中化学中对学生表达能力也做了相应要求。

研究发现，化学试题中的简答题是学生的弱项，也是学生最头疼的一项，学生往往不愿意动脑动口去表达。因此，化学课堂上需要注重学生语言表达能力的培养和训练。而口头表达作业的设计恰好可以为学生提供表达机会，让学生通过口头作业提高语言表达能力。以鲁教版九年级化学《常见的金属材料》这一节的作业设计为例，教师可以让学生分组完成作业，作业如下：生活中的菜刀、镰刀、锤子等都是用铁制造而成，请同学们思考为什么用铁制造而不是用铅制造呢？从导电性能来看，银比铜好，为什么电线多数用铜制造而不用银呢？灯泡里的灯丝为什么不能用锡制呢？如果用锡制成，有可能出现什么情况？水龙头为什么要镀铬而不是镀金呢？教师安排学生分组讨论，并派代表进行表述，组内成员也可以对本组成员的回答或者其他组成员的回答进行拓展性回答。实践证明，此类作业灵活性很强，学生在课堂上踊跃回答可以最大化活跃课堂氛围。

4. 联系实际，注重实践，培养操作能力

新课程提倡三维的教学目标，"知识与技能""过程与方法""情感态度与价值观"三者并重。生活是学生进行探究实践、获取化学知识的广阔天地。教师可通过实践性强的作业把学生引向家庭、引向社会、引向生活，使作业成为丰富生活的向导。这样的作业与生活相联系，更有实际意义。培养学生的创新能力是化学教师的责任所在，而实践恰巧可以搭建通往创新的桥梁。因此，化学教师可以利用实践作业，发掘学生的创新能力。此外，设计实践型作业不仅丰富了作业形式，还能使学生从模式化作业中得到解脱。

例如设计的一篇作业：神奇的冰墩墩，可几个同学共同完成。

目的：加深对酸碱指示剂遇酸碱变色性质的认识。

用品：白纸、毛笔、小喷雾器、无色酚酞试液、白醋、纯碱溶液。

步骤：

（1）用毛笔蘸无色酚酞试液在白纸上画出冰墩墩图像，晾干。

（2）把纯碱溶液喷在纸上，纸上会出现一只可爱的红色冰墩墩，再向纸上喷些白醋，冰墩墩又神秘的消失了。

在这次探究与实践中，你的感想或反思是？

通过这次作业，学生对酚酞遇碱性物质变红色，在中性或酸性溶液中不变色有了更深入的认识。有些学生更是突发奇想，设计出了可以"变脸"的冰墩墩，先用毛笔蘸取紫色石蕊画出冰墩墩，晾干后，再喷上食醋，冰墩墩"变脸"成红色，再继续喷洒厨房里的苏打水，冰墩墩又"变脸"成蓝色。学生学习兴趣大增，有些学生还自己从紫甘蓝、紫茄子、紫色牵牛花等提取出了紫色的指示剂，教师再适时点拨学生，酸碱指示剂不止我们初中学的这两种，还有甲基橙等，拓宽了学生的视野。

还可以与学生一起设计改进创新型实验作业，如浓硫酸倒入水中的正确的操作是：酸入水，沿杯壁，慢慢倒，不断搅。为什么不把水倒入浓硫酸中呢？若把水滴到浓硫酸中现象会怎样呢？

师生共同探究出制作方法：

（1）将橡皮塞打孔，塞入短的导气管，将注射器插入橡皮塞。

（2）将橡皮塞塞紧到锥形瓶口。

使用方法：

（1）将浓硫酸沿器壁慢慢倒入锥形瓶内，用注射器吸入水（或红墨水），把橡皮塞塞紧到锥形瓶口。

（2）将注射器内的水慢慢注入锥形瓶内，观察到酸液飞溅的现象。

该实验装置能在短时间内完成浓硫酸溶于水放热和水滴入浓硫酸会发生酸液飞溅的现象，既可以证明浓硫酸溶于水放出热量，又能充分说明将水倒入浓硫酸中水会沸腾溅出伤人。另外，该实验采用半封闭体系，安全系数高，既可以给学生惊心动魄的体验，又能提高学生浓厚的学习化学的兴趣。

学生学完鲁教版化学《自然界中的水》这一节后，教师可以设计实践作业，既让学生自己动手制作一个简易净水器，这个作业也属于小小发明的范畴，学生很容易投入这类作业中，并积极寻找实验所需要的材料，不断探究。又如，学生学完鲁教版九年级化学化学肥料这一部分内容后，教师可以布置调查研究型作业，让学生调查当地果农是如何使用化肥的？施用化肥的方法是否科学？如果使用化肥的方法不科学，那么应如何改善？实践证明，这些实践型作业深受学生欢迎，可以补充课堂教学中学生参与度的不足，学生乐于完成此类作业，并在作业完成过程中得到有效提高，知识得到升华。

三、关注作业评价，助力学生发展

《初中化学课程标准（修订稿）》指出：为每一个学生的发展提供多样化的学习评价方式。既考核学生掌握知识、技能的程度，又注重评价学生的科学探究能力和实践能力，还要重视学生在情感、态度、价值观方面的发展。在学习过程中，力求使更多的学生学会反思和自我评价，增强学习的主动性。

要想在实际教学工作中更好的贯彻与实施有效作业，教师需要做好作业评价工作，教师的评价与反馈是促进师生之间信息交流和增进师生感情的不可缺少的环节，也是学生不断深入完成有效作业的动力。教师应根据学生学情，作业类型等要求，选择多样化的评价方式，实现有效作业的育人功能。

1. 小组互批，夯实基础知识

对于难度较小、基础简单的化学作业，我们采用互批的方式，教师先给出正确答案，小组内交换互批，互相指出对方的问题，这样能让作业中的错误更加明确具体。如元素符号的书写，化学方程式等化学用语的书写，宜多采用互批的方式，互批后，教师进行随机抽查再批。批改过程中要以赏识激励为主，针对不同层次的学生，不同类型的作业，有针对性地为每个学生写上批语，如："习主席号召我们要踔厉奋发，笃行不怠，你做到了！""滴水穿石，不是力量大，而是功夫深，坚持是成功不可少的因素。""天行健，君子以自强不息，老师一直关注着你走过的每一步脚印哦！""生铁之所以能炼成钢，是因为它经得起痛苦地磨炼，老师期待你破茧成蝶的那一刻！"这不仅传递了教师对学生学习的要求和指导意见，而且融洽了师生感情，拉近了师生间的距离，学生只有亲其师，才能信其道，调动了学生学习的积极性，切身体会到成功的喜悦，从而产生强烈学习化学的欲望。

2. 合作互助，缩小个体差异

根据小组学习中组内异质的特点，结合人的记忆留存规律以及人的遗忘规律的特点，在实施"教授他人，提高自己"的基础上，在教师的指导下，完成互学、互查、互助、互补、互考、互评等一系列合作任务，提高双方学习能力、协作精神、表达能力、自律能力。我们根据小组的分层，抽取不同层次学生的学案，认真批改。小组长帮助老师批改完组内剩余同学的学案，把结果及时反馈到任课教师手中，根据要求，不同层次的学生达到不同层次的要求，每次作业都有目标，人人都有进步和提高，这就是"目标定位，适量进步"，加强对学生的学法指导，以提高教学的实效性。在这样的小组合作中愉快地学习，又达到了"教授他人，提高自己"，同时这也促进了知识的再现，能力的提升。

3. 实践探究，激发学习热情

对于实践性等作业，在学习实践中由于学校条件限制、课时限制，不可能花更多的时间去探究知识过程，我们采取组织学生辩论的方式。实践性作业可结合周边的资源进行，如我们学校地处樱桃小镇，农村施用化肥农药的情况、学校附近水质污染的情况、水体富营养化的原因及解决策略、城乡居民的燃料等研究性学习成果，内容繁多且取向各异，如果由教师一一进行评价，则教师本身负担过重，无法做到客观高效的评价。因此，需要改变以往的评价方式，由教师引导，学生组织，通过小小辩论赛的方式，对学生的实践性作业进行综合的考查与评价。辩论赛中学生的表现，不仅能展现出作业的完成情况，还能体现出学生完成作业的方法，思路，更能展现学生的合作能力、语言表达能力、调查分析能力等综合能力，可以使学生更好地认识自我、发展自我。

　　总之，初中生需要多样化的作业设计，多样化的作业有利于激发学生学习化学的兴趣。教师应不断深入了解初中生特点，融合"双减"理念，设计多样化的作业形式，采用多样化的评价方式，让学生把完成作业当作一种"享受"，逐渐驱走学生对作业的畏惧感，减轻学习压力。但是，教师也切不可过分追求作业形式，应在设计多样化作业的同时让学生感受化学的魅力，并有所收获。只有这样，作业的功效才会更加凸显。

抓信息　巧解题

　　信息给予题又叫材料阅读题、化学新信息题，还称化学新情景题，其形式是根据题中提供的新信息、新知识，使考生利用已掌握的化学基础知识和基本技能，经过短时间的临场阅读和一系列的思维活动创造性地解决新问题。这类题由于情景新、知识活、能力要求高，在近几年的中考试题中频频出现，成为中考试卷中一道亮丽的风景线。

　　信息题具有考查学生的自学能力、知识迁移能力、观察联想能力、重组思维分析能力的功能，以及具有摆脱题海、正确导向和公平竞争等优点。信息题从它考查的目的方式来看，符合未来社会对人才培养的要求和素质教育的目标，即从未来出发考虑人才培养的规格和质量，教育不仅要学生掌握丰富的知识，更重要的是发展学生的能力，通过各种能力的提高使学生更好的适合未来生活的需要，所以信息题受到广大师生和有关教学人员的信赖及赞誉、推崇。

　　初中学生刚开始接触化学，属于化学的启蒙教育阶段，对化学的陌生使他们不能灵活掌握和运用化学知识，遇到更加容易丢分。下面我对近年来中考化学试卷信息题的分析和研究归纳总结以下几点。

一、信息题设题的特点

（一）信息给予题的典型特征

1. 新颖灵活

创设情景的题材一般较新，时代气息浓厚，灵活性强。学生必须对新情景进行认真地分析、归纳，通过检索旧知识，吸纳新知识，探索出试题设问的实际问题与中学基础知识的相同点与相似点，从而将所学知识迁移到新情景中去。

2. 起高落低

信息给予题的命题多取材于现代科技、生活实际、社会热点、科学史等——即起点高，而所设问题往往又是利用现有基础知识便能解答的，看似超越教学内容，实则紧扣书本——即落点低。

3. 即学即用

由于信息题创设的情景新，知识内容新，要求考生现学现用，迅速捕捉信息并且利用信息，这正是检测考生自学能力及分析解决问题能力的绝妙之处。

（二）初中信息给予题的两个特点

一是信息内容主要包括化学用语、化学实验及装置和物质性质等三方面的知识范围，但超越课本内容，一般是知识的纵向深入或横向拓宽，如将高中化学中氯气、氨气、甲烷等气体的实验室制法等部分内容作为问题在信息中出现。二是每道题的信息涉及知识面较窄，往往是某个知识点的延伸或是提供一个信息解决一个问题，且大部分属于直接信息，比较容易发现。

信息题的素材既可以取自大学教材，也可以取自新的研究成果，还可以取自生活与实践。因此，认真研究它的设题条件和思路，才能找到切入点，举一反三。

首先：设题时既要考虑到新的情景，又要落实到具体知识点，而且这些知识点又是初中学生所了解和掌握的。

其次：所选的题材大纲一般在所要求的知识和技能的基础上，有的来自于生活，有的来自于生产，也有的来自于科学实践。在题中能叙述得清楚明了，考生能够接受。

再次：题型有填空题、选择题、计算题和实验题。问题的设计较为灵活，问题的关键也很鲜明。

最后：创造的新情境与落点之间，一般需要考生在自学的基础上进行分析、归纳、知识迁移，大胆运用所学知识进行切入，方能达到。落点，成功在即。

二、信息给予题的基本框架

综合各类信息给予题，著者认为，该类试题一般具有如下框架。

题干（信息部分）+ 若干简短问题（问题部分）

题干是向学生提供解题信息，多以文字叙述为主，有的辅以图示和数据等信息，内容覆盖了化学领域的各方面知识，题干的特点往往具有隐蔽性、启发性和迁移性。

问题部分是围绕题干给出的信息展开的，学生能否解答问题，取决于他能够从题干中获取多少信息以及获得的信息能否快速地迁移到解答的问题中来。问题往往以连环式、并列式、渐进式或综合式的结构关系形成系列，构成对题干信息的比较完整的研究和应用。

三、信息题解题思路与技巧

（一）信息给予题的解法步骤

1.阅读理解，发现信息。认真阅读题干，能读懂题干给出的新信息，理解题干创设新情景中的新知识。

2.提炼信息，发现规律。结合提出的问题，提炼出有价值的信息，剔除干扰信息，从中找出规律。

3.运用规律，联想迁移。充分发挥联想，将发现的规律和已有的旧知识牵线搭桥，迁移到要解决的问题中来。

4.类比推理，解答问题。运用比较、归纳、推理的方法，创造性地解决问题。

（二）解答好信息题应注意以下三个环节

首先学生应具备良好的心理素质和学习素质，要绝对地相信自己，相信自己的解题能力、知识迁移能力、知识应用能力和思维分析能力，这是解决问题的先决条件，也是将来面临新问题并能妥善解决的必要条件之一。二是考生应仔细审题，认真分析，抓住实质，获取信息，排除干扰的因素和无关的信息，及时迁移有关知识，结合问题处理信息，联系实质或所学知识大胆演绎，这也是解答信息题的关键所在。三是根据信息，应变创新。运用所学的有关知识，理论和概念进行推断，解释说理和验证，从而最终达到解题的目的，即要求学生能把现场自学所得概念迁移到新的"情境"中去，抓住信息特征，将"新""旧"知识衔接，问题便迎刃而解。

四、例题分析

例1：我国古代纺织业常用氢氧化钾作漂洗剂。前人将贝壳（主要成分是碳酸钙）灼烧后的固体与草木灰（主要成分是碳酸钾）在水中相互作用，即可得氢氧化钾。

（1）上述过程中发生反应的基本类型共有_____种。

（2）发生复分解反应的化学方程式是：_____。

（3）如果要得到氢氧化钾溶液，还要经过_____操作。

分析：此题是典型的文字叙述式信息给予题，篇幅不长，但所隐含的信息丰富，需细细研读。根据创设的三个问题可知，要解决问题必须弄清制备氢氧化钾的反应过程。结合本题信息，再联想学过的氢氧化钠的制备，可以提炼出其中有效信息，明确其反应过程：①贝壳（主要成分是碳酸钙）灼烧：$CaCO_3 \xrightarrow{\text{高温}} CaO + CO_2 \uparrow$；②灼烧后的固体与水作用：$CaO + H_2O == Ca(OH)_2$；③氢氧化钙与草木灰（主要成分是碳酸钾）在水中作用：$Ca(OH)_2 + K_2CO_3 == 2KOH + CaCO_3 \downarrow$。以上三种反应就是三种基本类型，即分解反应、化合反应和复分解反应。要得到氢氧化钾溶液，需将 $CaCO_3$ 沉淀通过过滤操作除去。

答案：（1）3 （2）$Ca(OH)_2 + K_2CO_3 == 2KOH + CaCO_3 \downarrow$ （3）过滤

例2：孔雀石的主要成分是 $Cu_2(OH)_2CO_3$。当孔雀石在树木燃烧的熊熊烈火中灼烧后，余烬里有一种红色光亮的金属显露出来。用两个主要反应方程式说明这种变化的原因。（1）_____；（2）_____。

解析：此题的信息是："灼烧后，有一种红色光亮的金属显露出来。"显然，这种金属为铜，而 $Cu_2(OH)_2CO_3$ 受热可分解为 CuO，CuO 进一步与 C 作用生成 Cu。因此答案为：

（1）$Cu_2(OH)_2CO_3 \xrightarrow{\Delta} 2CuO + H_2O + CO_2 \uparrow$

（2）$2CuO + C \xrightarrow{\text{高温}} 2Cu + CO_2 \uparrow$

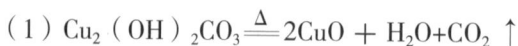

例3：下表是行星上"大气"（相当于地球上的空气）的主要成分。请回答下列问题：

行星名称	行星上"大气"主要成分
金星	二氧化碳、硫酸
火星	二氧化碳
冥王星	甲烷

（1）它们中可能成为宇宙飞船燃料补给站的行星是：_____。

（2）科学家发现在宇宙飞船飞过冥王星"大气"时，甲烷并没有被点燃，请分析其原因：_____。

（3）上图是我国"长征"系列火箭发射升空的情景，该火箭第一级是用肼（N_2H_4）作为燃料，用一氧化氮作为助燃剂，燃烧生成水和空气中最多的气体，请写出该反应的化学方程式：_____。

（4）"勇气"号近日测得温度很高的火星表层土壤中可溶性盐的含量高，科学家认为这是火星"地下"有水的证据，请结合溶液的有关知识，谈谈为什么把这个发现认为是火星有水的证据：_____。科学家让"勇气"号在火星上找水的意义是：_____。

（5）若要在月球上建立永久空间站，需要解决空间站内氧气和二氧化碳之间循环的问题，请提出你的一个设想：_____。

分析：本题是以"宇宙空间探索"为背景的一道图文并茂的综合式信息给予题，有效信息隐蔽在图、表以及文字中，需要考生具有敏锐的洞察信息的能力。

（1）只有可燃性物质才可做宇宙飞船的燃料，通过查阅上表可知，这些行星的"大气"主要成分中只有甲烷是可燃性气体，故冥王星可做宇宙飞船燃料补给站。

（2）宇宙飞船飞过冥王星"大气"时，甲烷并没有被点燃。针对这一事实，结合燃烧所具备的条件，可以推测其原因是冥王星"大气"中没有氧气。

（3）根据题给信息可知，肼与一氧化氮反应的产物是水和氮气，肼燃烧的化学方程式也就不难写出了。

（4）本小题的第一问难度虽然很大，但若能准确捕捉到有用信息——"火星表层土壤的温度很高""火星表层土壤中可溶性盐含量高""'地下'有水""结合溶液的有关知识"等，并将这些信息联系起来，层层推理，可得出正确的推论，即地下有水→水溶解地下的可溶性盐→可溶性盐上升至表面→在表面高温下水被蒸发→表面留下固体盐。

（5）这是一个开放性问题，目的在于考查学生的创新精神，只要言之有理，对二氧化碳变成氧气进行思考，提出的设想均可。

答案：（1）冥王星（2）从物质燃烧的条件看，虽然有可燃物和达到着火点的条件，但冥王星上无氧气，因此当火箭经过时，甲烷不可能被点燃（3）$N_2H_4+2NO = 2N_2+2H_2O$（4）有水就可能有生命（5）如：①可设法种植植物；②研究能吸收二氧化碳放出氧气的化学物质

五、巩固练习

1.混盐一般是由一种阳离子与两种酸根离子组成的盐，如：$Ca(NO_3)Cl$。

漂白粉中有一种混盐 $CaOCl_2$（其中钙元素化合价为 +2，氧元素化合价为 –2）。

（1）请将该混盐改写成如 $Ca（NO_3）Cl$ 的形式，其化学式表示为____。（2）该混盐中氯元素的化合价为____。

2. 鱼是人们非常喜爱并经常食用的食品。剖鱼时若不小心弄破了鱼胆，胆汁沾在鱼肉上，就会使鱼肉带有苦味而影响人的食欲。胆汁中具有苦味的物质主要是胆汁酸（一种酸），沾在鱼肉上的胆汁酸很难用水洗掉。

（1）根据上面的描述，请你写出胆汁酸的一种物理性质____。

（2）除去沾在鱼肉上的胆汁酸，消除鱼肉的苦味，可用厨房中常用的一种物质的溶液浸泡，这种物质是____。若用 HR 表示胆汁酸的化学式，则浸泡过程中发生反应的化学方程式为_____。

3. 根据提供的材料，结合你已有的知识，回答下列问题。

材料1　循环经济

进入 2004 年，循环经济成为我国社会经济生活中的热门话题。从物质转化的角度，循环经济是循环流动性经济，即"资源——产品——再生资源"，而传统的工业生产是一种单向流动的线性经济，即"资源——产品——废物"。

材料2　理想的氢元素循环

我国的原油储量仅占世界的 2.43%，天然气储量只占世界的 1.20%。氢气是未来理想的能源，水是未来氢气之源。理想的氢元素循环如下图所示。

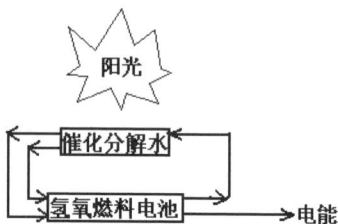

（1）下列观点正确的有（　　）

A. 推行循环经济能解决我国的能源危机、资源短缺、环境污染等问题

B. 化学反应不仅能为人类提供有用的物质，而且能够消除对人类有害的物质

C. 从循环经济的角度看，废物就是放错了位置的资源

D. 在"资源——产品——废物"的生产过程中，不遵循质量守恒定律

（2）对于理想的氢元素循环，下列说法正确的是（　　）

A. 光能通过化学反应转化为电能

B. 在理想的氢元素循环过程中，没有发生化学变化

C. 水的分解反应需要吸收能量

（3）写出材料2中水分解反应的化学方程式＿＿＿＿＿＿＿＿。

4.某校化学兴趣小组的同学发现长期露置在空气中的金属M表面会被锈蚀，于是他们一起探究金属M锈蚀的原因。经检测，锈蚀物中除含有M元素外，还含有C、H、O三种元素。

（1）甲同学依据锈蚀物中的组成元素，推测空气中＿＿＿肯定参加了反应，但不能确定空气中的氧气是否参与反应。为了确认空气中的氧气是否参加反应，设计如图系列实验，你认为其中必须要做的对照实验是＿＿＿（填字号）。

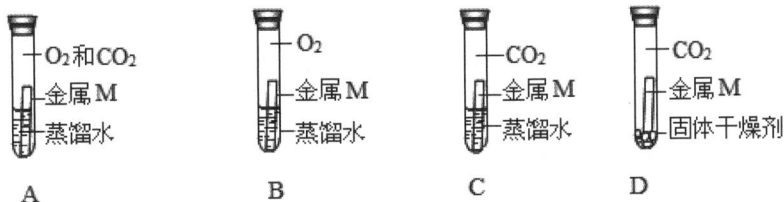

（注：蒸馏水是煮沸迅速冷却的，固体干燥剂仅吸收水分）

若观察到＿＿＿（填现象），证明氧气参加了反应。

（2）若金属M是铜，铜器长期露置在空气中会生成绿色铜锈，它的主要成分是碱式碳酸铜$Cu_2(OH)_2CO_3$。小组同学欲探究$Cu_2(OH)_2CO_3$的性质。

查阅资料：

① $Cu_2(OH)_2CO_3$的化学性质与$Cu(OH)_2$和$CuCO_3$混合物的性质相同

② $Cu(OH)_2$受热分解生成CuO和H_2O，$CuCO_3$的化学性质和$CaCO_3$相似

③白色$CuSO_4$粉末遇水变蓝色

结合以上信息分析$Cu_2(OH)_2CO_3$加热分解产物为＿＿＿。

（实验探究）

为进一步验证$Cu_2(OH)_2CO_3$受热分解产物，从如图中选择部分装置进行实验。装置的连接顺序为＿＿＿；实验中可观察到的现象是＿＿＿。

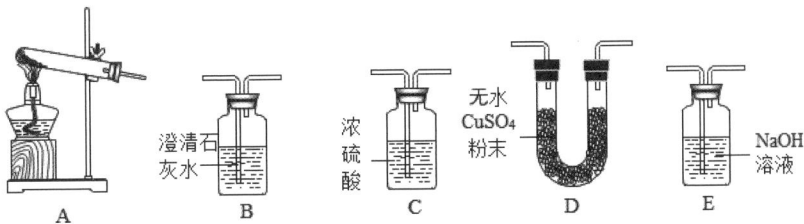

（实验结论）碱式碳酸铜受热易分解。

参考答案：1.（1）Ca（ClO）Cl（2）–1 和 +1　2.（1）有苦味（或难溶于水）（2）碳酸钠（或纯碱、碱面）$Na_2CO_3+2HR=2NaR+CO_2\uparrow+H_2O$（选用的物质也可以是小苏打）　3.（1）ABC（2）AC（3）$2H_2O\xrightarrow[光照]{催化剂}2H_2\uparrow+O_2\uparrow$　4.CO_2 和 H_2O　AC　A 中 M 生锈，C 中 M 不生锈　CuO、CO_2 和 H_2O　ADB　A 中固体由绿色变为黑色，D 中白色固体变为蓝色，B 中澄清石灰水变浑浊

【第 4 题解析】（1）根据题目信息，锈蚀物除了含有 M 元素，还含有 C、H、O 三种元素，这三种元素则来自于空气，而空气中含有碳元素为二氧化碳，含有氢元素为水，这两种物质包含了 C、H、O 三种元素，所以这两种一定参与了反应；空气也有氧气的存在，含有氧元素，因此为了确定氧气是否参与反应，设计实验验证氧气的影响，将氧气作为唯一变量，而 A 和 C 只是将氧气作为了变量，所以选择其为对照实验；若观察到 A 中生锈，B 不生锈，说明氧气存在可以使 M 生锈，得出实验结论，氧气参加了反应；故答案为：CO_2 和 H_2O；AC；A 中 M 生锈，C 中 M 不生锈。（2）根据题目信息，碱式碳酸铜可以看作是氢氧化铜和碳酸铜的混合物，而碳酸铜与碳酸钙性质相似，氢氧化铜受热分解生成氧化铜和水，碳酸铜则加热会生成氧化铜和二氧化碳，所以碱式碳酸铜受热分解则会生成氧化铜、水和二氧化碳；故答案为：CuO、CO_2 和 H_2O。

【实验探究】

反应物为固体且需要加热，所以选择 A 为发生装置，氧化铜为黑色固体，因此在 A 中通过固体颜色变化确定，二氧化碳可以用澄清石灰水验证，水可以利用无水硫酸铜验证，而验证水的存在是先放在澄清石灰水之前，避免气体先通过澄清石灰水带出水蒸气，影响实验结果判断，所以顺序为 ADB；A 中固体变为黑色，证明氧化铜的存在，D 中无色变为蓝色，证明水的存在，澄清石灰水变浑浊，证明了二氧化碳的存在；故答案为：ADB；A 中固体由绿色变为黑色，D 中白色柜体变为蓝色，B 中澄清石灰水变浑浊。

信息题就能力而言，它的发展趋势由考查学生从现有的知识、原理出发，分析判断理解"老"问题的能力，向考查学生自学新材料、新理论，运用新观点新方法，创造性解决"新"问题的能力方向发展。只要学生抓准信息，利用已有知识进行迁移并加工处理，发挥联想，问题就可以迎刃而解。

课堂演示实验　别有一番精彩

教师用演示的方法、结合课堂教学进行的化学实验——化学课堂演示实验，其特点是操作简便，现象明显，具有较强的直观性与示范性。通过演示实验，不仅可以使学生比较容易地接受新知识，还可以使学生了解正确使用仪器及试剂的方法和操作过程，以便日后独立进行实验时能使用或容易学会使用这些仪器和试剂，并进行正确的实验操作。因此，演示实验是化学教学中最常用的直观手段之一。从演示实验的目的看，可以把演示实验分成传授新知识的演示实验、验证或巩固所学知识的演示实验及指导性演示实验三种类型。

一、传授新知识的演示实验

这是以让学生获取新知识为目的而进行的演示实验，通常是边讲边演示。从逻辑上看，这往往是一个由特殊到一般的学习过程。教师在演示时，先讲述实验原理、条件及注意事项；当学生观察到实验现象后，教师再通过谈话启发学生对所观察到的现象进行解释，引导其得出正确的结论。

例如，在讲"铵根离子的检验"时，采取的方法是先演示"氯化铵和硫酸铵分别与氢氧化钠溶液作用"的实验，然后总结得出检验铵根离子的一般方法。为此在开始演示实验之前，要突出强调铵盐能跟碱起反应放出氨气。实验过程中，要引导学生观察湿润的红色石蕊试纸接近装有铵盐（氯化铵和硫酸铵）与氢氧化钠混合液的试管口时，试纸颜色的变化，能闻到什么气味，然后由学生根据实验现象来回答，并由教师加以总结得出正确的结论。像这样通过演示实验来进行新知识的教学，就具有较强的真实感和说服力，使学生容易理解和记忆所获得的新知识。

使用传授新知识的演示实验进行教学时，应注意以下几点。

（1）在演示实验时，学生并未掌握有关实验的理论知识，在没有理论的指导下，学生观察实验时往往会忽略掉最关键的内容。因此，教师要有意识地引导学生注意实验的条件、环节和实验的主要结果（亦即告诉学生观察什么、如何去观察），使学生能看懂实验，准确地观察到实验的现象和结果。这是这种演示实验的感性阶段。

（2）在演示实验结束后，教师不要急于做出结论，应通过谈话启发学生自己去做结论，以培养学生的思维能力，促进其对知识的消化理解，并加强对所学知识的巩固。例如，在前述有关铵盐检验的实验中，当学生观察到"试纸变蓝，有刺激性氨味"时，应启发学生思考产生此现象的原因。这是这种演示实验的理性阶段。

（3）要注意把实验中所得出的特殊（或个别）的结论推广到一般（或同类的其他对象）中去，使学生类推地掌握带有规律性的知识。例如，应把从演示"氯化铵和硫酸铵中铵根离子的鉴定"实验所得出的结论推广到其他铵盐的检验中去，总结得出"化学上检验铵盐的一般方法"，这是对这种实验的归纳。

（4）要求学生用文字或图表把实验的结论记录下来，或结合指导学生读书把教材中的有关内容做上记号或摘录下来以巩固知识。

二、验证巩固所学知识的演示实验

这是以验证或巩固已学过的知识为目的而进行的演示实验，通常是在讲授完新知识以后进行的实验。从逻辑上看，这往往是一个由一般到特殊的学习过程。教师讲课时，先通过新旧知识的联系与对比，结合使用各种直观教具讲授新知识，待学生初步掌握了这些知识后，再进行有关的演示实验以验证和巩固所学过的知识。

例如，在讲"氧气的实验室制法"时，先结合有关氧气制取与收集的视频，讲解实验室制取氧气的化学原理与收集方法，使学生对这部分内容先具有初步的认识，然后课堂现场演示实验室制取及收集氧气的过程。使学生通过观察教师的演示，进一步加深印象，提高当堂课的巩固率。又如，介绍"常见的碱——氢氧化钙"时，先通过复习碱的概念，指出氢氧化钙是一种碱，应具有碱的通性——

使指示示剂变色，然后再演示把紫色的石蕊试液及无色的酚酞试液分别滴加到氢氧化钙溶液（澄清石灰水）中，让学生观察溶液的颜色变化情况，以验证刚刚学的事实。

使用这种演示实验法进行教学时，应注意以下几点。

（1）在演示实验前，因学生对有关内容已有初步的印象，所以教师在演示时，要引导学生运用已初步掌握的知识来观察实验的过程及现象，同时应该强调操作过程中的关键步骤，即有目的、有针对性地观察。

（2）在演示实验过程中，要启发学生积极思考。例如，在演示实验室制取氧气时，可以提出这样的问题：除了用排水法收集氧气外，还可以用什么方法收集？怎样用简单的方法证明收集到的是氧气？

（3）演示实验结束后，教师要敦促学生用学过的知识来解释实验现象和结果。如在演示氢氧化钙溶液与指示剂作用时，当学生观察到"滴有紫色石蕊试液的氢氧化钙溶液变成蓝色，而滴有无色酚酞试液的氢氧化钙溶液变成红色"后，让其解释该现象，指出该现象所证实的问题。这是一个由一般到特殊的认识过程。

三、指导性的演示实验

这是指以指导学生进行正确实验、实习等实践活动为目的而进行的演示实验。例如，在学生上分组实验课时，为了使学生能正确而迅速地进行实验操作和观察，避免在实验方法或使用实验仪器和试剂方面出现大问题，教师一般都要先进行部分实验的演示。例如，学生在进行"化学实验基本操作"的分组实验时，教师应先进行示范性演示，以指导学生准确、规范地进行实验操作，并掌握操作的关键点。进行这种演示实验时，教师还应注意讲清操作要领。例如，在演示"托盘天平的使用"时，要向学生说明"天平水平放置在桌面上，拆掉托盘下的胶衬，游码调到零刻度处，然后调节天平平衡……"等，以便教师的演示示范真正起到指导作用。

综上所述，课堂演示实验是化学课堂教学中最常用的教学辅助手段，正确、合理地使用演示实验可以显著提高教学效率。要做到这一点还需注意以下几个原则：（1）实验操作的规范性。即演示过程中，教师的操作要合乎规程，做到准确、规范，使学生在观看教师的演示后能了解正确的实验操作方法。（2）实验结果的准确性。在演示前，教师应做认真充分的准备，选择效果最佳、结果最佳的实验方案，要以严肃、认真、实事求是的科学态度，使实验达到准确的预期结果。（3）实验过程的全局性。演示过程中，教师既要认真实验，又要注意讲清实验的原理和步骤；既要组织学生观察实验现象和结果，又要启发学生积极思维，使学生观察与思考同步进行，紧密结合，达到启智养能的目的。

巧用作业批语　激发学习兴趣

教学中我们过多着力对课堂教学的研究和探讨，而忽略或不重视作业的改革和研究。对学生的作业批语却往往重视不够，或者是过于简单和形式化。很多教师精心改进课堂教学，把比较多的时间放在写教学设计、组织课堂教学、布置作业、组织考试等，却很少有时间拿出来给学生的作业写批语。布置作业和给学生写批语也是我们教学过程中的一个非常重要环节，对学生学习成绩的提高有它独特的作用。因此，在素质教育的实施过程中，应加强对学生化学作业的批语方面的锻炼。这不仅传递了教师对学生学习的要求和指导意见，而且融洽了师生感情，调动了学生学习的积极性，达到了提高教育教学质量的目的。

一、批语在初中化学教学中的作用

1. 恰当的化学作业批语可以激发学生学习兴趣，强化学生学习动机

几乎所有的学生拿到批改后的作业本的第一件事就是翻开本子，看看自己做对了几道题，做错了几道题，老师的批语是什么？因此，教师在批改作业时要特别讲究方法，采用批语的形式，指出学生存在的问题，肯定学生作业中的闪光点，每一个学生都有较强的自尊心和荣誉感，希望自己的能力与学习成绩得到老师的肯定和赞赏。所以，教师应多给学生激励，即使对待学生的错误，也应用发展的眼光、激励期待的态度来看待，学生看过后备受鼓舞，产生出成就感和新的学习动力，激发出非智力因素在学习过程中的作用。

2. 作业批语可以及时反馈信息，弥补课堂教学的不足

在课堂教学上，教师面对的是全班学生，在有限的课堂时间内不可能面面俱

到，关注每个学生，也不可能逐一对学生的具体情况进行分析或评价。而教师在批改作业时所面对的是每一位学生的作业，便于因材施教，个别指导，可以说，作业批语恰好弥补了课堂教学的不足，是师生对话的一种方式。如："你应该细心一点，这个化学方程式很重要，请记住它！""你的作业卷面书写很工整，只是化学式书写方面有少许的错误。"短短的批语，简洁明了，充满爱意，充分肯定了学生的学习能力，高度赞扬了学生独立思考，勇于探索的独创精神。这些学生看了批语后备受鼓舞，从而使他们产生新的学习动力，继续攀登新的高峰。

3. 作业批改可以增强师生感情交流，拓宽学生思路，养成良好学习习惯

做作业时，有的学生审题不求细、只求快，粗枝大叶，马虎草率，结果对题意似懂非懂，解题时思路不清，走了弯路，甚至错漏迭出，答非所问。对这样的作业，我的批语是："审题是解题的基础，审清题意才能做题。再审题意，寻找捷径""努力挖掘隐含条件，冲出题目设置的陷阱"当学生看到批语后，常常会茅塞顿开，经过重新认真地审题之后，豁然开朗，迅速找到了正确简捷的解法。这样有效地启发了学生的思维，拓宽了解题的思路，培养了学生认真审题的良好习惯和观察问题、分析问题、解决问题的能力。

对于中下等学生在学习和作业中的点滴进步，教师要善于观察，及时给以热情的鼓励，从而使他们树立学习的信心和勇气，学习上不断取得进步。对于学习上信心不足的学生，我在他们的作业上批上："落后不可怕，就怕无信心""不怕基础差，就怕不努力""只要肯努力，定有好成绩"等批语。对作业一向潦草马虎，敷衍塞责的学生，只要出现一次完成比较工整认真的情况，我就抓住这一"闪光点"，在他们的作业上批上"世界上怕就怕认真二字，认真是进步的开始"等批语。这些富有情感的批语，"触及到学生的情绪和意志领域，触及到学生的精神需要，这种教学法就能发挥高度有效的作用"（赞可夫语）。这些批语就会解除学困生自卑心理压力的包袱，使他们敢于启齿发问，学业上不断取得新的进步，达到战胜自我超越自我的精神境界。

作业不仅是师生间教学信息的相互反馈，而且是联系和沟通师生感情的桥梁。在作业中，教师可也察觉到学生的思想和自主学习情况，从批语中学生也能领悟出教师对他是否关心、有信心和责任心。因此，我们要充分利用作业批语来加强师生情感交流。通过批语，教师尽可把祝福、问候、关切、激励、真诚、信任之情化作甘泉，去滋润学生的心思，引起师生教与学的共鸣，达到教与学的和谐统一。事实证明，良好的师生关系极大地促进教学的顺利进展。

二、初中化学作业批语的实施策略

就整个化学教学而言，写化学作业批语是一个细节，更是重要的一环节，同时是一种艰苦而有意义的事，又是一门学问。学生有不同的性格，不同的需要，那么作业批语就要针对不同层次的学生及其作业在学习方法上进行有针对性、实效性的指导，在情感上进行充分的沟通与激励，这样就能让优等生更上一层楼，使中等生改正缺点，发扬优点，使暂时落后的学生树立信心。下面结合我自己的教学实际，在如何优化化学作业批语方面认为应注意以下几点。

1. 在加强课堂语言的基础上，强化批语练习

我们在教学过程中应用课堂语言是强化学生的语感和口语表达能力，而对知识点的掌握情况则是通过作业来检验出来的。我们在课堂教学过程中的语言不便于保留，对化学作业的批语却可以保存下来，给学生留下较深的印象。对作业写批语应使用学生能理解的语言，不能与学生所学知识相差太远。我们可以用已学的知识对学生进行批语，也可以用学生经常听说的话。这样一来，学生比较容易理解。其实我还觉得，化学作业批语也可以涉及学生的学习和日常生活的各方面，语言形式可以多样化。

写好化学作业批语，我们老师就要有比较高的运用化学知识的能力，还要有一定的语言表达能力。批语质量高，耐人寻味，也会使学生对教师深厚的底蕴刮目相看，肃然起敬意。

2. 对化学作业写批语要实事求是

传统的化学教学由于受应试教育的影响比较重，在给学生批作业时，往往直接给个分数就得了，这样一来对有的学生不仅起不到激励的作用，还有可能会影响学生学习的兴趣。因为分数是比较简单片面的，学生的个性色彩难以表现出来，对学生的知识难以形成客观的评价，并且有的化学作业也不适合用分数来评价。所以，用语言文字来对作业评价才会更客观一点，才能实事求是，反映出学生学习的整体水平。

有的学困生的化学作业中可能会有多处错误，但是肯定也会有好的地方，如写得比较工整或有的地方是正确的就要适当地给予鼓励，不能简单地划叉或给个零分。所以，我们写批语就可以起到去粗取精的作用，对好学生的作业可以先表扬再有所指正，我们可以利用批语对学生提出更高的要求等，对于中等学生的作业写批语要慎重。因为，他们可能是经常犯小错误，在给他们写批语时要多给予

督促，这部分学生常常没有耐心，需要我们适时地给予督促。

我们知道现在的学生很多是独生子女，采用新的教育方式适应素质教育的需要。有的学生没有形成良好的学习习惯，或学习成绩有所下降，我们就要在给他们写批语时，适当地给他们指出，并给予他们新的希望。只要我们批语是发自内心的，是真诚的，他们会从中明白我们对他们的关心和信任，从而提高他们学习的动力。

3. 批语切忌面面俱到，宜确定一两个训练重点

教师批阅学生的作业，不应一味地按照自己设计好的模式，面面俱到地要求学生，牵着学生的鼻子走，放不开学生的思维，束缚了学生的手脚。一次化学作业训练宜侧重一两个重点目标，教师在写批语时，就有针对性地点拨指导放在这一两个目标要求上，对学生的作业给予评价，其他方面可忽略或一带而过，决不拖泥带水，全面开花，让学生不得要领。如"思路开阔，思维清晰，方法灵活，具有综合利用知识解决化学问题的能力""解题方法不落俗套，解题思路不同凡响，思考能力较强"。

4. 批语忌质问指责，宜用商量谈心肯定的口吻，激发学生的兴趣

一些教师看了学生的作业，对一些写得好的大加赞赏；对于写得差的就恼火发脾气。这时候写出的批语，也充满了火药味，大加斥责。如："你是怎么写的？""这像作业吗？"教师宜善待学生的作业，尊重学生的创作性劳动，不要把学生的作业说得一无是处，在写批语时，宜用商量的口气。如在写实验设计语言时，可写"这句话这样写是不是要比你那样写生动些，简洁些"等。把写批语当作和学生心平气和地谈心对话，让学生动脑筋去思考，高兴地继续修改自己的作业，自主地追求，获取新知识，提高作业质量，激发学习兴趣。

实践证明：针对学生在作业中出现的正反两方面的问题，坚持为学生写出恰如其分又情深意切的批语，会使教学信息在传递与反馈中产生最佳效果，最大程度地调动学生学习的主动性、积极性和创造性。

第四辑　静心反思

　　反省是一面镜子，它能将我们的错误清清楚楚地照出来，使我们有改正的机会。

　　著名教育家叶澜说过："一个教师写一辈子教案不一定成为名师，如果一个教师写三年反思可能成为名师。"

教学反思：教师专业成长的重要途径

　　教学反思是指教师在先进的教育理念指导下，借助行动研究，不断对自己的教育实践进行思考与研究，积极探索与解决实践中的问题，努力提升教育实践的合理性，使自己逐渐成长为创新型、专家型教师的过程。一位哲人曾经说过："不会反思的教师，不是好教师。"可见，教学反思是教师专业成长的重要途径。正如美国著名心理学家波斯纳（G. J. Posner）1989 年提出的"教师的成长 = 经验 + 反思"。

　　要真正实施反思性教学，成为反思型教师，就必须养成在教育教学中进行自觉反思的习惯（即反思的意识），知晓在教学中究竟应该"反思什么"（即反思的内容），并懂得在教学中"怎样进行反思"（即反思的方法）。

一、教学反思的意义

　　1.进行教学反思有助于教师逐步培养和发展自己对教学实践的判断、思考和分析能力，从而为进一步深化自己的实践性知识，直至形成比较系统的教育教学理论提供了有效的途径。换言之，进行教学反思有助于教师立足于教学实践，深入地钻研、体会教学理论，从而不断提高自身专业素质和能力。相反有的教师已从教数年，但课堂教学的效果一直没有达到最佳，为什么呢？这是因为不够重视课后反思，没有找到合适的对策有直接的关系。作为教师，理论知识和专业水平固然重要，但驾驭课堂教学的能力更是必不可少的。如果缺乏对日常课堂教学中出现的问题，进行反思和不断积累的意识，教师很难掌握驾驭课堂教学的能力。只有通过反思，教师才会不断地剖析自己在课堂教学中的优缺点，细致地、冷静地加以推理总结，具体地对于某一个问题的对策、某一教学环节中学生的质疑，甚至某一个辩论回合展开思考。在反思中，已有的经验得以积累，成为下一步教学的能力，日积月累，这种驾驭课堂教学的能力将日益形成。所以，我们只有通过教学反思，教师的有效经验才能上升到一定的理论高度，才会对后续的教学行为产生积极的影响。

2. 进行教学反思能够充分激发教师的教学积极性和创造性，并为其专业发展提供机会和条件。教学反思鼓励教师通过多种策略和方法审视、分析自身的教育观念及教学活动，充分尊重了教师的主体地位，发挥了教师的能动性、积极性和创造性。教师在教学实践中，可以通过写教学日记、描述、解释自己的教学活动、观摩、分析教学事件、主动征求同事及学生意见和建议等多种方式反思自己的教学实践，这实际上为提升教师的专业自主权，促进教师的专业发展提供了更多的可能性。

二、教学反思的内容

教学反思应贯彻于教育教学的全过程，主要包括三个方面：一是对教学设计方案本身的反思（即课前反思），二是对教学设计方案实施过程中的反思（即课中反思），三是对教学方案实施效果的反思（即课后反思）。

1. 对教学设计方案本身的反思

在学校中，教师是课堂教学的主导，课堂教学设计的成果多以教案形式呈现出来。在现代教育中，教师的教案不仅供教育主管部门审查，更是供自我反思的材料，通过自我反思，发现不足，加以调整，弥补不足。经过自我审查的教案才能更正确、更有效地指导实际教学。对教案反思的内容大致有以下几个方面。

①制定的教学目标是否符合课程标准要求？

②所教的内容是否满足学生的需求，学生的起点水平与教学的起点是否匹配？

③教学媒体选择是否恰当，教学方法是否优化？

④有没有注意帮助学生设计恰当的学习活动和行之有效的学习方式？

⑤有没有在方法和思维、价值观和做人方面注意引导学生，激励学生？

例如，许多教师在处理目标要求不高的课题时，往往是根据"应试"的要求，把一些经常考的考点让同学们在书上勾画出来，强化记忆，匆匆结束新课，不愿意花费更多时间在这类课题上。基于这种指导思想下的教学设计方案，其教学效果也就可想而知了。同学们对这类课更是感到枯燥无味，学无所获，渐渐产生厌学心理。若能对照课程标准认真反思一下我们的教学设计方案，就会意识到这类课是尝试开放式教学的很好题材，这类课题除了要达到基本的知识与技能目标外，也要达到"能主动与他人进行合作、交流和讨论，并能准确表达出自己的观点，能对资料进行一定的分析与归纳"的过程与方法目标；还要达到"关注与本学科有关的社会问题"的情感态度与价值观目标，突破"对资料分析、归纳能力的培养"这一难点。

2. 对教学方案实施过程中的反思

课堂教学是一个复杂、动态的过程，尤其是强调学科核心素养后，教学中所出现的情况越来越有挑战性，常常出人意料。这就需要教师具有较强的应变能力，能及时地反思自己的教学行为，时刻关注学生的学习过程，关注所使用的方法和手段，善于捕捉教学中的灵感，及时调整教学策略，顺应学生发展的需要，以达到最佳的教学效果。因此，教师要学会倾听学生的意见，及时了解学生的困惑；其次，课堂教学是在动态中生成，在动态中发展的，教师要善于抓住契机，形成一个生动活泼的、主动的和富有个性学习的活动。

教师在教学过程中的反思受教学计划的影响很大，仔细而完善的教学计划有助于教师在教学过程中进行反思。一般而言，如果教师在教学计划中对活动、学生、条件、可能出现的问题等都做了相当多的考虑，那么，即使教学计划需要做出修改，教师也会从容不迫，灵活机动地调整教学策略，顺利完成教学任务。否则，教师可能会陷入僵局，不知所措。

3. 对教学设计方案实施效果的反思

教学实践之后的反思需要对教学目标，以及根据这一目标的教学策略做出评价和判断。在整个评价过程中，教师可追问自己如下问题：这节课是怎样进行的？是否如我所希望的发生了什么？怎样用教和学的理论来解释我的教学？学生是否达到了预期目标？上课时改变了计划的哪些内容？为什么？是否有其他更成功的教学策略？根据这些问题，教师就可以判断自己是否成功地完成了教学目标，是否需要调整或尝试新的教学策略。

以上所述教学前、中、后的反思是相辅相成的。教学前的反思是另两种反思的预期结果，即通过教学中反思与教学后反思最终形成的超前反思，使教师养成了于实践前未雨绸缪、三思而行的习惯；教学中的反思是对教学前反思的调整，并为教学后反思提供素材；教学后的反思是对前两种反思的总结与评价，使教师在今后的教学设计和实施中避免犯以前犯过的错误，进一步优化课堂教学，提高教育教学质量。

三、教学反思的方法

在教学反思实践中，人们探索了多种反思方式。

（一）对教学设计方案的反思方法

1. 参阅文献法

在课堂教学设计方面，很多教师曾做过努力，也取得了可喜的成果，很多学术刊物上也经常刊登教师设计的优秀教案。教师可以把自己设计的教案和公开发表的教案进行比较，找出不足，加以调整。

2. 集体讨论法

通过集体讨论，更易于发现设计的不足之处，而且大家还可以互相借鉴。现在学校中同学科组的集体备课、说课等就是集体讨论的一种形式。

3. 观察公开课法

通过观察他人的公开课，分析别人成功和失败的原因，来反观自己的教学设计。

4. 试讲法

与实际教学相比，试讲法所涉及的学生数量少，如果设计不合理，影响面也不大。因此，对于教师来说，特别是青年教师，试讲也是教学反思的有效方式。

（二）对教学设计方案实施过程中的反思

主要体现在教学机制上，与经验以及课前准备的程度有关。

1. 教学摄像法或同行观察法

通过观看自己的教学录像，教师可以更直接、更清晰地了解和分析自己在教学实施过程中存在的不足；同样，邀请同事来到课堂观察自己的教学思路与教学过程，让他们指出自己教学中的问题，这样可以发现反思（自评）与他评之间存在的差距，以进一步改进自己的教学。

2. 形成性评价法

形成性评价是在教学进行过程中了解学生学习状况、教师教学效果的重要手段。通过形成性评价，教师可以了解到以下几个信息：学生对教学内容掌握的总体情况，学生对教学内容各部分掌握的情况；学生掌握不好的原因是什么？哪些错误是典型的，哪些错误不具有普遍性；学生对教学内容掌握程度与课程标准要求是否一致等。

（三）对教学方案实施效果的反思

1. 学生评课法

学生是我们的教育对象，是学习的真正主人，提倡学生评课，可使教师的反思更具有针对性，真正做到从学生的实际出发，这样可能会给教学带来更好的效果。

2. 撰写教学札记法

一记成功之处。分析课堂教学中引起教学共振的现象，例如，贴切的比喻，巧妙地导入新课，实验效果很好的实验改进方法等，都是今后教学的宝贵资料。二记失败之处。例如，化学演示实验的失败，处理重点、难点的方法不当，某一个问题的设计没有引起学生的共鸣等。对其原因要做深刻地分析和研究，使之成为以后教学中所吸取的教训。三记教学机智。课堂教学是师生思维发展，情感交流最激烈的状态。随着教学内容的展示，问题情景的创设，或者偶然事件的发生，教师可能突然出现智慧的闪光点，即灵感。若不及时记录，稍纵即逝，难以捕捉，造成遗憾。四记学生的学习问题。认真记录学生学习的疑点，思维障碍和作业中普遍存在的问题等。

四、教学反思中需要注意的问题

1. 忌重教师而轻学生

当前教学反思案例所表现出的一种鲜明倾向是：反思的着眼点多集中在教学的内容、教学的方式方法、教学的组织形式、教学的效果等"教师怎样教"这一层面，对"学生的学"进行反思的并不多见，而这种做法是很有局限性的。毕竟，教师的教最终应以学生的学习发展为宗旨和归宿，忽视对学生的分析和思考也就放逐了反思的意义和价值。而且教学作为一种动态的活动过程，其实质是以课程为中介，教师和学生相互作用或交往的共同发展的过程，在其中"教"与"学"本身是统一的，是相辅相成，缺一不可的有机的整体。因此，进行教学反思，其关照点理应包括"教师的教"和"学生的学"两大方面。

2. 忌重现象而轻分析

教学反思本质上是一种思维活动过程，尽管思维是看不见，摸不着，仿佛来无踪去无影的，却有着自身的特点和品质。人们一般认为思维具有深刻性、敏捷性、灵活性、独创性四类品质。同样，教学反思也应该具有这四种品质。如果我们在教学反思中，只记录现象和问题，而不去对这一现象或问题的产生原因进行透彻的分析和深入的思考，这样的反思就只浮于表面，在理论认识的深广度以及实践的改进完善方面都没能发挥教学反思应有的作用。

教学反思，贵在及时，贵在坚持，贵在执着地追求。长期积累，必有"集腋成裘、聚沙成塔"的收获。"教而不思则困，思而不教则空"，一个只教不思的老师是缺乏创新精神的，一个只思考不尝试的老师也只能是纸上谈兵。只有把思想和行动结合起来，才能有效发挥教学反思的应有价值和作用，才能真正促进教师的专业发展。

细节决定成败

——由一节课引发的思考

叶澜教授认为："一节课要让学生进来前和出去的时候有变化，这样这节课就上得有意义。"新课程改革也不例外，化学课堂学习不仅是让学生获取知识，更重要的是要让学生通过学习获取技能并培养学生的情感。随着新课程改革的不断深入，化学课堂教学已逐步由以前的教师演示实验转变为学生的探究实验。初中学生由于已经具有一定的日常生活的经验和化学知识，但是知识面较窄，不够系统、全面。因此，在教学中运用学生已有的经验和知识引导学生发现问题、猜想假设、实验探究、解释总结、反思评价和表达交流，让学生学会自主学习、探究学习和合作学习。

一节课成功与否的关键之一是导课，课堂的引入方式、教师的语言决定了这节课成功与否。导课自然流畅，学生的思路就会清晰，学生也会积极踊跃地参与课堂，能把学生迅速地带入预设的情境中，起到事半功倍的效果。

在课堂有效性方面自己在不断地进行探索，新课程改革下，自己在教学中如何实施教学，才能使自己的教学更有效乃至高效，一个不经意的发现，使我自己突然觉得课堂引课成功与否很大程度上决定了本节课是否成功，决定了教师是否很顺利地继续课堂、学生是否很明确地知道本节的内容。下面是我在讲鲁教版八年级化学第五单元第一节《化学反应中的质量守恒》这一节课分别在1、2、3班尝试着用不同的语言进入课堂，课堂效果是完全不同的。

第一种导课方式：前面我们学习了碳、硫、磷、铁、石蜡等物质在氧气中的反应，水的电解，知道化学反应前后元素的种类不变，我们是从定性的角度学习了解这些物质的，今天我们从定量的角度来学习这些反应，下面我们来学习《化学反应中的质量守恒》。

这种导课方式生硬，模糊，学生不理解老师要说什么，对于定性、定量没有直观的感受，不知道什么是定性，什么是定量，所以这节课很失败，整节课下来，学生很长时间进入不了状态，上课也不配合，在我讲学生听的状态中结束本节课。

第二种导课方式：首先我给大家讲个故事。1756 年的某一天，俄国化学家罗蒙索诺夫在实验室里做实验，他将锡放在密闭容器中煅烧，看见生成了白色的物质。他突然想起来，我干吗不来称一下容器和容器里物质的质量呢？这不称不知道，一称了不得，他发现了一个伟大的定律——质量守恒定律。他发现在煅烧前后总质量并没有发生变化，经过反复的实验，都得到同样的结果，于是，他认为在化学反应中物质的总质量是守恒的。但是在我们的日常生活中有这样的现象：如蜡烛燃烧后就没了，质量减小；铁锹生锈后变重了等。那么，同学们想一想化学反应前后各物质的质量总和到底有没有变化呢？

这种导入语言很容易误导学生，这节课本来安排的是实验探究课，但是老师在导课时语言中描述俄国化学家罗蒙索诺夫通过实验证明反应前后物质的总质量是相等的，同时他还发现了"质量守恒定律"，给学生的思维潜意识里就造成一种影响，认为化学家罗蒙索诺夫都认为质量是守恒的，那肯定是守恒的，所以同学们对老师提出的问题就不假思索、异口同声地回答："不变。"大家都回答的是化学反应前后物质的总质量是不变的，那么，这节课也就不是一节探究实验课而是一节验证"质量守恒定律"的实验课。新课程改革要求学生在学习中发现问题、猜想质疑、提出假设、实验验证、解释结论、反思评价、表达交流。显而易见，这节课也是不成功的。

第三种导课方式：有这样一个故事，1756 年的某一天，俄国化学家罗蒙诺索夫在实验室里做实验，他把锡放在密闭的容器中煅烧，看见生成了白色的物质，同时在反应前和反应后他把容器和容器里物质的质量都称了一下，他发现在煅烧前后总质量并没有发生变化，经过反复的实验，都得到同样的结果，于是，他认为在发生化学反应时物质的总质量是不变的。可是在我们的日常生活中有这样的现象：如木柴燃烧后就没了，质量减小；纸张燃烧后，质量减小（同时点燃一张废纸，学生观察纸张的燃烧）；铁丝在氧气中燃烧生成四氧化三铁，质量增加等。那么，同学们猜想一下，你们认为化学反应前后各物质的质量总和到底有没有变化呢？

这种导课语言简练、生动、直入主题，老师给学生介绍了三种不同的实验现象，同时观察一张纸的燃烧，情景引入，引发学生思维的火花，使学生迅速进入课堂并产生疑问，有一部分同学的回答是"反应前后物质的总质量是减小的"；有一部分同学的回答是"反应前后物质的总质量是增重的"；还有一部分同学的回答是"反应前后物质的总质量不变"。这样就很好地引起了学生的质疑并激发学生的求知欲和探究的欲望。

俗话说："好的开始是成功的一半。"导课是化学课堂教学的重要环节，抓好这一环节，能先声夺人，为整个化学课的顺利进行打好基础，同时强化学生的求知欲，激发学生的学习兴趣，集中学生注意力，并培养学生善于思考的习惯。一个好的导入，能把学生迅速地带入预设的情境中，起到事半功倍的效果。

总之，老师语言的细微差别，老师一个小小的举动就决定了一个课堂整个形式，也决定了学生的学习和思维方式，"细节决定成败"从细处做起，认真对待课堂中的每一分钟，每个环节，每一句话，真正做到有效课堂乃至高效课堂。

教育是什么

教育是什么？教育家著有高屋建瓴的理论，老百姓心存朴实无华的观点，而作为一名在一线从教近三十年的任课教师，酸甜苦辣咸的经历，有着一份对教育的独到见解。

教育是一种态度

长途汽车站，一年轻人从远处飞快向我跑来，"老师，你还认得我吗？我是您的学生……""等等，让我想想，你叫什么……""老师，我好想你"。

"老师，好想再听你的课"，周五，中午一进校门，正好碰见刚刚毕业的一名学生，一把抓住我的手。

作为一名教育工作者，教书育人，是我的天职，也是一种幸福，每当节日来临，一遍遍翻阅学生的祝贺，泪眼模糊，内心难静，其实并没有为学生做什么，也没有付出多少，却得到那么多学生的认可与祝福，心中的感触自不必说。其实我只是坚守着教师职业的道德底线：没有教唆学生走上歧路，没有放纵错误在空中飘逸，没有心存私欲损人利己，没有得过且过误人子弟……信奉着自己的人生信条：老老实实做人，认认真真做事。践行着自己的育人风格：认真上好每一节课，没有因为学生的基础稍差就放松自己的要求，没有因为学生的理解稍慢就放纵自己的言语。

看着学生的祝福，我明白了，学生对老师的要求其实很简单：努力上好每一节课，学生无助的时候多去开导一些！家长对学校的要求其实很一般，只要能给学生创造一个宽松和谐的学习氛围就够了。扪心自问，我们很多时候连这些都没做到。

教育是一种交融

我一直在想，学生与老师之间，到底应该谁感谢谁，谁感动了谁，谁成就了谁，很难说清楚，因为在教育的过程中老师和学生都有付出也都有收获。师生在互动过程中，都会成长、成熟。

正如德国著名哲学家雅斯贝尔斯在《什么是教育》一书中阐述：教育意味着一棵树摇动另一棵树，一朵云推动另一朵云，一个灵魂唤醒另一个灵魂。这段话可以说是比喻恰切，入木三分，同时，道出了教育的真正内涵——教育是一种影响，而不是强迫；教育是一种浸润，而不是灌输；教育是唤醒，而不是一种外在的约束。真正的教育是从学生的心开始的，教育的过程实际上是灵魂与灵魂交融的过程。

在孩子成长的道路上，我们的教育往往显得一厢情愿。我们渴望孩子们成才，希望他们成为我们所希望成为的人，希望他们学业有成，为他们自己的人生打下坚实的基础。这本来无可厚非，但现实是我们往往不顾他们的心中所想，单方面地想要达成教育的目标。

这样的教育往往是低效的，而且背离教育的本质。教育是要培养能独立思考的人，身心健康的人，有崇高精神的人。在这一过程中，受教育者才是教育的真正主体，教育者必须知道，受教育者的想法和需要，有针对性地实施教育，单方面的教育是对教育主体的伤害。教育者应当多听听受教育者的声音，听听他们的需要，我们才能实现真正的教育。

我是一名老师，我有自己教育的目标，有我对学生的要求，但我一直愿意走进学生的内心，倾听他们的声音，在教育他们的时候，我也在接受教育。我乐意把我在教育上的每一次小小的收获记录下来，以反思自己的教育行为。对于身处其中的学生，他们除了观照自我之外，也给他们的人生留下一段美好的回忆。对于家长而言，知道自己的孩子心里想什么，才能真正给予孩子什么，培养身心健康的孩子和有理想情操的孩子才成为可能。教育任重而道远，它必须是两种声音，在同一条道路上的融合。

教育是一种尊重

考试的试卷已经批改完毕，阅卷老师的怨言往往也就在这时爆发。尤其是课堂上讲过的题目，如果学生做得不够理想，此时老师挂在嘴边的一句话："真是无语，讲过的题目都不会做。"殊不知，课堂上讲过的知识到学生学会还有一段距离，这既有教的原因也有学的缘由。

更有甚者，老师将试卷从高分到低分依次整理将名次排定，考高分者得到老师的表扬而志满意足，考低分者自然是情绪低落，好像无面目再见江东父老。

对学生而言，考试是再正常不过的事情，谁都想考出好的成绩，可这是不现实的，毕竟每个人的能力有大小，兴趣爱好不同，成长环境各异，将来的发展方向也不一致，不能以单一的分数来衡量学生。这是对学生最起码的尊重，也是对生命个体的尊重。所以，作为老师应该用发展的眼光来赏识学生，促使学生成才。

陶行知说："你的教鞭下有瓦特，你的冷眼里有牛顿，你的讥笑中有爱迪生。"他告诉我们，教师不能任由情感泛滥，使用简单粗暴的做法对待学生，而应该尊重学生，以平等的态度处理好师生关系。

尊重是教师热爱学生的前提，是建立良好师生关系的基础。尊重是打开学生心扉的钥匙，是治疗学生心灵创伤的良药。我们尊重学生，最重要的是尊重他们的人格，尊重他们的权利和义务，尊重他们的意愿和情感，教师的任务在于塑造学生健康的灵魂，让他们能自尊自强地走过人生，尊重是让他们更好地成长的阳光雨露。

今天，人们称赞教师是人类灵魂的工程师、春蚕、蜡烛，我们会以恬然的心态面对，或许这是一份荣誉，但此时此刻，我们更多的感受到，她应该是充满人文情怀的职业操守，是我们人生一份不懈的职业追求，更是一份沉甸甸的责任。这就提醒我们，在我们的教育教学实践中，必须尊重和遵从教育的规律，把握学生认知成长的规律，积极洞察学生的内心世界，回归教育的原点，为每一个孩子的成长，搭建顺应时节的舞台。在辛勤的耕耘中，顺从作物的自然生长规律，不做"揠苗助长"的愚蠢农夫，应做新时代注重科学的新农民，快乐地聆听植物拔节抽穗的声音，金秋时节品位成熟的快乐。

教育是一种欣赏

一位富翁带着许多金银财宝去寻找幸福，可是他到了许多地方都没有找到他心目中的幸福。后来在路上，他看见一个樵夫放下肩头沉甸甸的柴火，幸福地揩着额头的汗水。这一平常的动作让富翁顿悟：幸福是一份如释重负后的坦然心境。这个故事很明确地告诉我们，一个人是否幸福，并不在于他的处境如何，或者拥有多少，而在于他是否能以欣赏的态度去积极面对生活。作为教师的我们，同样需要用一颗善感的心去欣赏。当我们用欣赏的心灵来面对教育中的一切时，我们会发现，不但我们自身会因为欣赏而获得提升，学生也会因为我们的欣赏而积极向上，备课会因为我们的欣赏而趣味十足，课堂会因为我们的欣赏而充满诗意……

教育是生命相遇、心灵相约的殿堂，是尽显人文情怀的地方，是通过师生间的思维碰撞寻求真理、分享知识、分享创造、分享成功的地方。要想让教育焕发生命的活力，作为教师，要拥有人文情怀，当一名教师用欣赏的眼光看待学生的成长时，你的学生就会时时感受到你心底播撒的阳光，在孩子们健康、幸福、和谐发展的同时，你也一定能够享受到教育为自己带来的幸福生活。

教育是一种期待

静待花开、微笑期待是对教育的一种责任担当，是对教育的一种追求状态，是对教育的一种平静力量，是对教育的一种信念坚守，更是一种智慧和底蕴带给教育的宽阔。

教育需要春种秋收，需要花落花开，好的教育给人的是思维的启发、人格的启示。我们的教育应抛弃功利主义而追求人文情怀，这才是教育的真谛。我始终认为，对一个学生的评价不能只看眼前的成绩，应该跟踪他们毕业后十年，甚至二十年，看他们将来发展得如何，为社会做出贡献的大小，来衡量他们的能力。

教育是一种播种，想在有限的时间内看到丰硕的果实是不现实的，即使看到了也是一个美丽的假象。

教师业务的成熟也要慢慢来。教师的成长如学生一样，也要有个过程，每个人步子大小不一样，步履快慢不一样，对新事物的反应不一样，教师需要上得台阶，下得台阶，立足的平台，还有跳跃的舞台，水平是慢慢历练出来的。

教育，需要平静的心态，需要期待的力量！

有人这样说过：用心感悟生活，你才会把握一个辉煌的明天；用心感悟生活，你才会拥有一个多彩的人生。生活中无数的压抑时时让我们泛起对美好生活的渴望与追求，也许生活就是这样，时常让我们在希望中遭遇挫折，又会让我们在失望中看到希望。这就是生活的辩证法。

我们期盼着，在教育的百花园中，孩子们的笑脸就像春天般灿烂夺目，孩子们的身体就像夏天般郁郁葱葱，孩子们的头脑就像秋天般丰硕充盈，孩子们的心灵就像冬天般圣洁无瑕。

在教育寻梦的旅途中，我们的期盼就像朱自清先生在《春》写的那样：盼望着，盼望着，东风来了，春天的脚步近了……

初中化学个性化作业的实践与反思

个性化作业设计是指根据学生的不同特质和实际学业水平设计出不同难度、不同形式、不同数量和内容的作业，其要义是尊重学生的学习心理，做到作业布置与学生的实际学业需要相匹配，从而提高作业的实效性，促进学生素质的发展。

新课改以来，强调学校特色发展，学生个性发展，作业设计和布置的有效性和科学性成为学校教学管理的共同话题。减轻学生的过重学业负担，杜绝作业中的偏、难、怪题，达成作业的低负高效也成为每位教师的共识。不难发现，新课改以来初中化学作业的设计发生了显著的变化，从十几年前的作业本到购买相应教辅材料再到现在的校本作业纸，从完全采用教材中的习题到鼓励取舍，鼓励原创，应该说作业设计给予了教师较大的发挥空间和挑战，很多教师投身其中进行了有益的尝试，形成了较为丰富的作业资源。

一、作业呈现的基本形式

（一）面向全体，精编校本作业纸

现阶段绝大部分学校都能根据具体校情和生源特点编制校本作业纸。不少学校在教学模式上进行了有益的探索，并都形成了自身的校本作业系统。

我校在教学上并未推行教学模式，强调的是教师个性化教学，作业管理则出台了校本制度：要求作业形式为自编作业纸，内容要符合学情，保证原创，杜绝错误；作业量语数外不超过 30 分钟，理化不超过 20 分钟；教务处会不定期地采取抽样、学生调查等方式对作业纸、教师批阅、学生反馈进行质量考核，这一制度的长期坚持有效地保证了作业环节的有序和有效。在这样的氛围中，我校化学组形成了融预习作业、课堂学案、课后作业为一体的具有校本特色的导学案。预习作业为学海泛舟版块，是考虑到初中化学知识基础面琐碎，记忆的内容泛而散。备课组根据教学内容灵活确定板块结构和内容，学生通过浏览课本就能提炼出一些关键词和问题，这样，保证了课堂上教师教学的针对性，有利于学生形成化学学科的学习方式。课堂学案即学海导航版块，集课堂笔记和教学流程功能为一体，内容是经集体商议后定下的主要框架，其间会留白便于教师的个性化教学。课后作业即学以致用版块，其特点是匹配中考题型，突出每课时的重点、难点、易错点，渗透阅读能力、思维能力和实验能力的培养。通过几年的修改和使用，我校的化学作业具备了题量适中、题干新颖、重视基础、针对性强的特点，有效地提高了课堂教学效率。

（二）面向两头，促进提升

由于学生的个性特征和学习能力不一，初中化学虽然是启蒙学科，有的学生对化学产生了浓厚的兴趣，而有的学生则明显慢热。如何在作业布置上满足学生群体需求呢？教师针对优等生和基础薄弱生设置相应作业题，为有需要的学生配置作业副餐，教师要做的是通知、建议和适当督促。长期的坚持使不少学生提高了自学能力和自控能力，利于学生顺利进行高年级的学习。

二、作业内容的多元化

化学源于生活，服务于生活。如何提升学生的化学素养，让学生善于以化学视角观察生活，体验化学学科的价值？化学又是一门以实验为基础的学科，如何在作业设计中渗透这一特点来提高学生的创新精神和实践能力？设计相应的个性化作业不失为一种有效的办法。

（一）重视教材的个性化作业

以鲁教版教材为例，教材编写的习题有不少是以开放题和实践题，社会调查、小论文等作业形式常态化出现。如以"科学利用化石燃料为人类造福"为题，写一篇心得体会，并在班级里进行交流；请查阅资料或通过调查研究说明某些废金属对环境的污染，写一篇小论文。在应试背景下，有的教师会采取视而不见的态度，认为做此类作业既耗时间，同时对考试成绩也没有多大促进作用。殊不知，这些作业的布置和恰当展示及正向评价不仅能培养学生的实践能力、社交能力，更能激发学生关注社会，关注生活的热情，增强社会责任感。所以，教师应有选择地布置相关习题，并进行认真的反馈，如，同伴交流、化学课本剧表演等，这对学生的能力培养和兴趣激发会有很大的帮助。如，每年寒假前著者都会布置学生这样的作业：地球上的水资源虽然丰富，但许多国家与地区的淡水资源却非常缺乏。我们在生活中要注意节约用水，保护水资源。请根据家里的水费单估算一下，你家每年的用水量和产生的生活污水量，并提出节约用水和净化生活污水的设想，并向家长汇报。设计的目的是让学生享受生活的同时也能关注家庭的开销和社会的负担。实践证明，这确实有助于很多"一心只读圣贤书，两耳不闻窗外事"的孩子开始关注家里的水电开销，知道水电表的位置了。

（二）开发生活中的个性化作业

我国作为发展中国家，随着GDP的增长，一些负面的影响也伴随而生。空气中PM2.5的飙升，食品安全事故的频发，水资源污染的严峻，火灾等突发事件的发生都在提醒我们要重视生存教育，重视未来公民的责任感和维权意识。初中化学课堂不能狭隘地只教学生基础化学知识，而是要把他们作为未来的公民，教会些生活技巧，渗透一些学习法，传递一份真善美，引领正面价值观，培养学生的"大化学"意识。为此，著者结合课程标准、考纲要求、教材内容、具体学情有步骤地开发个性化作业，培养学生的社会责任感和个人生存应急意识。值得注意的是，对于这类主观性作业，评价比布置更重要，所以这类作业布置不宜多，但布置了就一定要认真地组织反馈，让学生在交流互动中学到本领，提升能力。

（三）实验兴趣和能力个性化

家庭小实验能有效开发学生的潜能，培养学生的学科兴趣、实践能力和实验素养。多年来，我校化学组对学生的家庭小实验非常重视，具体做法是：根据教学内容教师整合相关资源在学海泛舟部分以预习作业的形式布置家庭小实验内容，学生一般在周末完成，如在进行《水》教学时，让学生尝试电饭锅煮饭或水壶烧水的蒸馏水收集，家庭电解水实验；在学习到《燃烧与灭火》章节时，布置学生用小碟子收集烟炱、用纸盒烧水；在教学《金属部分》让学生将铜丝和双吸剂放在火焰上观察现象；做实验时要求适当记录现象和自己的疑惑，鼓励父母共同参与并进行拍摄，反馈形式可以是实验记录也可以是视频，教师会根据孩子们上交的问题和实验视频认真备课，有所选择地在课堂上进行展示和点评问题，课后对生成的问题再组织研究。化学组还就家庭小实验为主要平台进行了课题研究。

后续教学中，我们要开发更多的家庭小实验，让学生实现"做中学"，这使以纸笔作业为主体的作业系统中多了另一种形式。

（四）个性化复习整理作业

初中化学需要学生在两学年的时间内学完新授课，通过复习完成相对完整的知识网络建构，接受中考的检阅。该如何有效设计复习课和复习作业呢？我认为布置个性化的整理作业是一个很好的举措。采用的方法有：（1）在作业纸上大块留白，让学生进行知识梳理；（2）介绍思维导图、概念图典型案例，配以讲解，鼓励学生创新自我知识网络图的构思；（3）有针对性地请学生就自己的网络图"说化学"；（4）恰当实施角色互换，让学生给老师上复习课，在"传授"中给自己的网络"打补丁"。实践证明这比教师单纯讲解或默写的效果要好得多。

三、作业评价个性化

在日常教学中，根据记忆遗忘规律，推行适合本校教学实际的"2·7·30教学"；根据记忆留存特点，开展"交往式小组学习"。根据小组学习中组内异质的特点，结合人的记忆留存规律以及人的遗忘规律的特点，在我校实施"教授他人，提高自己""2730教学模式"及"目标定位，适量进步"的基础上，经过积极探索与实践，从2016年新学期伊始，在深化交往式小组学习的基础上，构建"二人组"学习模式。"二人组"学习模式是指通过科学搭配，两名学生组成"师傅"与"学友"的帮携小组，在教师的指导下，完成互学、互查、互助、互补、互考、互评等一系列合作任务，提高双方学习能力、协作精神、表达能力、自律能力的新型合作组织。一对一两人互助学习，针对性强，课堂人人管，人人被管，大面积地提高了学生的参与度，解决了四人或六人小组在学习讨论中一直难以解决的教育难题。

统筹建设学习小组、依托学习小组进行课堂教学、配套学习小组评价措施，更有利于学生学习方式的转变，更有利于学生主体地位的落实。要搞好小组的建设，必须做好两个培训：小组长的培训和小组成员的培训。目的就是统一思想，朝着一个目标努力，让同学们能够学得更轻松，能学到更多的东西。

（一）小组长培训

1. 明确小组长的职责

（1）带动性：小组长要团结同学、帮助同学、组织同学，能打造积极向上的小组学习团队，勇敢地担当起学习小组的领头羊角色。

（2）帮扶性：掌握好组内同学自主、合作、探究、讨论和展示的进程，做好组织分工，明确任务目标，确保每个学习段的学习活动有序进行，并按老师的要求督促小对子的帮扶。

（3）检查、评比性：建立起针对每个小组成员学习态度、学习效果的评价机制，定期公布、总结，以督促小组成员不断反思、不断进步。

（4）跟踪、反馈性：经常反思小组中存在的问题，定期开展小组活动，研究解决问题，积极向老师建言献策。

（5）管理性：负责维持本组课堂学习秩序和课外纪律等。

（6）沟通、交流性：组长对组内的"重点"学生，不能单依靠评价手段、行政手段，要让组长学会倾听"重点"学生的心声，适时与他们进行交流沟通，了解实际情况和遇到的困难，主动帮助他们。

2. 培训小组长

（1）明确小组长的责任和作用，增强他们的职责意识。

（2）定期召开小组长会议。洞悉他们一阶段来在思想上、学习上和工作上的困难并及时予以解决。

（3）适时地肯定、表扬、激励。使他们体会到心理满足、荣耀感，激发他们更加尽心尽力地工作。

（4）每大周选出两个优秀小组长，予以表彰，让小组长的辛勤劳动得到回报。

（二）小组成员培训

1.加强学生互助意识的培养，树立优等生把别人教会就是最好的提升自己的思想。让优秀学生明白，帮助学习困难的同学学习，让学习困难的同学把知识也学得懂，自己更能深化知识、提高能力；帮助学习困难的同学不但不会影响自己，反而能提高自己。

2.树立参与无错的思想。给学习困难的同学更多的学习、答题、汇报、展示的机会，对他们的每一点微小的进步，都要给予及时的肯定和赞扬，即使答错了也要肯定他们的精神，一点一点地培养他们的学习积极性和自信心，让他们勇于参加到小组的学习和探讨中来。

3.转变传统的学生评价方式，培养团队意识。在学习的每个环节、学生日常管理的每个环节，都以小组为单位进行评价。个人的成绩不再凸现，而是以小组为单位评价优劣和好坏，包括课堂上的表现、班级纪律、学习成绩等方面，让学生明白，个人的表现再好、成绩再优秀不是我们追求的最终目标，以此强化学生的团队意识。

4. 要求学生学会观察、倾听。这是在进行交流展示环节中最关键的一个地方。如果做不到这一点，可能课堂就会显得很乱，不晓得展示的学生在说什么，到时学生一堂课什么都没有，竹篮打水一场空。

（三）对小组的评价

从哪些方面去评价更能调动学生合作的积极性和时效性，主要是在课堂教学过程中实施对学生的动态评价，主要体现在对课前预习效果、课堂表现情况、课后巩固效果的评价上。

本学期，我们实施自习课预习和课前三分钟简单回顾相结合的预习方式，对预习的评价是通过导学案来完成。导学案有明确的预习要求，课堂开始前，由各小组的组长组织相互评议和交流导学案，小组内对导学案进行评议排序。

在课堂听课效果评价中，学校实行学习之星评选办法，我们制订了学习之星评价标准：

1. 课堂上能与老师积极互动，大胆举手发言，一切行动听指挥。

2. 小组内能与其他同学积极互动，主动发言，敢于暴露自己学习的弱点，虚心求教，耐心讲解，有责任心，有集体荣誉感。

3. 能够积极思考，提出颇有价值的问题。

4. 行为紧凑，能够快速行动。

对于一些易忘、易混的知识点，我让学生将知识整理成小卡片，装在口袋里，时时进行记忆，小组成员之间，时时进行提问，相互督促检查。教师进行抽查，对于抽查过关率高的小组，我们给组长加 10 分，其他成员按照过关质量依次加 8、7、6、5、4、3、2 分。

此外，在自主学习过程中，学生在小组中开展学习活动，相互自主，达成共同的学习目标，个体的成败关系着团体的荣辱。因此，对自主学习小组整体的评价也是非常重要的。为了促进自主学习的有效实施，可以在开展自主学习一段时间后，对自主小组整体的学习情况进行评价，并对个体和小组群体自主学习能力的提高作出奖励。

我们相信：一个好的机制会带动好一门学科的学习，会帮助学生形成良好的学习品质和习惯。我们会不断将小组评价机制在实践中加以完善，使之臻于完美，为推动我校的课堂教学改革作出应有的贡献。

学生是教师的一面镜子，要让学生实现生动活泼的学习，一方面是要发挥评价机制的指挥棒作用；另一方面是教师要有科学的理念和研究的行动。个性化作业设计作为一个系统工程，需要更多学科的教师投身其中，在个性化作业的设置、反馈和评价等方面协同努力，形成合力，促进学生的全面素质发展。

思考后的回答或许更精彩

在教育一线奋斗近三十个春秋，因工作关系，与学生交流的次数已很难统计，交流的问题也是五花八门，难以梳理。不过学生们经常问到的问题无外乎两个：一是课上老师讲的都能听懂，课下自己就是不会解题。二是平常学习成绩非常好，考试都是名列前茅，可关键时刻（中考高考）却没有像期望中的那么辉煌，原因何在呢？

对这样的问题，如不加思考地回答是很容易的事情，比如说潜能没挖掘出来，太贪玩不努力造成的，应试技巧有问题，因为有这样那样的毛病等，凡此种种云山雾罩式的回答，在让人难以反驳的同时却又心有不甘。沉下心来想想，上述的回答完全没有切中问题的要害。

一、蜜蜂酿蜜与蚂蚁搬家

课上老师讲的都能听懂，课下自己就是不会解题。的确，这是目前教学中一个普遍存在的问题。如何让我们的学生既能听懂老师上课所讲又能解对题目，成了很多教师、学生和家长共同关心的话题。

学习不是一件轻松的事情，尽管有时候课堂生活丰富多彩，可多数时间还是让人感觉到枯燥乏味。要想在这样的氛围中有一个好的成绩，脱颖而出，除需要坚强的毅力持之以恒外，还需要讲究方式方法，这样才能做到事半功倍。而这里的方式方法又是什么呢？要回答这样的问题，还是让我们来看看蜜蜂的酿蜜过程吧。

首先，蜜蜂采花是一件非常辛苦的工作。一只工蜂一天要外出采蜜40多次，每次采 100 朵花，但采到的花蜜只能酿 0.5 克蜂蜜。如果要酿 1 千克蜂蜜，而蜂房和蜜源的距离为 2 千米的话，几乎要飞行 16 万千米的路程，差不多等于绕地球飞行 4 圈。

其次，蜜蜂将采集的花粉酿成蜂蜜也是一件繁杂、辛劳的苦差，把采来的花朵甜汁吐到一个空的蜂房中，到了晚上，再把甜汁吸到自己的蜜胃里进行调制，然后再吐出来，再吞进去，如此轮番吞吞吐吐，要进行 100~240 次，最后才酿成香甜的蜂蜜。

学习与蜜蜂酿蜜虽没有直接联系，但有些东西还是相通的。比如学习需要刻苦坚忍、需要锲而不舍，需要在单调之中耐得住寂寞，需要在雪山之巅禁得住严寒。

仅有这些，学习成绩就一定能上去吗？答案是否定的。学习需要过程，就像蜜蜂酿蜜一样，有一个内化的过程，若缺少这一环节，很难有好的收成。

"听懂没用，学会没有用，千万次的重复才有用！"一位企业家对员工的教诲至今令我记忆犹新。

因为课上主要是了解概念和基本方法，老师讲解的内容，学生就很容易明白，但是事实上因为头脑不能自主思考，学生并没有真正理解，概念还没有融会贯通，所以不能应用好。举一反三需要对知识的熟练掌握和丰富做题经验作前提。就好比你只是牢牢记住 1+1=2 是真理，但是没有理解，不知道推论的过程和方法，思路是模糊的，碰到 2−1=？自然就傻了。

一些孩子没有认识到作业是巩固所学知识的重要手段，在做作业、解题时，往往只满足于问题的答案，对于推理、计算的严密性、解法的简捷性和合理性不够重视，把作业当成一种任务、一种负担，没有认识到作业是复习巩固所学知识的必要。

课上你只是听懂老师所讲，没有把老师所讲的东西内化成自己的能力。课下看懂书上的内容，并不代表你学会书本上的知识，你所懂的只是编者的意图，没有把编者的意图内化成自己的东西，之所以出现这样的情况，原因就是缺少一个"顿悟"的过程，也就是内化的过程。

二、瓦伦达效应与特蕾莎心态

平常的成绩好，不代表高考的成绩就好，这里有一个应试的心态问题，要回答它，只需明白心理学上所说的"瓦伦达效应"。

瓦伦达效应是心理学上的一个著名论断。它源自一个真实的事件，瓦伦达是美国一个著名的钢索表演艺术家，以精彩而稳健的高超演技闻名。他从来没有出过事故，因此，当演技团这一次要为重要的客人献技时，决定派他上场。瓦伦达知道这一次上场的重要性：全场都是美国知名的人物，这一次成功不仅仅将奠定自己在演技界的地位，还会给演技团带来前所未有的支持和利益。因而他从前一天开始就一直在仔细琢磨，每一个动作、每一个细节都想了无数次。

演出开始了，这一次他没有用保险绳。因为许多年以来他没有出过错误，他有100%的把握不会出错。但是，意想不到的事情发生了，当他刚刚走到钢索中间，仅仅做了两个难度并不大的动作之后，就从十米高的空中摔了下来，一命呜呼。

事后，他的妻子说："我知道这次一定要出事，因为他在出场前就这样不断的说：这次太重要了，不能失败。"在以前每次成功的表演，他只是想着走好钢丝这事的本身，不去管这件事可能带来的一切。瓦伦达太想成功，没有专注于事情本身，太患得患失了。如果他不去想这么多走钢索之外的事情，以他的经验和技能是不会出事的。心理学家把这种为了达到一种目的总是患得患失的心态命名为"瓦伦达效应"。

美国斯坦福大学的一项研究表明，人大脑里的某一图像会像实际情况那样刺激人的神经系统。比如，当一个高尔夫球手击球前一再告诫自己"不要把球打进水里"时，他的大脑里就会出现"球掉进水里"的情景，而结果往往事与愿违，这时候球大多会掉进水里。这项研究从另一个方面证实了瓦伦达效应。

前些年泰山足球队有一个前锋几个赛季的进球都很少。他在门前的机会很多，可是每当机会来临的时候，他那临门一脚，总是把球打到门框外面去。事实上，就连不会踢球的人都看得出来，有许多球，他只要一蹭就能进门，他把球打到门外面去比打进门难度大多了，费劲多了。当时某报有一个记者写了一篇文章给他支招说，当你感觉到往门外实在不好打时就往门里打！

这位前锋的毛病是典型的"瓦伦达效应"在作怪。他太想进球了，他太想立功了，他太想表现自己了。当他站在球门前的时候，当机会来临的时候，他脑子里踢球以外的信息太多了。

在现实生活中，人们做任何事情，总是想得太多，太在乎事情所带来的后果，太在乎别人的闲言碎语、说三道四，太在乎现在和未来的一切，可我们恰恰忽略了事情本身。我们的大脑成天被各种欲望塞得满满的，身体被压得气喘吁吁的，在这样的重荷下，我们能把事情做好吗？结果我们总是偏离预定的轨道，离成功越来越远！

试想，孩子没考好可能的原因之一，就是这次考试太重要了，不允许有半点失误，愿上苍保佑我成功，抱着这样的心态上考场，失败也在情理之中了。

怎样才能避免瓦伦达效应呢？

要回答这个问题，我们先来看看特蕾莎修女，如果说有人最接近上帝，这人无疑是特蕾莎修女。她是有史以来获得诺贝尔奖不受争议的人物之一；是诺贝尔奖百余年历史上最受尊敬的三位获奖者之一；是20世纪90年代美国青少年最崇拜的人物之一；是有史以来，唯一比宗教在世界上影响力更大的女性基督徒；也是唯一一个能在南斯拉夫战争中进入战区让战火停止的人……她死后，身上盖的是印度国旗，举行的是印度国葬——印度的总理和来自各宗教的人士纷纷为她送葬……

这样 个人，她的魅力来自哪里？为何受到众人的尊敬？原因是多方面的。如果要从各个角度去分析，怕是分析个没完。这里有人性哲学、社会学、文化学、心理学、宗教学……仅仅从心理学方面分析。我认为最重要的是特蕾莎修女拥有一颗平常心，不管自己身处逆境还是顺境，别人的目光是赞许还是怀疑，只专注于自己的慈善事业，一心一意救助贫苦大众。

所以在我看来，平常心是道，以平常心对待功名利禄及周围的事物。对待他人，对待荣辱浮沉，对待种种意外，都波澜不惊，生死不畏，于无声处听惊雷。"不以物喜，不以己悲"，能将功名利禄看穿，能将胜负成败看透，能将荣誉得失看破。宠辱不惊，看庭前花开花落，我自岿然不动，泰然处之；去留无意，望天上云卷云舒，我自清净平和，淡泊洒脱。那么对待万事万物，即可减少多少负担，活出多少安详自在。内心安适，仰俯无愧，无愧于人，无愧于心，

大道至简，平常心是道。只有以平常心，才能"万境自如"。怀着一颗平常心去对待人或事，一切都将不在话下。可是说起来容易，做起来难！虽是简单的三个字，但在生活中，却是很难超越的一道坎。在禅的精神里，只有见性的人才能说平常心是道，如果心性都还没找到，怎么谈得上平常心呢？因此，对于我们这些世俗中人，拥有一颗平常心更非一件容易的事。

所以，只要学生抱着一颗平常心上考场，坦然面对即将发生的事情，该吃的吃，该喝的喝，该睡的睡，即使不怎么期望的事情也会发生。

法拉第说过一句话："拼命去换取成功，但不希望一定会成功，结果往往会成功。"这就是成功的奥秘。

学生毕业了，应该带走什么？

又到了学生毕业离校的时刻，他们或走上工作岗位或继续深造，看着一个个熟悉又可爱的脸庞，我陷入了沉思,学生带走的究竟是什么？难道是一张毕业证？一纸录取通知书？还是感伤、迷茫？知识、分数？还是记得老师在某节课上所讲的一道习题？我想都不是，学生带走什么才是今后学习生活所必需的，应该是健全的体格、良好的品质、美好的理想和积极人生态度，这些才是学生发展的支柱。

一、带走人格，留下人力

1996 年 11 月 5 日，牛津大学各学院的学监们以 259 票对 214 票的表决结果，否决了沙特阿拉伯亿万富翁瓦菲支·塞义德的提议。塞义德建议捐款 340 万美元，让牛津建立一所"世界级的工商管理学院"。

这似乎是天方夜谭。哪有拒绝送上门来的捐款的道理，牛津究竟是富得流油还是疯了？牛津人认为，教育是让学生对公众服务，而不是对赚钱有所准备。他们担心，工商教育会变成讲授如何在 6 个月内赚取 50 万美元，"有着古老传统的牛津大学应该远离沾满铜臭味的工商教育"。塞义德对牛津的决定迷惑不解，新闻界也对牛津的保守颇有微词，但牛津人认为，这一决定是"牛津大学历史价值观念的胜利"。在某些问题上，牛津确实像固执坚韧的"老牛筋"，绝不做半点退让。现在，就连某些非洲国家刚建立的大学也设置了规模庞大的工商管理学院，但有着近千年历史的牛津却依然不为所动，将"花里胡哨"的工商管理学院拒之门外。在牛津，人们说得最多的一句话是："What do you think？"（你正想什么？）他们把思想创见看得最重要。这里产生过许多影响世界历史进程的大学者。作为世界学术的圣城，"牛津本来就是为杰出人才而存在的"。

牛津人真正理解了"大学"的含义——培养人格，而不是人力。它是一种通才教育，使青少年过求学求仁的生活，促使人与人之间建立和谐的关系，使人人获得机会参与讨论本国及世界的共同福利；它使人类消除成见，奠定理智的基础。教育是让学生对公众服务，而不是对赚钱有所准备。

二、带走目标，留下迷茫

高尔基说："一个人追求的目标越高，他的才能就发展得越快，对社会就越有益。"

尼采的话很有道理："人需要一个目标，人宁可追求虚无，也不能无所追求。"如果一个人不知道自己要去哪里，那么无论从哪个方向吹来的风，对此人来说，都不会是顺风。

只有目标明确，才会拥有了希望和执著，就像是长夜中远方的一盏明灯，让人们知道自己的位置和方向。目标明确才有了明确的选择，无论它有多高。任何时候都要看准这个目标，用它来激励自己，让它作为一种永远的动力。

目标既要有恒定性又要有渐进性。哪个是长期目标，哪些是短期目标，要制定清楚。长期而远大的目标就是靠着一个个短期目标的实现而逐步实现的。《韩非子·喻志》上说："天下之难事必作于易，天下之大事必作于细。"意思是远大的目标必须从小处做起才能实现。毛泽东的军事思想核心就是集中优势兵力，个个歼灭敌人。虽然我们看起来比较弱，但我们集中优势兵力，一个一个消灭，就能实现大目标。有了目标就如盖房子有了图纸，接下来就是实实在在的行动。古人说：凡事预则立，不预则废。兵法上也讲：谋动而后行。意思是做事情要成功，必须要有计划性，否则就会失败。

胡志红，中国科学院首届"十大女杰"，她认为她的成功得益于一位苏联生物学家，这位生物学家几十年如一日非常严谨地生活，把每天要做的事和做过的事都有计划地、完整地记录下来。目标、计划，充实、有序铸就了生物学家和胡志红的成功。

三、带走自信，留下自卑

俗话说：油无压力不出，人无压力不进。说的就是这个道理。就像水，如果没有压力就不会形成美丽的喷泉。适度的压力是可行的而且是必要的。《灌篮高手》中安西教练曾说过："一个人心都死了，那么比赛就提前结束了。"我们应该相信"天生我材必有用"。成才之路千万条，必定有一扇成功的大门会对你开放。听说过"生态位"理论吗？任何生物都有自己的生存竞争的时间和空间。关键是你要尽快客观地找准属于你自己的生态位。把自信带进每一天，用乐观对待每一天。甚至，面对自己的缺点，你都能机智风趣地开玩笑，那你就是一个非常自信、非常了不起的人。邓小平很矮，但是，他会说"浓缩的都是精华"。苏格拉底在遭受了粗暴妻子的"河东狮吼"与"一盆冷水"后，幽默地说"我早知道打雷之后必定要下雨"。敢于拿自己的缺点开玩笑，是一个人自信和心理健康的表现。不去想身后会不会袭来寒风冷雨，不去想前面的道路是平坦还是泥泞，充满自信，脚步不停，一点点地努力，去靠近我们的目标。

四、带走坚强，留下懦弱

成功是蕴含在失败的苦闷和不懈奋斗的汗水中的。在失败面前要学会坚强，要有斗志和勇气，才可以享受到真正的奋斗的乐趣。我们要与自己的胆怯与懦弱、虚荣与懒惰战斗。我们每个人都有潜在的力量，只不过被时间埋没，被意志影响，被习惯消磨了。有这么一个故事：在大海上，有一片礁石，在礁石的背面，风平浪静，藏在其中的珊瑚虫显得死气沉沉，毫无生机，而且死亡率极高；在礁石的外面，巨浪翻滚，生存于此的珊瑚虫却显得生机勃勃，光彩夺目，并快速地生长繁殖。巨浪的冲击无疑就是珊瑚虫生存的必要条件。人在一定的程度上与珊瑚虫是一样的，也需要冲击、摩擦、锻炼。高考是我们成长道路上第一次大的考验，经受住了这次考验，你也将像珊瑚虫一样光彩照人。人生会有许多不如意，当你笑的时候，全世界的人都在和你一起笑；当你哭的时候，全世界只有你自己在哭！欢乐可以同享，而痛苦必须你自己勇敢坚强地承受，即使最爱你的父母也替代不了你，也没有办法。你一定要把它看成是历练生命的机会，要义无反顾地迎上去。

宁静致远，淡泊明志，专心致志，心无旁骛吗？

懂勤奋刻苦，最慢的方法，就是最快的方法；最笨的方法，就是最聪明的方法；最踏实的方法，就是最有效率的方法。每天按照计划去做，要始终严格要求自己，把规范当作一种习惯。要重视细节，最忌眼高手低，一看就会，一做就错。

俗话说：熟能生巧。卖油翁的故事，人们耳熟能详，"我亦无他，惟手熟尔。"想取得成功，方法只有一个，就是一次一次反复地去做，一直做到娴熟自如，没有人比得上你，你就是领军人物。

五、带走坚持，留下放弃

为了心中的梦想，心甘情愿地以苦为乐，在失败与拼搏中成长；为了胸中的理想，宁愿伤痕累累，也不怕困难阻挡。

相传大哲学家苏格拉底有一天给他的学生上课。他说：同学们，我们今天不讲哲学，只要求大家做一个简单的动作，把手往前摆动300下，然后再往后摆动300下，看看谁能每天坚持。过了几天，苏格拉底上课时，他请坚持下来的同学举手，结果，90%以上的人举起了手。过了一个月，他又要求坚持下来的同学举手，只有70%多的人举手。过了一年，他又同样要求，结果只有一个人举手，这个人就是后来也成为了大哲学家的柏拉图。甩手固然甩不出一个哲学家，但在那些人们看似平淡、枯燥的重复中，柏拉图能认准目标、执着追求、始终坚持，相反那些目标游移、耐不住寂寞、不能持之以恒的人是很难有大的作为的。

有一个法国谜语，也是一道的数学推理题，叫"荷花塘之谜"是这样说的：如果池塘中有一朵荷花，每天的面积扩大两倍，30天后就会占满整个荷塘，那么第28天的时候荷塘里会有多少面积的荷花？我们可以算出来：从¼面积扩大到整个面积需要两天，也即第28天，荷塘里会有¼面积的荷花。

题目很简单，但它背后蕴含的道理却不简单。对每一朵荷花而言，它们的变化速度是一样的，在第29天到来之前，它们费心尽力，也只完成目标的¼；而最后的两天却如有神助，拓展了绝大多数。

其实我们生活中的许多事情的发展变化都是这个道理。量的积累达到一定的程度才会发生质变的飞跃的。而这个量变的积累过程是艰苦的缓慢的，是一定要学会持之以恒、循序渐进的，要远离浅尝辄止，千万别奢望一步登天！越是接近顶峰，就越是困难重重；越是到了初三，学习就越不容易。拿破仑有句名言："当最困难的时候，就是离成功不远了。"第29天，也许是最困难的时候，但也正是离成功最近的时候，只有努力坚持，只有对目标锲而不舍地追求，才能迎来荷花满塘。我们要胸怀自己的目标，凭每日细小的进步和成功去创造辉煌，驽马十驾，功在不舍；牛步虽迟，可达千里！行百里路者半九十，让我们谨记：不要输在第29天。

做愿意改变自己的人

——谈教师的成长

有人说：在同样的机会面前，改变只能改变愿意改变的人。任何教师，都有着自己的教育梦想，都想成为一名优秀的教师。要想成为名师，成为教育家，就要不断地改变自己，提升自己，作为一名普通的教师，应从何处入手呢？著者谈一点自己的体会，权作抛砖引玉！

一、做一个喜欢阅读的教师

莎士比亚说："生活里没有书籍，就好像地球没有阳光；智慧里没有书籍，就好像鸟儿没有翅膀。"对于教师来讲提高自己专业素质和综合素质的方法有许多，教师间互相听课、听学术报告、上网交流、外出考察等都是很实用的学习形式。但是我觉得读书应当作为首选。苏霍姆林斯基曾说："无限相信书籍的力量，是我的教育信仰的真谛之一。"他说过，学校，首先意味着书籍。"学校里可能什么都足够多，但如果没有为人的全面发展极其丰富的精神生活所需要的书，或如果不热爱书和冷淡地对待书，这还不算是学校；相反，学校里可能许多东西都缺乏，许多方面都可能是不足的、简陋的，但如果有永远为我们打开世界之窗的书，这就是学校了。""如果你的学生感到你的思想在不断地丰富着，如果学生深信你今天所讲的不是重复昨天讲过的话，那么，阅读就会成为你的学生的精神需要。""要天天看书，终生以书籍为友，这是一天也不断流的潺潺小溪，它充实着思想的河流。"阅读能带来教师的日常工作需要的理性状态，阅读能够促进教育智慧的形成，阅读是教师摆脱职业倦怠的最有效的方法之一。

读书就是一种学习。教师一定是带头读书学习的，这本身就是对学生的一种言传身教。爱读书、有修养的教师，往往都是学生心目中的偶像，教师的一举一动，都会让学生可以揣摩效仿，有很多学生就是在教师的熏陶下爱上读书的。很难想象，一个不喜欢读书学习的教师，能培养出爱读书学习的学生。

很多好书、好文都成为孩子们励志的精品。我给孩子们整本书的朗读，让他们感受经典，走进名著，砥砺心灵。我朗诵过《爱的教育》《八十天环游地球》《养成一生好习惯》《卡尔威特的教育》等整本书。《读者》里的很多精美的文章都是我的最爱，经常读给孩子们听，让他们明白书中原来有这样丰富的内容，促使他们去读书。

没有读书的习惯，是不能被称为称职的老师的。教师的教书育人在很大程度上是通过你自身的人格、习惯去影响学生的，至于教了些什么知识，长远来说可能并不重要。但作为一个老师对知识的无知，特别是新知识的无知将会深刻地影响学生对学习的认识。所以，无论是工作的需要，还是生活的需要，读书都必然成为教师生命的一部分。

做一个爱读书的教师吧！

二、做一个勤于思考的教师

从教书匠式的教师向研究型的专家学者式的教师的突破，很大程度上依赖于教师是否能持之以恒地努力做一名勤于思考的教师。做勤于思考的教师，不仅关乎自身的职业发展，自身的专业成长，也关乎教师的教育生活的幸福指数和学生快乐全面的发展，更关乎教育的当下和未来。

1. 路边风景无限好

教育关注生成，关注过程，一个受教育者从启蒙开始一直行走于求知的路上，从幼儿园到小学、初中、高中，再到大学，翻越一个个"山峰"，登临一个个"绝顶"，在这一系列的教育过程中。我们教师，我们的家长，都倾其心力，为升学计，为考入好学校计，很辛苦，也很疲乏。当我们回头再看看，我们的学子，很多无意识地被逼进了现实的尴尬境地，在智力发展有差异、特长兴趣有不同的大群体中，更多的学生是无奈地被"全面发展"，导致"跛腿"多、自信心减弱、创新能力丧失，并直接影响了他们的职业发展和未来的生活。"我们已经走了很远，但忘记了为什么出发"，教育的本质是什么，教育的目的是什么，很多时候被我们有意无意地漠视了，忽略了。而这种漠视和忽略，更让教育平添了更多的功利色彩。人有不同，不同的生存环境，不同的智力水平，不同的个性特征，不同的情趣喜好，不同的认知特点，不同的优势劣势，如果只拿一根标尺去衡量所有学子，让所有学子都在这个这根指挥棒下相互竞技，其结果是多么可怕。因此，我们对教育的再度思考，对教育实践的重新认知，就显得很有必要。我们的教育要培养什么样的人，给受教育者开放哪些发展的通道，我们的教育过程中的学生的实践能力和创新精神如何被唤醒等，都是值得认真思考的主题。

2. 留心处处皆学问

我们的教育过程是否出现了一些意外？学生的观察能力、认知能力、思辨能力、实践能力和创新精神等是否有了较好的发展？当我们持续关注课堂时，我们是否发现学生实际的学习效果离我们的教育目标还有一定的差距？我们教师的教育实践是否能在"限制条件下做出最优解"？当我们留心周围的事件、留意周围的各种事物，养成了良好的观察习惯等，这些无疑让教师获得更丰富的教育信息，也只有处处留心，才能让学生有可能得到更好更适宜的发展。

3. 什么是真学习

研究是真学习。作为教师，要研究学生学情学法，研究教材教法，也只有善于做研究的教师，善于利用比较研究和思辨研究，才会对教育改革有更深刻的认识。教育手段的改革中，从板书到幻灯、投影、计算机和多媒体技术的应用，教育手段发生的巨大变革，是否真切带动了教学质量的提升？对教育信息技术的追问，对先进与落后、对手段与目的、对形式与内容的思辨与考量、对信息技术与课程的"整合"的研判等，让我们看到在热闹光鲜的课改实验中人们对教育尤其是信息技术应用下的教育实践有了更理性更清醒的认识。新课程改革中的信息技术应用只是手段，而不是目的，新课程与传统课程的本质是一致的。

做勤于思考的教师，就是要求教师要学会从整体看问题，寻找规律性认识，而不能被眼睛欺骗，被耳朵误导。善于思考的教师，首先是深入性的，表现为思考的纵向程度。中西方的教育互有优势，在审视不同文化背景下的教育，我们教师更应该透过教育的外部现象做纵向的深入思考思辨，成于何处败在哪里？没有深入的思考，没有缜密的思辨，我们教师就会更茫然，更多的盲从。当我们正视"正面教育往往很苍白，负面教育却很生动有力"的现实时，反思我们的德育，反思我们的教育实践，做出怀疑性的思考，做出内省式的诘问，才会有可能接近真理。

做勤于思考的教师，不仅要有思考的纵向深度，也要有思考的横向宽度。深入性思考与缜密性思考，是教师获得职业成就感的基本前提，而怀疑性思考和迁移性思考则是教师取得职业和人生幸福感的重要保障。没有怀疑，就没有创新。一个盲从的教师，教不出具有创新精神的学生，没有迁移性思考，就缺乏了实践应用能力。一个固守的教师，也很难培育出实践能力强的学生。

做勤于思考的教师，就是需要用先进教育理论武装自己的人。建构主义和多元智能理论作为课改的两大理念基石，一是为同化和异构课程，将刺激与反应有效连接，让学习者主动进行意义建构；二是为深入了解学生打开了一扇窗口。教师只有对建构主义和多元智能理论等先进的丰富的教育理论的研究，并内化为教师的教育智慧，才能让教育更加有成效。

师者，学思结合、知行合一、因材施教也。要做一个教学的有心人。要有一双敏锐的眼睛，能从一般平凡的教育现象中发现规律性的东西，善于从司空见惯的教学现象中发现问题，从表面平静的现实中看到矛盾，能想他人之未想，敢于入"冷门"、辟"蹊径"。在教育领域，只要我们敏锐地观察教育活动中外在和内在的变化，以研究的眼光看待事物，善于思索，值得我们做微观研究的课题俯拾皆是，不胜枚举。可以是从微观洞察某一教育现象的特点和本质，也可以是教育教学的具体方式、技巧、模式上独特的建树。只有这样，才能成为一名善于思考的研究型教师，给看似平凡、普通、单调、重复的教育活动赋予独特的韵味，体验教育生活的成功与喜悦。

三、做一个乐于写作的教师

对我们教师而言，校园、课堂、师生、家长……每天都有新的故事上演，只要我们有热爱生活的心，有善于观察的眼，那么精彩和感动就会在不经意间震颤你的灵魂和神经。小发现、小灵感、小感悟是我们写作永不枯竭的源泉。搞一些似乎对本职岗位有点有利的研究和写作，对于教师的职业生涯实在是一件天大的好事。它能提升教师的教学视野与生命质量，让教师永远"诗意地栖居"在幸福和快乐之中。

我喜欢教学，课堂是我的舞台，她使我变得理性；我喜欢写作，文字是心灵的独白，她同样使自己不失浪漫。沈从文说：于清晨极静之时，听到鸟鸣，令人不敢堕落。我说：于严密的化学思维间，寻找文字的灵感，令生活丰富多彩起来。

教师只有不断学习，善于思考，通过研究不断发掘自己教育教学活动中的潜在价值，教学才不会是纯粹的教书经历，而会成为教师生命意义的体现。

四、做一个有多极爱好的教师

作为教师，若要在三尺讲台上吸引学生，除了要有扎实的专业素质外，也必须要有自己的兴趣爱好。中学生正处在青少年时期，个性品质正在形成，具有良好的、广泛兴趣爱好的教师，能以自身个性品质的具备，对学生产生良好、积极的影响。

难以想象一个没有娱乐与爱好的教师如何走进学生。面对孩子我们不仅要有自己的兴趣爱好，最好还要有自己的特长，这样才好与孩子们相处。现在的孩子不知道与我们有多大的年龄差别，有人说三年一个代沟，我们与孩子们就是年代的海洋了。他们喜欢什么、爱好什么等，这些我们可以不会，但至少应该懂点为好，这样才与孩子有共同语言。

教师的爱好，因教师的各方面修养程度不同，个人兴趣的不同，追求目标的不同而有所区别。教师能在培养自己广泛的爱好当中去发现新的知识、新的科学，以利于辅助我们的教育教学工作；同时，一个情感丰富、知识渊博的教师在课堂上也能够激发学生的学习欲望，引导学生进入知识的广阔园地，想学、乐学；当然教师培养自己的兴趣爱好的同时不断陶冶自己的情操，逐步形成和完善自己的个性品质。

教师的爱好，也为自己减压，更可以为自己的工作注入新鲜的血液，拓宽思路。很多爱好与兴趣可以让我们身心放松，思维活跃，有时会给教师带来很多的灵感。很多优秀的教师的工作让我们强烈地感受到背后有一些非专业的东西的支撑。我想就是教师的情趣与爱好导致的。

教师要有爱好，这很重要。一个具有广泛爱好、一份童心的教师，是极易和学生们成为亲密朋友的。这样的教师，不论是在课内或课外，都能对学生施以教育，学生们也易接受这样的老师的指点和帮助。一个没有情趣的老师，孩子们是不愿意接近的，也是不愿意与他真心相对的。没有了生活的情趣，整天就是在"教师"两个字中打滚，很容易倦怠的。无论你有多么乐观的心态，最终难免身心疲惫；无论你有多么坚定的毅力，最终难逃全面崩溃。一路前行，匆匆赶路，我们忽略了身边的美丽与感动，我们更忽略了自身的完整与自身的认同。我们是一个人，我们有七情六欲。如果因为专业而要我放弃人生的很多的乐趣，我不愿意。任何的专业要达到最高的境界往往是在跳出这个圈子后，才能感受到别样的魅力。真诚地希望老师们，在你们疲倦的时候，放松放松自我，想干吗就干点什么，做个爱好广泛的教师，或许你会感受到来自教育工作者的幸福。不信，试试！

莫让听课成为负担

检查教师的听课记录是教学常规的一项基本工作，其实不用检查我们也知道，许多老师为了完成任务而被动听课，虽然教师的听课次数都达到了要求，但听课的效果却没有得到真实的显现；更有甚者临时抱佛脚，在检查前集中突击，相互抄袭对方"听课笔记""教案内容"的情况。其检查结果是学校和教师都陷入"两难"的尴尬境地。我知道这样的现象不是某一次检查才有的，存在这现象的也不是一个学校，可是老师们知道吗？就是这见怪不怪的现象，已制约了教师专业化发展。

听课是教师进行再培训的一种有效方式，是实现自我提升的直接的途径。首先明确听课不是完成任务，而是我要去学习，特别是年轻的教师更要去看，去借鉴，每个人都有他独到之处，只要你沉下心来去发现，就会有收获，就会得到听课的益处，就会从心里乐意接受听课这件事，动机明确了，兴趣提升了，听课记录还是学校和老师之间"两难"的事情吗？

听课往往是教师成为一名优秀教师的第一步。但是作为一名教师，听什么，怎样听呢？著者认为：只要以谦虚的精神、欣赏的眼光、研究的心态和分享的神情，去听、去品、去悟，坚持经常去品悟不同类型、不同科目、不同阶段和不同教师的课，及时向授课教师讨取授课感悟，聆听评课教师的意见，并将自己的看法表达出来让其他教师评议，就必然使自己的授课水平产生大的飞跃。那到底应"听"些什么呢？

一、"听"课的结构

课的结构是指课的组成部分及各部分的顺序和时间分配。课型不同，课的结构也不同。在听课时，要看教师是怎样安排课堂结构的。例如：教学目标在何时采用何种方式呈现才能最大程度地引起学生的好奇，激发学生的学习动机；如何通过课堂提问使学生有意识地从认知结构中提取相关的旧知识，并激活旧知识；怎样创设教学情境，导入新课的教学；怎样通过简明、准确、生动的语言系统呈现新内容；采用何种方式完成对新内容的巩固；如何设计多种形式的练习，加强知识的应用与迁移。除了注意每个环节的实现方式，还要注意时间安排，否则就会出现一节课"前紧后松"或"前松后紧"的不合理状况，使课堂结构显得不够严谨。

二、"听"重点难点的突破

一节课的重点难点能否突破，标志着这节课的成功与否。重点内容通常是指在教材中或因讲述详细所占篇幅大；或是归纳的结论、规律所占地位突出。难点是指大部分学生难于理解、掌握、运用的部分，有来自教材的难点，也有来自学生的难点。听课时就要听教师是怎样纵横联系学生已有知识举例说明，化难为易，突破难点，突出重点的，这些往往是他们积累多年教学经验的所得。

三、"听"板书及教学媒体运用

一般说来，板书要详略得当，重点突出，能起到提纲挈领的作用；层次分明、脉络清晰；增强直观效果，同时也有利于引导学生由形象思维向抽象思维过渡。此外，板书还具有训练学生的随意注意的主动性，便于课堂小结和课后复习等功能。

教学媒体是对教学起辅助作用的。恰当运用媒体，不仅能调动学生的学习兴趣，增大课堂教学信息的容量，更重要的是有助于提高学生的接受能力。但是，媒体运用不是多多益善，先进的媒体未必收到良好效果。所以，听课时要注意结合教学内容，看人家是如何选择媒体的、运用是否行之有效。

四、"听"课堂气氛

课堂气氛是弥漫、充盈于师生之间的一种教育情景氛围。这种氛围如果是和谐融洽、平等民主的，就能激发学生的潜能，树立学习的信心，培养学生的创新能力。一个好的教师能够创设一种愉悦、和谐、充满人文情怀的课堂氛围。在这样的课堂上，师生能够平等对话，完成情感交流；在这样的课堂上，师生能共同创造奇迹，唤醒各自沉睡的潜能和时空；在这样的课堂上，教师的主导作用和学生的主体作用会得到淋漓尽致地发挥。教师是通过何种方式让学生积极参与教学活动的？是以激情感染学生，还是用亲切的语言鼓舞学生？这些都是教师听课时需要特别注意的。有时年轻教师在课上也鼓励学生参与活动，但师生低层次的信息交流过多，看上去挺热闹，其实学生并没有真正或来得及思考，像"是不是""对不对""就是说""什么"等，感觉有些问题是明知故问、目的性差，这实际上也是限制学生思维的"课堂霸权主义"；有时老师让学生讨论问题，教师往往游离于学生之外，有时在频频看表，感觉上是在等时间。

五、"听"教学细节

细节，往往是教师综合素质的流露，有经验的教师举手投足间都能体现出优良的教育意图，一个肯定的眼神，往往起到意想不到的效果。

细节一：对学习有困难的那部分学生，有经验的老师经常用"试试看""还没准备好？""还有没有要补充的""还能不能再完善些"等非常有人情味的言语，让这一部分学生积极参与，体现了老师对学生的真心关爱，体现了面向全体，以人为本的真谛。著者曾听过一节"秦文君作品讨论"课，有位学生对某个问题的发言比较长且不是很流畅（看起来同学们对其所表达的内容也有点不耐烦），但授课老师在他发言的时候十分耐心专注地听，并且在他的每一个停顿，都说"好的"，连续说了7个"好的"（其实，从学生反应来看，大家对该学生的观点并不认可），最后老师给该同学总结评价是"他讲得是不是很清楚呀？""是""哪位同学还有不同意见？"……（实际上，老师回避了该学生的观点，转而肯定他的表达），这就避免了尴尬，鼓励了学生的发言，肯定了优点，为今后的教学交流扫清了障碍。

细节二：很多教师在叫学生时用"请"，同时掌心向上，像托起太阳一样手势；从这一举动中，透着老师对学生尊重和期待。

六、"听"闪光之点

一节课听完了，哪怕从整体上来看是失败的，只要我们认真去捕捉，至少都会有一两个闪光点。一般的公开课，也多有灵采飞扬的机巧之作。有哲人曾说，世上最聪明的人是那些善于发现别人长处，并能学习别人长处，最终使其变为自己的长处的人。因此，我们在听课时，一定要首先抱着一种虚心学习的态度，要积极调动自己敏锐的眼光，善于去发现人家课堂上的每一点闪光之处，然后慢慢品味，细细揣摩，再将其拿到自己的课堂上去实践印证，这样久而久之，自然会功力日进。

七、"听"课后的反思、总结

听课后，要认真思考。一节课的好坏，不同时期、不同学科有不尽相同的标准。此外，一堂好课还要做到有科学性。这里的科学性一指呈现的材料、知识、观点必须是正确的；二指教师的角色定位是否准确，是否体现教学的过程是师生交往、积极互动、共同发展的过程。教学就是帮助每个学生进行有效的学习，使其自己的个性得到充分发展。

教师对教材为何这样处理？换成自己该如何处理？教师是怎样把复杂问题转化为简单问题的？自己应怎样对"闪光点"活学活用？思考之后，记下其得失优劣，写下我反思之法，借鉴之道，并和自己的备课思路进行对比分析，大胆地去粗取精，扬长避短，写出符合自己特点的教案，并付诸实施。

"教无定法，贵在得法。"

教师在听课时，要特别注意去品悟师生教和学的方法与技巧。教师应注意品悟授课教师如何运用并组合教法；要认真品悟授课教师如何去指导学生掌握学习方法；要特别留心品悟不同学生在课堂上的思维类型、学习心理、学习方法和认知规律，看不同类型的学生在自主学习上，普遍存在着哪些优势与问题，为有效指导学生学会学习积累经验。

教育应回归本源

中国教育源远流长。早在商、周时期，知识的积累就初具规模，为学校教育兴盛和发展创造了条件。西周时，以"礼、乐、射、御、书、数"为主体的教育体制基本形成；春秋、战国时期，中国不但拥有私学和专门从事教育工作的教师群体，产生了许多对后世影响极为深远的教育家，而且各学派的教育思想竞相争辉，先后出现《论语》《大学》《学记》《劝学》《弟子职》等世界上最早的教育典籍，丰富的教育经验和教育思想为传统教育理论奠定了基础。

中国传统教育不仅积累了一整套道德教育和修养的手段：如立志有恒、克己内省、改过迁善、身体力行、潜移默化、防微杜渐等，而且拥有风格独特的知识技能教育手段：如格物致知、温故知新、学思并重，循序渐进、启发诱导、因材施教、长善救失、教学相长、言传身教、尊师爱生等，这些既是中国传统教育的精华，也对世界教育的启蒙发展作出了显著的贡献。对此，我们应该批判地加以继承和弘扬，使其在新的教育科学理论基础上再加以提高和发展。

形成于公元前四世纪的《学记》，把教育的社会功能概括为："建国君民，教学为先""化民成俗，其必由学"。认定教育必须培养国家所需要的人才；形成良好的道德风尚和民俗。然而，当今教育的过程已演变为人的知识化而非社会化的过程，各个年龄段的教育有些会人为的超前——小学生做中学习题，中学生研究大学课题……

我国传统教育的精华是：启发人的内心自觉。即教育孩子如何"做人"，如何在现实生活中实现"治国平天下"的理想——入世精神。教育强调对人的自身肯定：人不仅与天地相参而且顶天立地，让受教育者感悟到一种"做人"的乐趣和崇高的、理智的幸福。然而，现今社会却流行"不能让孩子输在起跑线上"等观点，导致孩子们从学龄前起就不自由、不自在、不自然。童真世界本应该充满趣味和幻想，孩童们本应自由、自在、自然的成长。因此，我们的教育和公众媒体特别需要传播理性精神与人文价值观，教育引导青少年从小学做一个合格的公民、一个自食其力的劳动者、一个善于享受生活的自由人。

我们的祖先从自然法则之中逐步获取了人类至真至善至美的大智慧，才使我们这个多民族的国度久历风雨却依然能保持大一统的局面。创造了五千年灿烂的中华文明，让许多西方研究人类历史文明的学者们叹为观止，羡慕不已。中国传统文化博大精深，充满智慧和仁爱；中国传统教育让真善美慧得以教化。弘扬真善美摒弃假恶丑，让真善美的种子在人们的心灵深处深深扎根。真善美充足，人的大智慧才会显现出来。大智慧使人与天地万物融为一体，起心动念时时处处都离不开遵循自然之法。这样，人与人和睦相处就可以减少人祸；人与大自然和谐相处，就可以减少天灾。国泰民安社会稳定，社会和谐就容易实现。

因此，我们的教育应回归其本源：真善美慧是传统教育的精髓。

1. 家庭教育求真

真，除真实、本性、真切等释义外，还有"身体"的含义。即家庭教育求真，身教往往重于言教，家庭教育不能离开有情、有意、有爱的具体事情、行为、物体和语言。

古圣先贤的教育都是从家庭开始的，童蒙养正的理念在我国深入人心。他们主张从小开始，父母要做到"非礼勿视，非礼勿言，非礼勿动"。他们认为：做父母的一言一笑，一举一动，都会影响小孩。因此，父母要小心谨慎地端正身心，给孩子最好的影响、正面的影响。在家庭，父母是儿女的榜样，也是第一任老师。小孩从小看父母，学父母。所以，父母要给儿女树立好的榜样、真实的榜样。做父母的孝顺父母，友爱兄弟，和睦邻里，小孩从小就看在眼里，刻在心里，根深蒂固。自然而然，他一生要做正人君子。俗话说"三岁看老"，看的就是家教的初步效果。孩子有良好的家教，在学校是好学生，老师喜欢；走上工作岗位是好员工，领导喜欢；在社会上也是好公民，大众喜欢。况且好学生多了，班风就好，老师教学情绪饱满，课堂发挥充分自如，教学效果更加突显，学生学业有成、就业的门路就更多。父母让小孩从小就明了是非善恶，知荣辱懂美丑，有恻隐之心，有同情之德，有助人之乐，有成人之美。少成若天性，习惯成自然。他们知道感恩戴德——滴水之恩当以涌泉相报，待人以诚，谦逊尊人，知礼讲让，构筑了坚实的道德基础。无数古圣先贤学有大学问、大成就，无不得益于成功的家庭教育。

2. 学校教育求善

善，从羊、从言。羊，是吉祥的象征；言，是表达善良、美好、熟练和高明。学校教育求善，是在学生的自我意识出于自愿或不拒绝的情况下，教师主动对学生个体实施精神、语言、行为影响。善是具体事物的运动、行为和存在对社会和绝大多数人的生存发展具有的正面意义与正价值。因此，学校教育是培养学生具有一种有利于社会和绝大多数人生存发展的特殊性质和能力，包括他们在与具体事物密切接触、受到具体事物影响和作用的过程中，能判明具体事物的运动、行为和存在符合自己的意愿，满足自己的生理和心理需要，容易产生对其生存环境称心如意的美好感觉。

古代学生入学，家长也要行拜师礼，这是古人的智慧。家长教育孩子尊敬师长不只是说说而已，他是通过自己亲身做让孩子对老师生起恭敬之心、诚敬之心。这样的家庭教育实实在在，其目的就是要让孩子知道：一分诚敬得一分益，没有诚敬得不到教益。"只闻来学，未闻往教"。任何有用的经验和知识，都只能传承给那些对此有兴趣的人，不可能是那些无意自我提升者。学生对老师缺乏基本的尊敬和信任，他的悟门就会自然堵塞，心理排斥，阳奉阴违，怎么可能在行动上奉行呢？人的心理就这么微妙。入学之后，老师教学生的第一课就是孝敬父母。家庭教育中的尊敬老师与学校教育中的孝敬父母相互补充，构成了学生道德和学业的根基——做人的根本。

学校是习学规矩的地方。荀子曰："规矩诚设矣，则不可欺以方圆。"小孩不懂规矩或明知故犯，受到老师的批评，家长一定会责备自己的孩子做得不好，绝不会猜度老师的教育，甚至主动去向老师道歉，这也是古人的智慧。他们认为袒护小孩的过错，对老师的批评抱有成见或不满，会使小孩对老师的信心减退，会对小孩的成长埋下祸根。不良习气越来越重，久而久之就只看别人的短处和自己的长处，无法与他人友好相处，学业事业难以成就。学生及家长对老师有诚挚的态度，老师自然会尽心尽力、拿出浑身的解数为学生服务——学为人师，行为世范。当然，老师更新观念，主动摒弃"师道尊严"，附身指导、甘为"人梯"，做学生的师长、朋友和助手。许多真正有学识、有修养的老师莫不如此。

圣贤著作是人格修养的最佳课本。做人比做学问更重要，这是根与枝叶的关系。不会做人，肯定难以成事。况且一个品行很差的人，其科学知识越多，对社会的危害就越大。做人的底子打好了，其科技成就也会更大。学校教育应品学圣贤著作兼修科学文化，这样才可能培养出既有超群的知识能力又有高尚的品德和人格魅力修养的人才。他们是社会安定和谐的重要力量。

3. 社会教育求美

现实生活中社会事物和现象呈现的美，与自然美合称现实美。包括行为美、语言美、心灵美、环境美等。来源于人的社会实践，因此人的美在社会美中占有中心地位。马克思说："社会生活在本质上是实践的。"

社会美的特点：社会美的本质特征在于它是人的本质力量在社会事物中的直接体现；社会美突出体现为美与善的统一，它与一定的社会功利性密切相关，社会美内容重于形式；社会美具有实在性、稳定性；社会美同一定的政治理想、道德观念等相联系，政治立场、道德伦理观念影响对社会事物的审美判断。

人在现实性上是一切社会关系的总和，以生产关系为基础的物质关系制约着人们的政治关系和思想关系，人们的审美关系必须受制于物质条件、政治条件和其他精神条件，并随这些条件的变化、发展而变化、发展。

社会美首先体现于人类改造自然和社会的历史过程中，同时也体现在人类社会实践的成果中。社会实践的主体——作为社会的人的美是社会美的核心。人的美是社会美的核心，它可分为外在美和内在美两个方面：内在美包括人生观，理想，修养等，它需要通过外在的行为、语言、风度等形象表现出来；外在美主要是形式的美，它显现着内在美，但又具有相当独立性。

在人的美中，内在美是更根本、更持久的美。外在美与内在美的和谐统一是社会美的最高形态。与自然美相比，社会美在内容和形式的关系上更偏重于内容，社会美总是与那些反映人类历史发展方向的进步的道德观和政治理想直接联结在一起。社会美与善密切相关，但不等同于善，它不具有直接的功利性，它把善变为个体高度自觉自由的行动，从而引起人们的审美愉悦。

4. 自我教育求慧

种善因得善果，不以恶小而为之不以善小而不为，都是在教人从善如流，教化手段也是多元化，教人尊师，尊师可以成就真实的学问；教人孝敬，孝敬自己的祖先并推及一切人。古人在漫长的社会生活实践中，早已发现了这一宇宙间永恒而又不可违背的规律，就像是日升日落天体运行一样的自然和不可抗拒，是触及灵魂深处的教化，是道德约束的有力武器。这不是中国的独创，而是世界普遍采用的道德教育手段。教育和惩处并重，教化手段多元化，是挽救世道人心的根本之策。世间人的思想观念千奇百怪，形形色色，单一的治理措施怎么可以呢？相反，有了传统的教育做基础，警察的工作压力和强度就会大大减轻。虽然人们对此的理解不尽相同，有待于假以时日，但只要对社会稳定有好处，对弘扬真善美有益，又何乐而不为？

评课评什么

评课是一种说服的艺术。说服就是求和谐、求愉快、求发展。说服是一种技巧，是一种智慧。善于说服别人，首先应善于说服自己。充分尊重别人，是说服别人的心理基础；以理服人，是让人心悦诚服的保证。评课是一门科学，也是一门技术，是科学就有规律可循，是技术就有要领可操作。评课的原则、要领、形式和技巧反映了评课的规律和技术。

一、什么叫评课

评课就是对照课堂教学目标，对教师和学生在课堂教学中的活动及由这些活动所引起的变化进行价值判断。评课是教学、教研工作过程中一项经常开展的活动，有同事之间互相学习、共同研讨评课；有学校领导诊断、检查的评课；有上级专家鉴定或评判的评课等。评价的目的不是为了证明，而是为了改进。

二、评课的意义

评课能调动教师的教学积极性和主动性，帮助和指导教师不断总结教学经验，提高教育教学水平，提升教师的教育教学素养，促进教师改进教学实践，使教师从多渠道获取信息，不断提高教学水平，转变教师的教育观念，促使教师生动活泼地进行教学，在教学过程中逐渐形成自己独特的教学风格。

三、评课的原则

1. 评课要坚持"以学生的发展为本",从学生全面发展的需要出发

基础教育课程改革的核心理念是"以学生的发展为本"。评课要从学生全面发展的需要出发,注重学生的学习状态和情感体验,注重教学过程中学生主体地位的体现和主体作用的发挥,强调尊重学生人格和个性,鼓励发现、探究与质疑,以利培养学生的创新精神和实践能力。

2. 评课要从有利于对教学的诊断和正确的导向出发

课堂教学是一个准备—实施—目标达成的完整过程,是一个复杂多变的系统,要全面反映这个过程需要考察相当多的因素。正确评价一堂课,既要着眼于课堂教学的全过程,又不能面面俱到,要突出对体现素质教育课堂教学不可缺少的基本要素的考察,以利于在评价中进行有针对性的诊断和正确的导向。

3. 评课要坚持评教与评学相结合,把评课的重点放在"评学"上面

课堂教学的主体是学生,教学目标的落实最终是体现在学生的学习过程之中。课堂教学评价要改变传统的以"评教"为重点的现象,把评价的重点转到"评学"上面,以此促进教师转变观念,改进教学。要把评课的关注点,从教师传递知识转到学生有效学习方向上面,转到如何针对学习差异进行因人施教,如何把过多的统一讲授,转变为以指导学生分组学习讨论和统一答疑、点拨为主要活动方式的课堂,转变为以适当的统一讲解与有指导的自学或自由选择条件下的探究、研讨、查询相结合的课堂。

转变评课的着眼点:评价课堂教学不能仅仅着眼于学生学习的质量及效果,尤其不能仅仅关心学生的学业考评分数,而应该更多关心教师在创设有效教学活动的环境与气氛上,关心教师对学习者流动的指导、帮助是否切实有效。

4. 评课要提倡创新,培育个性

课堂教学具有丰富的内涵,学科、学生、教师、教学条件诸方面的不同,使课堂教学情况千变万化。正确地评价一堂课时,既要体现课堂教学的一般特征,又要提倡创新,鼓励个性化教学。

5. 评课要从实际出发

课堂教学评价要符合课堂教学改革的实际,评价的标准是期待实现的目标,但又必须是目前条件下能够达到的,以利于发挥评价的激励功能;评课必须从实际出发,从观察到的、感受到的、测量到的情况出发,不能想当然;评价的内容和要点必须是可观察、可感受、可测量的,以实际情况进行判断;评价要注重质性评价和综合判断。

四、评课方法

1. 评教学目标

教学目标是教学的出发点和归宿，它的正确制订和达成，是衡量一堂课好坏的主要尺度。所以，评课首先要评教学目标。

首先，从教学目标制订来看，要看是否全面、具体、适宜。全面，指能从知识、能力、情感态度价值观等几个方面来确定；具体，指知识目标要有量化要求，能力、思想情感目标要有明确要求，体现学科特点；适宜，指确定的教学目标，能以大纲为指导，体现年段、年级、单元教材特点，符合学生年龄实际和认识规律，难易适度。

其次，从目标达成来看，要看教学目标是不是明确地体现在每一教学环节中，教学手段是否都紧密地围绕目标，为实现目标服务；要看课堂上是否尽快地接触重点内容，重点内容的教学时间是否得到保证，重点知识和技能是否得到巩固和强化。

2. 评教材处理

评析老师一节课上的好与坏，不仅要看教学目标的制定和落实，还要看授课者对教材的组织和处理。我们在评析教师一节课时，既要看教师知识教授得是否准确、科学，更要注意分析教师在教材处理和教法选择上，是否突出了重点，突破了难点，抓住了关键。要看教学目的的确定是否明确、全面，有针对性、导向性。教学重点是否把握准确，教学过程是否做到突出重点。教学难点是否把握准确并得到突破。教材的组织、处理是否精心。教师必须根据教学目的、学生的知识基础、学生的认知规律以及心理特点，对教材进行合理的调整充实与处理，重新组织、科学安排教学程序，选择好合理的教学方法，使教材系统转化为教学系统。

3. 评教学程序

教学目标要在教学程序中完成，教学目标能不能实现要看教师教学程序的设计和运作。因此，评课就必须要对教学程序做出评析。教学程序评析包括以下几个主要方面。

（1）看教学思路设计

教学思路是教师上课的脉络和主线，它是根据教学内容和学生水平两个方面的实际情况设计出来的。它反映一系列教学措施怎样编排组合，怎样衔接过渡，怎样安排详略，怎样安排讲练等。教师课堂上的教学思路设计是多种多样的。为此，我们评教学思路，一是要看教学思路设计，是否符合教学内容实际，是否符合学生实际；二是要看教学思路的设计，是不是有一定的独创性，能不能给学生以新鲜的感受；三是看教学思路的层次，脉络是不是清晰；四是看教师在课堂上教学思路实际运作的效果。我们平时听课，有时看到有些老师课上不好，效率低，很大一个程度就是教学思路不清，或教学思路不符合教学内容实际和学生实际等造成的。所以评课，必须注重对教学思路的评析。

（2）看课堂结构安排

教学思路与课堂结构既有区别又有联系，教学思路，是侧重教材处理，反映教师课堂教学纵向教学脉络；而课堂结构，则侧重教法设计，反映教学横向的层次和环节。它是指一节课的教学过程各部分的确立，以及它们之间的联系、顺序和时间分配。课堂结构也称为教学环节或步骤。课堂结构的不同，也会产生不同的课堂效果，可见课堂结构设计是十分重要的。通常，一节好课的结构是：结构严谨、环环相扣，过渡自然，时间分配合理，密度适中，效率高。

计算授课者的教学时间设计，能较好地了解授课者的授课重点。授课时间设计包括：教学环节的时间分配与衔接是否恰当。①计算教学环节的时间分配：要看教学环节时间分配和衔接是否恰当，要看有没有"前松后紧"或"前紧后松"的现象，要看讲与练时间搭配是否合理等。②计算教师活动与学生活动时间分配：要看是否与教学目的和要求一致，有没有教师占用时间过多，学生活动时间过少的现象。③计算学生的个人活动时间与学生集体活动时间的分配：要看学生个人活动，小组活动和全班活动时间分配是否合理，有没有集体活动过多，学生个人自学、独立思考和独立完成作业时间太少的现象。④计算优差生活动时间：要看优、中、后进生活动时间分配是否合理，有没有优等生占用时间过多，后进生占用时间太少的现象。⑤计算非教学时间：要看教师在课堂上有没有脱离教学内容，做别的事情，和浪费宝贵的课堂教学时间的现象。

4. 评教学方法和手段

评析教师教学方法、教学手段的选择和运用，是评课的又一重要内容。所谓教学方法，就是指教师在教学过程中，为完成教学目的、任务而采取的活动方式的总称。但它不是教师孤立的单一活动方式，它包括教师"教学活动方式"，还包括学生在教师指导下"学"的方式，是"教"的方法与"学"的方法的统一。评析教学方法与手段，包括以下几个主要内容。

（1）看是不是量体裁衣，灵活运用

教学有法，但无定法，贵在得法。教学是一种复杂多变的系统工程，不可能有一种固定不变的万能方法。一种好的教学方法总是相对而言的，它总是因课程，因学生，因教师自身特点而相应变化的。也就是说教学方法的选择要量体裁衣，灵活运用。

（2）看教学方法的多样化

教学方法最忌单调死板，再好的方法天天照搬，也会令人生厌。教学活动的复杂性决定了教学方法的多样性。所以我们评课，既看教师是否能够面向实际，恰当地选择教学方法，同时还要看教师能否在教学方法多样化上，下一番功夫，使课堂教学超凡脱俗，常教常新，富有艺术性。

（3）看教学方法的改革与创新

评析教师的教学方法既要评常规，还要看改革与创新，尤其是评析一些素质好的骨干教师的课。既要看常规，更要看改革和创新，要看课堂上的思维训练的设计，创新能力的培养，主体活动的发挥，新的课堂教学模式的构建，教学艺术风格的形成等。

（4）看现代化教学手段的运用

现代化教学呼唤现代化教育手段。"一支粉笔一本书，一块黑板，一张嘴"的陈旧、单一的教学手段应该有所改变。看教师教学方法与手段的运用，还要看教师是否适时、适当地用了投影仪、录音机、计算机、电视等现代化教学手段。

5. 评教师教学基本功

教学基本功，是教师上好课的一个重要方面，所以我们评课，还要看教师的教学基本功。通常，教师的教学基本功包括以下几个方面的内容。

（1）看板书：好的板书，首先，设计科学合理，依纲扣本；其次，言简意赅，有艺术性；再次，条理性强，字迹工整美观，板画娴熟。

（2）看教态：据心理学研究表明，人的表达靠55%的面部表情38%的声音7%的言辞。教师课堂上的教态应该是明朗、快活、庄重，富有感染力。仪表端庄，举止从容，态度热情，热爱学生，师生情感融洽。

（3）看语言：教学也是一种语言的艺术。教师的语言，有时关系到一节课的成败。首先，要准确清楚，说普通话，精当简练，生动形象，有启发性；其次，教学语言的语调要高低适宜，快慢适度，抑扬顿挫，富于变化。

（4）看操作：看教师运用教具，操作投影仪、录音机等熟练程度。有的还要看在课堂上，教师对实验的演示时机、位置把握得当，照顾到全体学生。课上演示和实验操作熟练准确，并达到良好效果。

6. 评学法指导

（1）要看学法指导的目的要求是否明确

帮助学生认识学习规律，端正学习动机，激发学习兴趣，掌握科学的学习方法，养成良好的学习习惯，逐步提高学习能力，有效地提高学习效率。

（2）要看学法指导的内容是否熟悉并付诸实施。

7. 评能力培养

评价教师在课题教学中能力培养情况，可以看教师在教学过程中：是否为学生创设良好的问题情景，强化问题意识，激发学生的求知欲；是否注意挖掘学生内在的因素，并加以引导、鼓励；培养学生敢于独立思考、敢于探索、敢于质疑的习惯；是否培养学生善于观察的习惯和心理品质；是否培养学生良好的思维习惯和思维品质，教会学生在多方面思考问题，多角度解决问题的能力等。

8. 评师生关系

（1）看能否充分确立学生在课堂教学活动中的主体地位。

（2）看能否努力创设宽松、民主的课堂教学氛围。

9. 评教学效果

看课堂教学效果，是评价课堂教学的重要依据。课堂效果评析，包括以下几个方面：一是教学效率高，学生思维活跃，气氛热烈。二是学生受益面大，不同程度的学生在原有基础上都有进步。知识、能力、情感态度价值观目标都能达成。三是有效利用 40 分钟，学生学得轻松愉快，积极性高，当堂问题当堂解决，学生负担合理。

课堂效果的评析，有时也可以借助于测试手段。也就是，当上完课时，评课者出题对学生的知识掌握情况，当场做测试，而后通过统计分析来对课堂效果做出评价。

五、评课的注意事项

1. 要根据课堂教学特点和班级学生实际，实事求是地公开评价一节课，切忌带有个人倾向。

2. 要以虚心的态度，商量的口气与被听课老师共同分析研讨，不能把自己的观点强加在别人头上。

3. 要突出重点，集中主要问题进行评议和研究，不要面面俱到，泛泛而谈。

4. 要以事实（数据）为根据，增强说服力。

5. 要做好调查工作，尽可能较全面了解教师和学生情况。

教师需要终身学习

南宋著名的学者朱熹说："问渠那得清如许，为有源头活水来！"这两句告诉我们，只有不断学习新知识，才能达到较高的境界，书中知识就是我们的"源头活水"，只有不断学习接受种种鲜活的知识，广泛包容，才能反思不断成长，不致被时代抛弃。所以"严谨笃学，与时俱进，活到老，学到老"是新世纪教师应有的职业理想。未来的社会是一个知识多元化型社会，更是一个学习多元化社会。新知识、新信息的不断接受、不断更新才会推动社会的发展。不仅知识和能力是人们谋事立身的主要依赖，同时，快节奏的生活将使人们始终置身于一个因已有的知识很快老化过时，而需要不断学习的挑战环境之中。在这样的学习化社会里，学习将与人们毕生相随，并成为支撑人生发展的主要力量源泉，不断学习，终身学习，将是学习化社会的重要特征。而教师的职业特征更需要自己必须树立终身学习的理念。

我越来越深切地感受到：真正的教师必须是读书的爱好者、让读书成为一种习惯是教师的一种责任、一种情怀、一种追求。只有不断地更新观念，不断地在实践中总结经验教训，吸取他人之长来弥补自己之短，才能使自己在今后的成长中更加有竞争力。要想自己成为一名真正合格的进取型的教师，就需要不断学习总结更多经验，发扬优点，改掉缺点，不断探索新的知识、教学方法和教学手段，这样才能提高教学质量，取得更好成绩。

一、教师终身学习的必要性

1. 教师终身学习是社会发展的需要

在 1994 年的罗马"首届世界终身学习会议"上，终身学习在世界范围内形成共识。许多国家在制定本国的教育方针、政策时，均以终身教育的理念为依据，以终身教育提出的各项基本原则为基点，并以实现这些原则为主要目标。教师作为社会专门的教育职能技术人员，担负着培养输送社会所需各类人才的重责，更应用现代教育理念和科学有效的教育模式培育学生，做学习型社会的典范。教师，就是一个需要终身学习的职业，选择了教师，就意味着对学生的一份承诺，意味着为社会做出表率，为学生做出榜样。"学高为师，身正为范"。何以"学高为师"？唯有"学而时习之"，"默而识之，学而不厌，诲人不倦，何有于我哉？"。学习是个日积月累的过程，也是一个需要静下心来默默坚持的过程，社会的发展和进步需要我们广大教师学习的东西实在是太多太多！

2. 教师的职业要求教师不断学习

随着时代的不断发展，"给学生一杯水，教师必须有一桶水"的教育发展的内在规律也许要变一变了。近几年来，社会变革快速推进，现代教育理论和技术也在迅猛发展，在这信息化的时代，学生获取知识的渠道远远不止课堂教学一种形式了。他们正在不断地通过广播、电视、报刊、网络媒体等途径来了解世界，走进社会，接受新东西。他们的道德观和价值观日趋多元化，这对传统的教育教学规则提出了严峻挑战，孤陋寡闻、知识面狭窄的教师是不会培养出思维敏捷、富有创造力的学生的。教师拥有"一桶水"显然是远远不够的了，教师应该是"一条奔腾不息的河流"！怎么办？教师唯有认真分析自己的现状，加强学习，迎头赶上，不断提高自己，以应对社会的快速发展。现在新的教师职业道德规范也已经提出终身学习的要求，广大教师更要在教育教学过程中不打折扣地贯彻和落实好这一要求。正如陶行知先生所讲：要想学生好学，必须先生好学，唯有学而不厌的先生才能教出学而不厌的学生。

3. 新课程理念要求教师不断学习

一是新课程理念下，学科综合要求广大教师要不断加强学习，如文化课和信息技术的整合等。新课程提倡各科知识要互相渗透，只具有单学科知识能力的教师就很难胜任教学了。因此，要求教师不断学习，拓宽知识面，开发课程资源。二是课堂教学的即时生成和课下的师生交流要求教师不断学习，新课程要求课堂教学要民主化、开放化，学生可畅所欲言，很多问题出现是无法预见的，而课下的交流也会使我们遇到一些棘手的问题，要圆满地解决这些问题，顺利完成教学任务，提高教学质量，教师们只有不断学习，丰富自己，充实自己，才会在教学的各个方面得心应手。

4. 终身学习也是教师自身生存发展的需要

也许能胜任现在的工作，是教师继续学习的唯一重要理由。"教师的任务就是传递给学生既有的知识"，这在过去是个真理，现在的局面却全然不同。由于知识从量上裂变的"一日千里"到从质上不断趋向于活化，教育在历史上第一次在为不可知的未来服务。如果教师不能经常地更新知识结构，不能对新知保持长久的好奇与敏锐，教师就有可能被学生看不起。然而，教师的魅力正在于通过活化了的知识的积淀而形成良好的品质。"腹有诗书气自华"！一个读书后的人有了心灵与书的对话和感悟，气质会变得优雅，心里时刻充满阳光，眼睛会因为读书而闪耀着智慧的光彩；一个有着丰厚文化底蕴的人会让人如浸润于美妙的大自然；一个举手投足浸透着文化芳香的教师会有着常人难以企及的魅力；一个能在课堂上游刃有余、开合自如、挥洒灵动的老师怎不让人如沐春风呢？

二、教师终身学习的内容

1. 学习书本知识，促进教学水平不断提高

一是不但精通自己所教的学科知识，成为学科专家，而且要熟悉相近学科的有关知识，来辅助本学科的教学。一个合格的教师应全面学习一门学科，这主要包括学科历史、学科结构体系、学科基础理论、学科知识应用以及跨学科知识等。二是不断加强教育科学、心理科学、信息科学的学习，同时提高各学科的整合能力，提高教学重量。三是加快教育理论、教学观念与教育技术的吸纳和更新，使自己的教学行为尽最大限度地适应学生的学习。素质教育注重学生的自主性学习、研究性学习和创造性学习，提倡学生敢于质疑、敢于挑战和敢于超越的个性张扬。教师只有不断学习才能具有高容量的教育智慧，才能够最大限度地包容学生的个性，激发学生的潜能，触发学生的兴趣，培养学生的探索精神。

2. 学习学生，努力完善师德

学生既是学习和发展的主体，也是课程资源的开发者，他们具有独立人格。教师应从学生的不同特点出发，善于为学生的发展着想，去研究他们、了解他们，并引导他们在学习中实现自我，做真正的良师益友。在教学中，教师还要充分了解学生，平等对待每一个受教育者，尊重和爱护他们。陶行知曾经告诫我们："你的教鞭下有瓦特，你的冷眼里有牛顿，你的讥笑中有爱迪生。"轻易地伤害学生的自尊心，意味着扼杀人才；漫不经心的冷眼和讥笑，无异于夺走溺水者手中的救生圈。

3. 不断加强现代教育技术的学习

现在以多媒体应用技术为代表的现代教育技术，正在深深地改变着课堂的教学模式，它能加大课堂容量，板书少用时间，与学生的互动更充分从容；它能把书本上的平面而静态的东西转化成立体而动态的东西，使教学更为生动，促进了学生的理解和接受；能加深师生的交流，有利于学生创新能力、自主能力的发展。教师要不断学习，把科学的教学方法与现代教育技术相结合，把网络知识、课本知识还有计算机知识相整合，使教学多样化，把抽象、深奥的知识转化为具体容易理解的知识、提高学生的接受能力，从而促进学生的学习积极性，有利于发挥学生的主动性和创造性。

4. 不断学习加强自身修养，提高教师人文素养

爱心和民主是教师重要的人文素养。教育源于爱，爱是一切教育的基础。对学生真正的民主，就是对学生的爱，也就是在教与学的过程中教师与学生平等对话的过程。用美国著名课程专家多尔的话说："教师是平等中的首席。"所以教师应以民主、平等的身份扮演好教学活动过程的角色，以满腔的爱心去呵护每一个学生，让每一个学生都在民主的氛围中充分感受到尊重，这要求教师应具备高品位的人文素养。

5. 学习与社会有关的生活知识

我们每一个人都生活在社会这个大环境之中，拥有各种社会知识是我们教师、也是教师教会学生如何适应社会、生存发展和走好自己的人生道路而必须学好的一门课程。不少学生由于年龄因素以及受家庭背景和学习环境的影响，心理发育一般不够成熟，在与社会交往中，心理脆弱，缺乏自信，应变适应能力差，个性差异较大。所以，教师应当参与社会、接触社会、了解社会、融入社会，向社会学习生存知识，力求培养学生走向社会后尽快适应之。

终身学习是一个现代人所必须具有的认识，更是一名教师必备的优良品质。吾生也有涯，而知也无涯。

从教感悟

一、对教育的几点感悟

1. 对研讨会的感悟

传递一种思想，贯彻一种理念，提升一种境界，带来一份惊喜，享受一份心情。

2. 对教研组的感悟

一个教研组就是一颗大树，只需树上能结出累累硕果，鲜艳夺目即可，不必要求开出一样的花朵。

3. 对教研组长的感悟

教研组长是教研组教育教学工作的组织者、协调者，是教研组健康发展的引领者，是贯彻学校各项工作的先行者，是开展教学研究、进行教学改革的实践者。作为教研组长不要渴求改变别人多少，只要自己的工作作风能影响别人即可。

4. 对教师的感悟

教师就是普通的劳动者，是普通的不能再普通的社会群体中的一部分；

教师要有几个"多极世界"，要有几分兴趣；

教师有休息的权利，要注意劳逸结合；

教师要有一颗宽容之心，凡事应站在欣赏的角度开展工作。

5. 对教师爱心的感悟

教师的爱是伟大的，但她却有别于母爱；

教师的爱是无私的，但她却是理性的；

教师的爱是超越时空的，但她却告诉你距离产生"威"和"信"；

教师的爱是宽广的，但她却润物于无声之中；

教师的爱是公平的，但她却要关注个体差异；

教师的爱是苛刻的，但她却是赏识的。

6. 对学生的感悟

学生其实是学习的生命体，把学生当成生命的个体，尊重学生生命的意义，而不是把学生当成灌输的机器。

7. 对教材的感悟

教材，其实就是教学的材料，是对《课程标准》的细化；既然是材料就不应该是唯一的。

8. 对课堂的感悟

课堂，流淌着老师和学生生命长河的地方，关注课堂、关注课堂教学质量，其实就是关注生命的质量，关注每一个孩子的发展是课程改革的核心理念。

二、做一位善于思考的化学教师

1. 我的教学理念

汲取广博的知识，为教学工作铺路架桥，这是不竭的源泉；用智慧和爱心去点燃学生的梦想，和学生一起充满信心地放飞未来，这是圣洁和纯真；关注个体尊重所有，用心灵携手并肩达到完美的境界，这是我的祈求；精益求精上好每节课，让学生在动手和动脑中学到知识，这是开放教学的硕果；公正严明创造窗明几净的学习环境，使学生在良好的氛围中体会成功，这是我的必须；面对教学、育人、科研没有别的选择，我将义无反顾地走下去。

2. 我的"六好"

读好一本教育理论专著，为自己的教育教学提供理论上的支持；

设计好一份教案，为规范自己的教学行为提供保证；

上好一堂公开课，为自己的教学技能奠定基础；

带好一个班，为自己的班级工作积累经验；

写好一篇教育科研论文，为自己的教科研铺平道路；

写好一篇教学反思，为自己的发展校正航向。

3. 人生格言

认认真真做事，实实在在为人。

育人目标：求知与做人同步，启智和陶情并行。

4. 初四复习中的数量与效益，现象与对策

（1）数量多不等于效益高，效益高却需要一定的数量作支撑；

（2）数量不是提高效益的唯一，它只是其中的一个必要条件；教学效益需要的是教会学生学习，为学生的终生发展奠定基础，这才是教师最终追求的目标；

（3）初四复习的目的就是反思问题、找准策略、落到实处，因为反思问题是成功的前提，找准策略是成功的基础，落到实处是成功的保障。

三、用心做化学

1. 化学就是化学，它讲究的是科学、规范、严谨、精确，培养的是人的一种实践品质与理性精神，课堂教学中关注学生生活世界与书本世界的联系是应该的，但是将生活与化学混为一谈，不是教学个性化的体现；

2. 教学过程中的每个细节都应追根求源，多么平常的，再简单不过，不经意之中，老师送上了一个漂亮的应用，这叫什么？这就叫抓"小品"；

3. 教师重视教学结果，更要重视教学过程，课堂上把舞台让给学生，自己退居幕侧，当好导演，课堂教学不是预先准备好的教案的机械表演，而是学生们在课堂上真实地、生动思维过程的再现；

4. 在化学教学中树立新的人才观，科学地认识化学教学的价值所在，改革传统的化学教学当中那些不科学的、落后于时代的东西，这是新课改的精神所在。

做一名幸福的老师

　　我带着一颗炽热的心在教育事业的道路上走过了近三十个春秋，回顾自己的教育教学之路，收获与遗憾同在，欢乐与辛酸同行。

　　教师是一份平静的职业，教师的工作是平平常常的，心态决定教师的素质和教育教学工作业绩。教师要以良好的心态勇敢地面对挑战，适应时代发展的需要。工作中有很多事情需要我们主动去做，这样不但会锻炼自己，也提高了自身的素质。作为一名教师要有奉献精神，不去计较个人得失。任何人都有自己的缺陷，都有自己相对较弱的地方，只要不断学习，去吸收时代的、别人的、科学的、优秀的东西。学会学习，就会成功。

　　要想成为一名优秀教师，得有一颗感恩的心，也就是要具有良好的教育心态。懂得感恩是教师成长的必备素质，因为感恩，你才有爱心，才会爱生活，爱从事的工作；有了爱心，才能长智慧；有了爱心，你才会努力，才会勤奋，才会反思，才会坚持，才会成长……现在回顾自己的成长历程，我觉得自己所付出的一切都源于感恩，是在感恩中静心学习，尽心工作，用爱心回报社会。

　　有爱心、耐心，认真对待每一个学生。人的智力是不等的，有差距的，也就造成了学习的差异。要想把学生都达到统一标准是不可能的，也就是说教好所有的学生是不容易的。用统一的眼光看不同的学生是不对的，要用不同的尺子来量学生，发现学生与众不同的长处。千万不要用一把尺子来量所有的学生，那样你满眼基本上都是不太优秀的学生。孔子弟子三千，贤者才七十二。爱因斯坦小时呆头呆脑，学校开除；黑格尔大学毕业，辅导员给他的评价："此人智力中等，不擅长哲学。"没有想到开了个天大的玩笑，黑格尔成为哲学大师。学生的发展有快有慢，我们怎能凭学生的一时表现，判断他的一生呢？

　　我认为教师的微笑和严厉同样重要，二者相比，微笑更平和、温和，更可爱。严厉的教师令学生敬畏，微笑的教师令学生喜爱，善于在严厉中不时渗透会意微笑的教师，则令学生敬爱。

　　反思是教师成长的途径，美国教育心理学家波斯纳说，没有反思的经验是狭隘的经验，至多只能是肤浅的知识。因此，他提出了教师成长的公式：成长＝经验＋反思。我们最需要反思的就是自己的教学行为，从教材解读与设计、教法与学法的选择、课堂细节的处理等层面去反思。作为日常的教学，我常常用这样的几个问题去反思自己的教学：这节课，我投入激情了吗？对教材的解读，有更恰当的角度吗？这节课的教学目标合理可测吗？这节课中最难忘的一个细节是什么？这节课最大的遗憾是什么？如果重新来教这节课，哪个地方最值得改进？反思的深度，决定着教学所能达到的高度。活跃在教坛上的大师们，其实也是反思的高手，也是通过一步步的成长，才成为今日的"明星"。

　　作为教师，我们除了反思教学，还可以反思为人处世，反思一切可以反思的东西。同时，要边反思，边记录，用键盘留下文字，为研究自己的教育教学提供鲜活的案例。

　　作为一个教师，一定要有所追求、热爱生活。需要懂得享受教育带来的幸福感，碌碌无为、得过且过的人，是享受不到教育的幸福的。满怀理想憧憬，带着对生活的热爱和柔情，才能感受教育的快乐。当自己在一种积极的状态下工作生活，我们就会发现我们的工作是快乐的，我们面对的学生是可爱的。在这种状态下，我们会更加用心工作，会收获更多的幸福。在平凡的工作中找到幸福，做一个幸福的教师，才可以把幸福播撒人间。

　　"雄关漫道真如铁，而今迈步从头越"，我知道自己身上还有许多需要改进的地方，但我有着不甘落后的进取心。"宝剑锋从磨砺出，梅花香自苦寒来"，我会充满激情地继续奋斗、开拓、进取。